巴蜀神话研究丛书　主编　向宝云

# 巴蜀女娲神话及相关事象研究

李祥林 著

四川人民出版社

**图书在版编目（CIP）数据**

巴蜀女娲神话及相关事象研究 / 李祥林著. -- 成都：
四川人民出版社, 2025.1. -- ISBN 978-7-220-13796-9

Ⅰ. B932.2

中国国家版本馆CIP数据核字第2024B5N004号

巴蜀神话研究丛书

BASHU NÜWA SHENHUA JI XIANGGUAN SHIXIANG YANJIU

# 巴蜀女娲神话及相关事象研究

李祥林 / 著

| | |
|---|---|
| 出 版 人 | 黄立新 |
| 项目策划 | 谢 雪 周 明 |
| 统筹执行 | 邹 近 董 玲 |
| 责任编辑 | 任学敏 余启敏 |
| 版式设计 | 张迪茗 |
| 封面设计 | 张 科 |
| 责任校对 | 唐 虎 |
| 责任印制 | 周 奇 |

| | |
|---|---|
| 出版发行 | 四川人民出版社（成都市三色路238号） |
| 网 址 | http://www.scpph.com |
| E-mail | scrmcbs@sina.com |
| 新浪微博 | @四川人民出版社 |
| 微信公众号 | 四川人民出版社 |
| 发行部业务电话 | （028）86361653 86361656 |
| 防盗版举报电话 | （028）86361661 |
| 照 排 | 四川胜翔数码印务设计有限公司 |
| 印 刷 | 四川机投印务有限公司 |
| 成品尺寸 | 170mm×240mm |
| 印 张 | 19.75 |
| 字 数 | 320千 |
| 版 次 | 2025年1月第1版 |
| 印 次 | 2025年1月第1次印刷 |
| 书 号 | ISBN 978-7-220-13796-9 |
| 定 价 | 88.00元 |

# 总　序

　　2022年5月27日，习近平总书记在主持中共中央政治局就深化中华文明探源工程进行第三十九次集体学习时指出："要把中华文明起源研究同中华文明特质和形态等重大问题研究紧密结合起来，深入研究阐释中华文明起源所昭示的中华民族共同体发展路向和中华民族多元一体演进格局。"巴蜀地区是长江上游的古代文明中心，巴蜀文化是中华文明的一个重要发源地和组成部分。研究好巴蜀文化，可以为中华文明的源头、特质和形态以及中华民族多元一体格局演进等重大理论问题提供重要支撑。习总书记这一号召，给巴蜀文化研究提供了巨大动力。

　　巴蜀独特的山川地理、经济生业和发展历史催生了独特的巴蜀文化，其内容包括在巴蜀地区形成的价值观念、语言符号、行为规范、社会关系与组织、物质产品等。巴蜀神话是巴蜀文化中一颗璀璨的明珠，涉及巴蜀文化的方方面面，它以思想、信仰和道德等价值观念为基础，形成了覆盖口头和书面的语言符号系统，并渗透到人们的法律、习俗等行为规范中，协调和凝聚各种社会关系与组织，还呈现于饮食、服饰、建筑、工具、器皿等物质产品中。因此，巴蜀文化的研究必然离不开巴蜀神话的研究。目前中国和世界都在关注三星堆考古进展，我们看到了越来越多令人惊叹的文物，像鸟足曲身顶尊人像、猪鼻龙形器、四翼神兽等，它们都是古蜀神话的物化形态，其后蕴藏着古蜀人独特的价值观念和仪式行为，对古蜀社会有着重要的功能意义，也很可能铭刻着古蜀与中华文明其他发源地互动的密码。我们必须对巴蜀上古神话进行深入的研究，才能解读这些文物及古蜀文化。

巴蜀地区是中华神话的渊薮之一，除了三星堆神话，巴蜀地区还孕育和发展了众多本源性神话，为中华民族提供了优秀文化基因和海量文化资源。比如北川、汶川羌族民众中流传的大禹神话，讲述了大禹的出生、婚配、治水的相关事迹，融入中华民族大禹神话的大家庭，对中华民族共同体的凝聚起到了巨大作用；盐亭的嫘祖神话，涉及中华民族母亲神、蚕桑生产和服饰发明、婚嫁礼仪创制等重大文化议题，让盐亭成为全球炎黄子孙寻根祭祖、守望精神家园的文化圣地；梓潼的文昌帝君神话是中国民间和道教尊奉文教之神的源头，对中华民族的勉学重教传统影响巨大，至今仍以文昌祭祀大典的形式促进海峡两岸文化交流。此外，关于女娲、蚕丛、鱼凫、杜宇、柏灌、廪君、二郎等的巴蜀神话也成为中国神话的重要元素……巴蜀神话之丰厚瑰丽，其对中华文明影响之深远、对中华民族共同体贡献之巨大，一时难以尽道。由此可见，巴蜀神话研究不仅具有史学、文化学、民族学等方面的学术价值，也具有凝聚全球中华民族精神、铸牢中华民族共同体意识的现实价值。

面对如此深厚的神话资源，前辈学人筚路蓝缕，进行了开拓性研究。民国时期，顾颉刚、冯汉骥、郑德坤、董作宾、常任侠、林名均等一批历史学、考古学、民族学、文学研究者，对巴蜀文化进行了大量探索，其中或多或少地涉及巴蜀神话。1949年以后，徐中舒、蒙文通、邓少琴、林向、汤炳正、李绍明、萧崇素、洪钟等老一辈四川学者，在研究巴蜀文化的过程中也不同程度地论及巴蜀神话。其中，最早提倡将巴蜀神话作为专题来研究并取得辉煌成就的学者，首推已故著名神话学家、我院研究员袁珂先生。袁先生毕生从事神话研究，对中国神话学贡献卓著，他的《中国古代神话》《中国神话资料萃编》《中国神话史》《中国神话通论》等书都不同程度地涉及巴蜀神话的研究，并提出自己观点，为后来的巴蜀神话研究奠定了坚实的基础。

我们欣喜地看到，继袁珂先生之后，我省黄剑华、李诚、周明、苏宁、贾雯鹤、李祥林等学者继续进行巴蜀神话的深入研究。尤其是在2019年四川省社会科学院神话研究院成立以后，巴蜀神话研究领域更加活跃。我院将巴蜀神话研究列为重点研究方向之一，神话研究院主办的《神话研究集刊》也每期开辟"巴蜀神话研究"专栏，重点刊发相关研究论文。围绕"巴蜀神话研究"方向，我们聚集了一批省内外高等院校、科研机构的相关专家学者进行专题研究，撰写了一批学术论文，在国内外学界产生了较好的影响。

为了进一步凝聚巴蜀神话研究的人才队伍、营造巴蜀神话研究的良好学术氛围，以及从神话学角度及与神话学相关的角度对巴蜀文化进行系统研究，神话研究院于2021年成立了《巴蜀神话研究丛书》编辑委员会，将《巴蜀神话研究丛书》的编撰纳入科研计划立项，并与四川人民出版社多次磋商，达成了出版共识。

本丛书立足于巴蜀神话研究，以神话研究为切入点，关联若干与神话相关的学科或主题，形成以巴蜀神话资料长编，巴蜀神话与文学、艺术、审美，巴蜀神话与历史、巴蜀神话与考古、巴蜀神话与民俗、巴蜀神话与四川少数民族文化、巴蜀神话与宗教等为主题的系列专题著作，从学术研究的层面多方位地探讨巴蜀神话与巴蜀文化的关系，立足学术，兼及普及。我们争取将本丛书打造为一套有深度、有规模、有影响力的学术研究丛书，做好巴蜀神话研究的人才队伍建设和学科建设，深入挖掘巴蜀文化，进而为阐释中华文明起源、中华民族共同体发展路向和中华民族多元一体演进格局做出应有的贡献。

是为序。

向宝云

2022年9月11日

# 目 录 ///

# 前　言

　　2011年，教育部人文社科重点研究基地重大课题"中国古代民间神灵信仰研究"获得批准（项目编号：11JJG750010）。该项目由笔者主持，与四川大学中国俗文化研究所几位同事共同承担，其中《女娲神话及信仰的考察和研究》是笔者独立撰写成书的，2018年巴蜀书社出版。课题进行期间，曾有人以不无怀疑的口吻问："研究女娲？能研究些什么呢？"言下之意是说，女娲神话在历史上老早就丢失甚多，文献留下的记载也就那么点儿，前人和他人对此已经咀嚼得差不多了，你还能做什么呢？笔者笑了笑，回答说走田野、访民间啊，因为古代文献记载之外，女娲神话及信仰还存活在老百姓当中，相关的民俗事象丰富得很，接着便给对方讲了讲笔者历年来行走四方的所见所闻。今天，继前书之后，又来撰写这本《巴蜀地区女娲神话及相关事象研究》，会不会还有人问：巴蜀或四川有多少东西可挖掘呢？

## 一

　　较之笔者走访过的甘肃、山西、陕西、河北、河南等地，四川或巴蜀的确算不上女娲神话流布的核心区域。别的不说，以建有专庙祭祀女娲的地方为例，河北涉县中皇山有娲媓宫，河南西华思都岗有女娲城，河南淮阳太昊陵有女娲观，甘肃秦安陇城有女娲祠，山西赵城侯村有娲皇陵，湖北竹山宝丰有女娲山，陕西临潼骊山有标示"娲圣仙居"的老姥宫，甚至沿海地区福建泉州乡村也有娲媓宫，四川或巴蜀地区有什么呢？好像一座女娲庙也没有。

2020年元月，笔者因非物质文化遗产保护方面的事儿前往遂宁，随后去了高峰山。遂宁地处川中，高峰山位于该市所辖蓬溪县境内，道观有名，尤其那按八卦设计的木结构主体建筑堪称一绝。返回途中，见左侧坡上有飞檐翘角的建筑，停车前往观看。有路牌标示"定香寺"，顺着田边道路走去，见两棵大树夹道有齐整高陡的台阶，上方是斗拱飞檐的高大山门，门匾写着"定香宫"。有人说庙子是老的，周围百姓都来此朝拜。步入山门，见院内荒凉，前方有大殿写着"三清殿"，系重檐歇山式，盖着小青瓦，墙体抹着灰色的水泥，少了历史的沧桑感，便草草地看了看。又见左侧墙外另有建筑，但与这边院子不通。出来后，顺左墙外约两三米宽的道路上行，见有古建筑，山门体量较小，便拾级而上。山门前立有县级文物保护单位石碑，方知这里才是"定香寺"所存古迹。门联写着："山门虽小能容各类神仙，庙堂不多确显无限威灵。"门内是小院，顺地势与山门侧对的是二层的建筑（进入院内从整个庙子的结构看，此处应是与正殿相对的戏台，台下底层是人行通道，两侧有回廊），有对联云"天不露无根之草，神广渡有缘善人"，底层正前方有窗框式装着玻璃的神龛，所供神灵有男有女，男神前牌位上写着"某某大帝"（上面的字被献的花挡住了）。穿过戏台，见有天井，有更高大的神殿（正殿），就是刚才我们在隔壁所见屋顶者。殿门对联云"事在人为休言万般皆是命，境由心造退后一步自然宽"，正中匾额上书"玄机奥妙"，左侧有匾写着"太清宫"。殿内呈一字横向展开供奉的均为女神，塑像大气，斗姥居中，其右第二位女神着黄色衣红色裙，面容端庄，座前牌位写着"女娲圣母"。定香寺所供女神有五，除了斗姥、女娲，还有九天玄女、碧霞元君等。该寺位于高峰山脉终点处，是开放的道教活动场所，地处文井镇杨桥湾，当地村子亦因寺名。定香寺始于唐宪宗元和十五年（820），历经兴废，现存部分清代和民国建筑。1995年，定香寺更名定香宫（当时名"三教坛"），划归高峰山道观管辖。据当地介绍，定香寺与高峰山、佛子寺并称蓬溪三大寺庙，抗战时期画家丰子恺也来过这里。

在此规模不大但庙史有些年头的地方看见了女娲像，使人意外又欣喜。随后，笔者将一组照片发在微信朋友圈，写下这样的话："行走各地做女娲神话及信仰考察，我常常感叹：女神崇拜在华夏至今根基深厚。瞧瞧前些天我正在丘陵深处所见这庙观，庭院、大殿、戏台、回廊等结构井然有序，女娲、斗姥、碧霞元君等成一字排列，都是供奉的主要对象。这当中想必会有很多故事，期待识者解读。"在定香寺供奉诸女神的大殿中，高高的房梁上犹存墨书"中华民国三十五年岁次丙戌夏至六月初八日陈洁清杨畏之李用生暨乾堃门人改建"，此乃修葺该庙时留下的记录。在题写"玄机奥妙"的匾额上又有"定香宫重辉纪念"字样，署有献匾之众香客的名字，落款为"公元一九九六年岁次丙子孟冬"。定香寺于1962年被批准为县级文物保护单位，如今主要供奉的是以斗姥为主的女神，女娲塑像出现在这里（尽管处在配祀位置）确实让我感慨。这次带偶然性的田野经历提醒我们，女娲娘娘在巴蜀地区至今还享受着民间的香火，女娲信仰依然是活在百姓心目中又体现在其仪式实践中的信仰。此外，就笔者所见，雕塑行亦奉女娲为祖师，同属遂宁市所辖的大英县泥塑艺人就有相关作品。

倘若不拘泥于有无专祀女娲的寺庙，放宽眼界去看看巴蜀地区流传的口头故事如雅安的《女娲补天》、垫江的《女娲造人》、北川的《神仙造人》、巴中的《女娲造六畜》、高县的《女娲补天造人》、成都的《女娲挑土补天》、井研的《女娲补天制印》、合江的《女娲挤奶成米》、珙县的《伏羲和女娲》、荣县的《伏羲女娲传人类》、江北的《女娲娘娘开洞》、中江的《女娲娘娘的眼泪》、仁寿的《白蛇成仙》、巴县的《"好"字是怎样造出来的》等，去听听巴蜀百姓口头传唱的歌谣"盘古王开天地留颗豌豆儿/天皇大地皇二人皇幺爸儿/燧人氏钻木头取个火炭儿/有巢氏构梁柱才有房房儿/女娲氏炼顽石又炼瓦片儿/伏羲爷制人烟才有娃儿/神农皇制五谷吃过桑果儿/轩辕皇制衣衫才有汗头儿"（三台《历史人物歌》），去瞧瞧巴蜀各地跟女娲神话传说挂起钩来的风景名胜（如忠县石宝寨、天全紫石关、峨眉山天门石等），去观赏巴蜀多地出土的有女娲、伏羲图像的汉代画像砖石（如简阳鬼头山崖墓、江津油溪镇汉棺、合江白米乡崖墓、重庆江北盘溪无名阙、成都土桥曾家包汉墓等），再去了解了解载歌载舞的地方戏剧如川剧、傩戏、花灯戏、木偶戏、皮影戏等，去欣赏欣赏民间剪纸艺人手中奇思妙想神采飞扬的作品，乃至去留意留意当今时代为发展地方旅游的文化再生产中出现的种种"故事新编"，就会发现，从文献到田野，从口头到图像，从城市到乡村，从历史到现实，渊源古老的女娲神话传说在巴山蜀水从来不乏多样化呈现，或直接或间接，或详细或简略，或正面或侧面，或韵文或散文，或美术或戏剧，其丰富形态和深厚内涵值得我们去凝视、挖掘、梳理、辨析和研究。事实表明，巴蜀地区女娲神话传说既是巴蜀文化整体中不可多得的文化遗产和文化资源，也是中华女娲神话体系里他方无法取代的具有地域文化特色的组成部分。

二

　　本书所言巴蜀，是区域性概念。此在长时期历史中形成，大致说来，既包括重庆直辖前的四川，也包括重庆直辖后的四川和重庆。巴蜀地区女娲神话即指该区域流传的女娲神话。梳理学术史，"巴蜀文化"的命题在20世纪40年代初提出后，经过学界不断探讨，经历了从历史学、考古学到地域学、文化学的延展和转换，目前已成为人们经常使用并在媒体上浮现率甚高的词语。有学者指出，该词语在三个层面形成了三种概念：一是先秦巴蜀文化，即狭义或原来意义上的巴蜀文化，此概念在学术领域采用最普遍，且得到中外学界认可；二是考古学上的巴蜀文化，主要运用考古理论与方法研究先秦时期巴蜀的物质文化，该概念得到国内考古学界肯定；还有一种是广义巴蜀文化，研究从古到今巴蜀地区的文化，这概念越来越获得社会各界认同。从地域方位看，巴在东而蜀在西，但东巴和西蜀既有区别更有关联，古往今来在文化上很难截然分割。行政区划是人为调整的，地域文化关联是历史形成的，后者不以人的主观意志转移。"巴蜀文化"作为二者之总和，如学界所述，"巴文化是指巴国王族和巴地各族所创造的全部物质文化、精神文化和社会结构的总和。蜀文化是指蜀族和蜀地各族所创造的全部物质文化、精神文化和社会结构的总和。将这两种起源不同、类型有别、族别非一的古代文化统称为巴蜀文化，首先导源于一种地理单元观念，即它们在古代是紧相毗邻的，而在中、近古以迄于近现代又是省区与共的。其次导源于战国以来两者的文字相同、中古以来两者语言的一致、经济区的大体划一，以及其他诸多原因。这许多因素使两种文化逐渐融而为一，形成了大体整合的巴蜀文化"。古往今来，人文地理环境使然，"四川人认同巴蜀文化"（段渝《三星堆与巴蜀文化研究七十年》），犹如《天下四川人》所言："四川人之所以彼此认同，就在于他们有趋于一致的文化精神、文化心理。"尊重历史，正视现实，今天政府在重庆市直辖若干年后再度提出"成渝地区双城经济圈""川渝文化旅游圈"协同发展，着眼点仍在文化有机整合的广义巴蜀区域范围内。当然，在此视野中，对于跟川渝毗连的陕、甘、青以及鄂、黔、滇相关地带的信息，本课题研究也不会忽视。

　　本书所言神话，是开放性概念。就大神女娲言，既包括上古诞生的母本式女娲神话，也包括后世延展、衍生以及再编码的跟女娲相关的传说、故事、歌谣等。归根结底，神话属于活态流传的口头文学，较之被文字固化的书面文学，口头文学生生不息。作为口头文学的神话通常被定位在"人类童年时期"也就是远古原始社会的产物，那么，随着人类走过童年迈向成年，神话之于人类是否彻底消失了呢？这个疑问想必很多人会有。持"广义神话观"的神话学家袁珂认为，"不仅最初产生神话的原始社会有神话，就是进入阶级社会以后的各个历史时期也有神话。旧有的神话在发展，在演变，新的神话也随着历史的进展再不断地产生。直到今天，旧的神话没有消失，新的神话还在产生"（《中国神话史·序言》），神话的体量还在扩充。在谈到中国神话词典编撰时他又指出，除了古代神话，"中国历史既然是这么悠久，在悠久历史的发展演变过程中，必然会有许多新的神话、新的富于神话意味的民间传说繁衍滋生。事实却也是这样。难道'沉香救母'的'沉香'、'水漫金山'的'白娘子'，以及有关他们的一些词目，如'法海''华岳神女'等，不都应该作为《神话词典》的词条而列入其中吗？……还有，和中国神话密切相关的仙话，附会在历史人物身上的神话，有关岁时节令、民情风俗、山川城邑、名胜古迹的神话，以及佛经人物故事中国化而为众所习知的神话，等等，似乎也都应该撰为词条，列入《词典》之中"（《中国神话大词典·序》）。对于"广义神话观"，学界见仁见智，这里不作评议。袁先生主张以开放眼光做神话研究，对于本书研究巴蜀女娲神话有启发意义。在人类学界，今有论者提出"线索民族志"的观点，"说原来的民族志写法像一个三脚架，把相机架在上面，像一个摆拍、剪切出来的摄影集。面对一个不曾变化的世界是可以的，但当这些东西动起来的时候就没法这么做，然后就需要追溯线索的不断展开，去描述这个动态的过程的本身的核心意义和自身适应的一种形式。所以在这个意义上，文化开始动起来了，不是说文化消失了，而是在受内部影响和外部激荡后出现了一个新的有夹层的东西"，这就得"从动态的角度去延展"，也就是"需要有一个大局的把握、对线索关联性的把握以及对宏大历史的脉络的把握"（赵旭东等《艺术家的身份建构与认同》）。这种动态研究观点，对于我们考察女娲神话从远古诞生到后世流传再到今天延展，亦可借鉴。

行走在巴山蜀水，从山川风物到人生仪礼，从地面景观到地下文物，从民间制作到文人创造，从往日资料到当代文本，从乡间田野到城市社区，不难听到或见到跟大神女娲有关的种种口头传说、民俗事象及文化案例，也不难感受到女娲神话从方方面面对物质与非物质文化的原型渗透力。女娲神话传说存活、流传在巴蜀地区，涉及口头表达和民俗实践、文献记录和物象呈现，对此的研究要求我们不可仅仅盯住上古几条有限的文献资料，放开眼光正视其多样又丰富的符号呈现，从多重取证中考察对象的丰富蕴涵，从而实现研究的预期目标才是正理。以"巴蜀地区女娲神话"为关键词的本课题，关注口头，留意民俗，细读文献，梳理物象，借助当代民俗学、文化人类学的理念及方法，兼顾历史和现实，在事象透视与逻辑分析结合中展开研究。女娲是中华神话史上名声赫赫的大神，但客观地讲，研究女娲神话的著作屈指可数，专题研究巴蜀女娲神话的著作至今尚无。本书立足巴蜀大地，考察和研究大神女娲及相关神话事象，就此踏踏实实地做做掘道铺路性质的工作。继出版着眼全国的女娲研究书籍后，再来撰写这本区域性著作，是笔者多年探视女娲神话奥秘的自然延伸。

女娲神话遍布华夏神州，巴蜀女娲神话作为中华女娲神话的分支，是形成乃至构建在特定时空中的"地方性知识"（local knowledge）。由美国人类学家格尔兹提出的"地方性知识"概念，见于1981年他在耶鲁大学的讲演文集《地方性知识：从比较的观点看事实与法律》。在其看来，"地方性知识"作为新型的知识观念，其"地方性"（local）不仅仅是在特定的地域意义上讲的，"它还涉及到在知识的生成与辩护中所形成的特定的情境（context），包括由特定的历史条件所形成的文化与亚文化群体的价值观，由特定的利益关系所决定的立场和视域等"（盛晓明《地方性知识的构造》）。借用格尔兹这个概念透视女娲神话之巴蜀版本，无论过去还是现代，都不能不留心"生成"种种地方神话版本的"特定的情境"或"特定的历史条件"，后者又受制于具体的族群、时代和社会。换句话说，考察女娲神话与西蜀漏天传说、峨眉白蛇故事、苗家蝴蝶意象的拼接黏连，透视女娲神话讲述中的性别意识、族群心理、庶民愿望投寄，分析女娲神话在地方诉求、当代建构、文化展演中的符号呈现，识读以女娲文化资源为底牌的神话复活、话语再造和故事新编，凡此种种，都不能不关注到"地方性知识"的这种在地性生成机制。格尔兹的"地方性知识"是在人类学究竟是关注普遍共同性还是关注历史特殊性之争论中提出的，有其革命性和批判性。流传在华夏各地的女娲神话，亦随在地性土壤而生成各有特色的"地方性知识"并在丰富中华女娲神话体系上各有贡献和价值，对之的研究绝非所谓主流或腹心区域的该神话研究所能取代。正是这种在地性生成机制，造就了巴蜀地区女娲神话传说的个性与特色，也决定了其作为中华女娲神话体系里的"这一个"值得我们留意的理由。

## 三

地处青藏高原东南缘的四川，也是多民族省份。长城内外，大江南北，56个民族文化并在共存，你来我往，互嵌交融，协同发展，组构出既多元一体又一体多元的中华文化版图。对多民族中华美学及艺术的追踪和研究，笔者已有多年，如2022年12月出版的拙著。历史和现实表明，民间文学与民族文学有天然亲和关系，二者都把神话、史诗、歌谣、故事等口头创作视为自身主体构成和主要研究对象，归根结底，"中国民间文学是多民族的民间文学"。纵观多民族共居的中华大地，在九百六十万平方公里土地上，汉族成为人口数量最多的主体民族是历史促成的，汉族之外的55个民族则分布在超过百分之五十的广大国土上。在漫漫历史长河中，中华大家庭内各民族文学交流往来、彼此影响，既投射在题材内容、主题思想、审美意识上又体现在艺术形式、创作技巧、表现手法上，既体现在汉族与少数民族之间也体现在各少数民族相互之间。即是说，"多民族中国的美学及艺术正是在族际互动、区域整合、内外交通的历史进程中成就其格局和呈现其风貌的"。横断山脉、六江流域，是巴蜀所在的中国西部多民族栖居地带，女娲神话传说在此有族际传播，有在地化体现（如羌族《神仙造人》、苗族《女娲阻止天狗吃月》等），由此折射出深沉的文化认同并形成地方表述特色。

　　巴蜀地貌涉及平原、丘陵、山川及高原，族群多样，文化丰富。既"东据夔门"又"西连番族"，既"南阻蛮部"又"北控褒斜"，《读史方舆纪要》对四川地理大势的这番描述，尽管有旧时代帝国王朝叙事口吻，仍透露出这片区域多民族相邻共居、交汇往来的特征。在《四川各民族历史与现状的民族学研究》中，民族学家李绍明指出：从纵向看历史，"先秦时期，四川的巴、蜀尚未进入华夏，基本上是少数民族聚居地区"，及至秦汉，"中原人大量进入四川，在历史长河中，与四川盆地腹心地带的原巴、蜀土著逐渐融合。但盆周山区，尤其是东西两侧，一直是少数民族的传统居住地。这种状况相沿至今仍然没有多大的改变"；从横向看族群，四川地区除汉族外有14个世居的少数民族，"四川各民族的来源，总的说来，藏缅语族的各族源与古代的氐羌族系有关，壮侗语族的各族与古代的百越族系有关，苗瑶语族的各族与三苗族系有关。他们都是四川的古老居民"。有鉴于此，研究巴蜀地区女娲神话传说及相关文化事象，对长期以来多民族共居、互嵌、交往乃至融合的历史事实和现实存在不能视而不见。神话学家袁珂著述颇丰，1950年他出版的《中国古代神话》是我国首部研究汉族古代神话传说的著作；1986年出版《中国神话史》时他的关注目光从汉族扩展到少数民族，全书十八章，第十六、十七章为"少数民族神话"，末章论述中国神话对文学的影响时也专设一节"现代少数民族口头传述的神话"；1989年写就的《中国神话通论》，有专节谈"少数民族的神话"；及至1998年出版《中国神话大词典》，又在"古籍记载"之外列出"民族传闻"，并按照五十多个民族（包括汉族）分别设立条目介绍之。在他看来，"少数民族神话是构成中国神话整体的不可分割的部分……少数民族神话的收入，无疑使中国神话的总体更增加了熠耀的光辉"（《中国神话大词典·后记》）。研究巴蜀地区女娲神话，同样不可忽视少数民族口头文学。

追溯古史，蜀在西，"其地东接于巴"（《华阳国志·蜀志》），其先民跟人称"江源"的岷江上游有关，"关于蜀人事迹的最早传说，多在今岷江上游，而这些地区自古以来为氐、羌人活动之地"（刘琳《华阳国志校注》），蜀之先祖蚕丛的活动中心原在茂县叠溪一带，是他率领部族顺江而下，来到川西平原建立王朝的，迄今在"5·12"特大地震后茂县新建的中国羌城有大字标示"蚕丛故里"；巴在东，"其属有濮、賨、苴、共、奴、獽、夷、蜒之蛮"（《华阳国志·巴志》），现在学界"一般认为土家族的族源与古代巴有关，大体上是以古巴人为主，逐渐融合四周的一些民族，形成的一个民族共同体"，这里也是土家、苗、汉多民族互嵌区域，"凡巴国境内的人皆可泛称为巴人"（李绍明《从川黔边杨氏来源看侗族与土家族的历史关系》）。神话光耀千秋，史脉贯穿古今，巴、蜀同"在盆地之中，各有丰富的传统和记载，犹如一枝出水的并蒂芙蓉，互相辉映，光耀了中国西南历史的篇章"（邓少琴《巴蜀史迹探索》）。立足巴蜀，着眼实际，以通透眼光、豁达胸襟和多民族理念，结合口头文学、民俗实践、传世文献以及出土文物，借鉴当代民俗学、文化人类学方法从多重证据入手，悉心考察、梳理、读解、辨析作为地方性知识的巴蜀地区女娲神话及相关事象，也就自然。对此的研究，既能丰富对中华女娲神话的认知，也能深化对巴蜀地域文化的理解，同时有助于铸牢中华民族共同体意识。

李祥林

2024年9月于四川大学中国俗文化研究所

# 第一章

# 文化地标和城市景观

神话传说是流光溢彩的口头文学，其在当今时代不少地方的文化地标树立和城市景观打造中，被视为文化再生产所依赖的不可多得的遗产和资源，正得到积极发掘和利用。在巴山蜀水，说起以女娲神话资源助力当代城市形象构建，首先会想到"雨城"雅安。雅安古称雅州，系"《禹贡》梁州地，秦属蜀郡，汉为蜀郡西部，后汉延光初置蜀郡属国"，几经变更，"唐初复为雅州，天宝初曰卢山郡，乾元初复曰雅州"，宋元亦然，"明初仍曰雅州，以州治严道县省入，直隶布政司，领县三"（《读史方舆纪要》卷七十二"四川七"）。1950年，设雅安专区，雅安曾为西康省省会，今为四川省地级市。雅安位于四川盆地西缘、邛崃山东麓，地处川藏、川滇公路交会点上，东靠成都、西连甘孜、南界凉山、北接阿坝，地理位置重要。除了雅安，借助女娲文化资源进行城市景观打造，也见于省会成都及其他地区。

## 第一节　川西雨城的文化地标

来到雅安，说起"雨城"的文化地标，当地人会告诉你："女娲。"

尽管汉代文物高颐阙也属于雅安的文化地标之一，但今天的雅安人、到过雅安的游客更乐意提起的是大神女娲。高颐阙造型精美，女娲神话身世古老，后者在当代雅安的城市形象宣传、文旅融合发展中尤其焕发出灵动且有活力的话语编码功能，并借助口头传播翅膀再加上电子传媒助力而愈加名声远播。"提到雅安，你会想到什么？女娲补天、高颐阙、廊桥、大熊猫……显然，雅安的这些地标会先闯入你的脑海。因为它们是城市的名片，代言了城市的形象。地标，是城市的名片，彰显城市的形象、气质和内涵。"[1]有记者写道。2017年夏天，新建成的熊猫绿岛公园成为雅安市民休闲游乐的新去处。公园内，设置彩雨花廊、彩鱼栈道、木栈道、小剧场、亲子乐园等设施，集观赏、休闲、娱乐、体验于一体。公园建成后，媒体说这是填补了雅安市区缺少大型公园的"空白"。雅安有大熊猫繁育基地，故而公园以"熊猫"命名。所谓"绿岛"，应是指公园借助城东周公河汇入青衣江处的半岛形地面建成[2]。事实上，这里真正吸引游客眼球的与其说是草地里几个竹编熊猫塑像，不如说是二水交汇处矗立在青衣江畔的巨大的女娲塑像，该公园广场即以女神命名。课题研究使然，笔者屡屡前往雅安，2021年5月又去了。站在青衣江大桥上，远远就望见阳光下有高大的白色雕塑立于江边水中，在蓝天衬映下格外醒目，这尊高达28.6米的塑像题作"女娲补天"。熊猫公园有巨石横卧，面向女娲塑像，题作"女娲补天碑"，刻有当地"为纪念女娲补天造福人类"而于"戊戌年辛酉月"在一江一河处敬塑女娲圣像的记事文字。从空中看绿岛公园及雅安城区，其犹如一艘巨型舰船，船头处矗立着举石补天的高大的女娲塑像，江河东来，女娲西向，广场上有文字介绍："女娲广场是我市每年春节灯会展的主会场。也

---

[1] 石雨川：《老地标新地标——见证雅安城市历史文化变迁史》，《雅安日报》，2018年5月27日。

[2] 在2004年成都地图出版社印制的《雅安旅游指南》上，该半岛型地块标名"水中坝"，此名在2013年出版的雅安市地图中亦然。该地又是雅安市林业局苗圃所在地。

是风筝爱好者放风筝的首选之地。相传雅安的女子是女娲的后裔，女娲面容俊秀，体态婀娜丰韵，心地淳朴善良，不畏艰难邪恶，炼五色石力补漏天，所以，雅女就天生丽质，颇具灵气……也许正是雅女聚集了天地人和之精华，吸收了青山秀水之灵气，这才让人之始祖女娲的神与形流传到了今天。"将雅安女子指说为女娲后裔，从神话思维看自然没错，而从姿容到品性的口头文学式发挥也颇有意思。

青衣江畔的女娲补天雕塑（雅安，2021年5月拍摄）

　　将女娲塑像作为雅安城区的文化地标，并非今天才出现。对于雅安，以"女娲补天"为名的女娲塑像是新的，在此之前，有以"西蜀天漏"为名的女娲雕塑是老的。有人写道："上世纪80年代中期，全国城市建设兴起一股雕塑热。1986年，在新民街与羌江南路交会处，'伫立'着一名美丽的女子，这就是雅安第一个地标性城市雕塑——《西蜀天漏》，雅安人习惯把它叫做'女娲补天'。2000年，《西蜀天漏》移至市区三雅园广场，但雅安人仍会把它作为地标称谓，并称新民街与羌江南路交汇处为老'女娲补天'。"①2021年这次来雅安，我们就住在"老'女娲补天'"塑像所在十字路口的一家旅馆。老城区位于青衣江南岸，新民街

---

① 石雨川：《老地标新地标——见证雅安城市历史文化变迁史》，《雅安日报》，2018年5月27日。

对着彩虹桥，也就是今天的雅安大桥，地处老城区的中心地带。这尊以"西蜀天漏"命名的女娲像，材料用的是花岗石，呈红褐色，高10多米，安放在街心花园处，四周还配以喷泉。当年，以"西蜀天漏"为名的女娲塑像落成时，市民们敲锣打鼓庆祝，好不欢喜，但后来该像被移往青衣江北岸的三雅园，原因何在不得而知，只是当地百姓至今还念叨着这老地方的女娲像。2014年5月，笔者曾去雅安寻访这座移走的女娲塑像并有走访记录[1]，当时即对其迁移后的安放位置、环境营造感到不解，如：塑像并未放在三雅园的中心位置，环绕并紧靠女娲像栽着数株枝叶繁茂的银杏树，若是没人提醒，从旁边走过你也不会注意到浓密树荫中的石头雕像，"围着塑像，我转来转去，想为之拍一张全貌，却总是无法避开茂密的树枝。塑像面孔朝东，基座上无任何文字标识，其身旁大道车来车往，甚是喧嚣。为何会是这样，让人不解。也许是临时安放在此吧，据说以后将再迁往'西蜀天梯'广场……"[2]所谓"西蜀天梯"，位于今之雅安万达广场对面的山上（公交车站在此设有"万达广场站"），先前笔者来此所见即已建有从山脚直达山顶的巨大阶梯。根据目测，该天梯正好位于今天江边新塑女娲补天像身后，只不过被对岸沿江所建一栋栋高楼大厦遮挡住了。在笔者的印象中，这座"西蜀天梯"甚是壮观，该景观建造的依据是当地神话传说：

　　女娲把炼好的五彩石带在身上，直奔漏天洞。……突然，她看到离漏天洞不远的地方，有一座不太高的山边可以站得住人，她又高兴了，把五彩石捧在手上，顺着这山朝天上爬，一点一点地把五彩石往漏天洞里堵。这样一次又一次地往返，把那座山的北端踩满

---

① 李祥林：《女娲神话及信仰的考察和研究》，巴蜀书社，2018年，第334—337页。
② 同上，第337页。

了脚步子，成了一架大"梯子"，人们把它叫做"梯子崖"。[①]

2021年5月29日，笔者再次去了江畔三雅园。老的女娲塑像仍在原来位置，周围树荫更浓密了。整个广场地面已重新打造，有了若干新景观。江边路侧，立有花岗岩巨石，上书"三雅园"，题有几句打油诗："雅安逢雅雨，雨中尝雅鱼，手持沽美酒，垆下遇雅女。"未署作者名，或为当地的口头语，将"三雅"串联起来。广场中央有吹箫弹琴的三女子雕塑，体态婀娜，造型带抽象化，基座题写"雅安之夜"，看来是作为音乐消夏广场布局的。三女前方，地面环形图文中刻有篆、隶、楷、行、草各种字体的"雅"；三女身后，地面刻有从古代方志中撷取的有关"雅州"的只言片语，还有三组青石雕刻分别展示"雅雨""雅女"和"雅鱼"。如言及雅雨："相传女娲补天，大功未就，其身先陨，五彩石掉落，从此此地成为漏天，常年多雨形成西蜀漏天胜景，雅安雨城缘此得名，雅雨也因此扬名四海。"又如介绍雅女："相传女娲补天，玉身坠落，化为青山碧水，山水孕育出女娲后裔，正是今天的雅女。昔有徙都妹喜入选王宫，亦有茶仙姑与吴理真的爱情传说，妹喜和茶仙姑皆为雅女之形象代表。……肌如凝脂面如玉，出入巷陌犹诗画，描写的正是这一景致。"前者的画面中心是手持雨伞的雅女们，下方是长裙飘逸作飞翔状的女娲补天造型；后者的画面中心是女娲手捧婴儿的造人形象，身边刻塑的是载歌载舞的雅女们。老的女娲塑像右前方有一巨石横卧，以鎏金文字刻的是"雅安八景"。女娲塑像四周立有石桩若干，上面刻有"炼石补天，心怀苍生，仁心之美""驱逐猛兽，保民平安，正气之美""抟土造人，孕育梦想，创新之美""男女相和，阴阳互补，和谐之美"等语句，皆出自当代表达。就这样，古老神话经过现代表述为地方

---

[①] 本书编辑委员会编：《中国民间故事集成·四川省雅安地区卷》，1990年8月印（内部资料），第3页。

谱写了奇妙的"神话历史"（Myth History），归根结底，"神话历史更加强调历史的文化认同性，而不是对于史料的客观分析之科学与事实"，其"最基本的核心在于文化阐释"①，这种阐释基于本地认知，关乎地方取向，折射着往日故事，也传递着当下意愿。

## 第二节　神话符号的当代延展

"提到雅安，'三雅'文化美名远扬，在市区三雅园内，女娲补天塑像，自然就和'三雅文化'一起，一度成为雅安的城市名片。"②的确，不无神话想象的雅雨、雅女、雅鱼是雅安人引以为自豪的"三雅"，在今天的话语点击率甚高。有作家在雅安游览后撰文，对此赞不绝口："雅安群山环抱，青衣江穿城而过，由于地处潮湿温润的四川盆地西缘，独特的地理位置，使这里终年多雨，四川盆地湿润的空气，在雅安遇到群山的屏障，化为雨水，滋养四季繁茂的植物，雅安年降雨量1800毫米，有'西蜀天漏''华西雨屏'之称。……雅雨是上天的恩赐……雅鱼是雅安青衣江里特有的鱼种……大厨摆上了鱼品后，递上一小绢盒，盒内有一半寸长的鱼骨，骨状如剑，原来雅鱼头颅中有这样一片鱼骨，厨子送上它给客人，表明食用的是资格正宗的雅鱼。据当地朋友讲，传说雅安古代就是'天漏'之地，女娲补天时，其所佩之剑掉进青衣江，落在雅鱼头上，于是世世代代的雅鱼子孙便佩带着这光荣的标记。雅鱼引出了女娲传说，女娲与雅安有缘，除了雅安有'雨城'别名，雅安境内的天全县，也是女娲补天漏而得'天全'之名。雅女指的不是女娲，是雅安出美女之意。"③

---

① 金立江：《什么是"神话历史"——评〈神话历史——一种现代史学的生成〉》，《百色学院学报》，2009年第3期。
② 石雨川：《老地标新地标——见证雅安城市历史文化变迁史》，《雅安日报》，2018年5月27日。
③ 叶延滨：《春风雨露青山翠》，《南方日报》，2013年5月1日。

　　诚然,"女娲补天"神话跟雅安有缘,其在地化版本见于《中国民间故事集成·四川省雅安地区卷》,并说至今在姚桥乡后河滩上"还有几大堆被天水冲落下来凝在那里的'五彩石',现在人们叫它'癞巴石'"①,又讲到雅安所辖天全县得名由来,但该书所收《女娲补天》并无有关雅鱼的叙事;书中亦收入《雅鱼进贡的传说》《慈禧太后吃雅鱼》等传说,仍均未涉及"头骨剑"。将鱼头宝剑同女娲神话有声有色地挂起钩来,与其说是往日的口头传统,毋宁说是今天当地讲述者不无缘由的扩展和发挥(经过三雅园,见地面雕刻有图文介绍雅鱼即言"相传女娲补天,炼石之剑坠落周公河,藏于丙穴鱼头顶",街头餐馆介绍"砂锅雅鱼"时也有类似说法),因为跟鱼头"宝剑"故事相关的原是一无名女子,犹如笔者在文章中引述地方传说所言②。雅安出美女,如今网上有文将雅女与女娲联系起来(前述周公河与青衣江交汇处的女娲广场介绍亦然),曰:"传说雅安的女子就是女娲的后裔,丽质天成,颇有灵气,犹如璞玉,虽未雕琢而自有风情。她们落落大方,彬彬有礼,像碧峰峡中清澈的流泉,有一种无言的温情和从容的镇静。"作者感慨:"若不是当年女娲留下的'天漏',哪有这洁净丰沛的雅雨?哪有这雨水滋润下的雅女和雅鱼?哪有这水灵灵、青透透的青山绿水?哪有这吸天地灵气日月精华的茶园?哪有这生于斯、长于斯、流连于斯、繁衍于斯的国宝熊猫?"并且呼吁:"严格地说,雅安的所有文化传统和城市名片,都以'女娲文化'为依托与旨归。雅安,应当挖掘体现着'创造、民本、和谐、奉献'精神的女娲文化,为灿烂的华夏文化注入精彩一笔;应当传

---

① 本书编辑委员会编:《中国民间故事集成·四川省雅安地区卷》,1990年8月印(内部资料),第3页。该故事于1987年4月采录于雅安市顺河乡。又,在雅安芦山漏阁附近龙门山上有奇石名菜花,当地人相传为女娲补天所用,清乾隆《雅州府志》卷十六载清代芦山县令竹全仁《菜花石》诗,云"漏阁上流,龙门之浒,有石其间,不与众伍",其"亦温亦坚,内精外粗",凡眼不识,"女娲得之,携之天补"。

② 李祥林:《美食·民俗·地域文化——关于巴蜀美食"雅鱼"的龙门阵》,载四川省民俗学会编:《川菜文化研究续编》,四川人民出版社,2013年,第493—498页。

承完全符合雅安本土优秀要素的女娲文化，让它成为雅安的新名片、新亮点。"[1]此外，将地方特产蒙山茶、风景名胜天台山等与女娲神话挂起钩来，诸如此类在"雨城"雅安亦常见，归根结底，均属于古老神话在当代被挪用（appropriation）和重述（retelling），其为当地社会现实诉求服务的倾向不言而喻，有趣也值得琢磨。

雅安有山有水，风景迷人。究其由来，雅安之得名跟当地有"雅安山"相关，据《元和郡县图志》卷三十二"剑南道中·西川下·雅州"条记载："禹贡梁州之域。秦灭蜀为郡，即严道县也。李膺记曰：'自晋永嘉崩离，李雄窃据，此地荒废，将二十纪，夷獠居之。'后魏废帝二年置蒙山郡于此，开皇十三年置蒙山县并镇，仁寿四年罢镇，改置雅州，州因境雅安山为名。大业三年，以雅州为临邛郡，武德元年复为雅州。"明曹学佺《蜀中广记》卷五十二"蜀郡县古今通释第二·上川南道属·雅州"亦云："取雅安山为名，李冰所凿离堆在其地也。离音雅，《坤元录》《郡国志》《通鉴》《释文》皆言之，秦灭楚迁严王之族于此，曰严道矣。西魏置蒙山郡，隋改今名。"如此释义得到今天学界及当地认可[2]。雅安的山山水水中，当初以"自然保护区"[3]相称的碧峰峡如今也在努力打

---

① 佚名：《"天漏"之地雅安的女娲文化》，https://www.haowenwang.com/show/29846a6e9c4184bf.html，好问网。

② 向前：《专家探讨"雅安"之名的由来："雅州"源自"雅安山"》，《雅安日报》，2020年8月8日；又见文莎整理：《雅安之名，从何而来？》，《四川日报》，2020年8月13日。

③ "碧峰峡自然保护区"之称在成都地图出版社出版的《雅安旅游指南》（2004年）、《雅安市交通旅游地图》（2013年）中均有见。顺便说说，尽管老的女娲塑像在上个世纪80年代已耸立在雅安城区，但实际上多年来当地从旅游角度对女娲文化的张扬并不明显，如《雅安旅游指南》中以"熊猫故乡、浪漫雅安"为题的介绍文字写道："雅安是一片神奇古老的土地。这里历史文化悠久，古属'梁州''青衣羌国'，为历代郡、道、州、府治所，是古代南方丝绸之路（茶马古道）必经之地，境内自然、人文、民俗资源叠加，突出了大熊猫、茶文化、汉代文化、红军文化、三雅文化的自然文化优势，被列为国家、省级文物保护单位有17个，是世界第一只大熊猫发现地，是世界茶文化发源地。"图中即使是专门介绍"三雅文化"的专栏中，也不见有文字提及女娲神话传说。在2013年版雅安市旅游地图中，陇西河汇入青衣江处的音乐广场多了三雅园，有了从对岸城区移来此处的"女娲补天雕塑"的标注，但仅此而已，整个旅游图中再无有关女娲的只言片语（包括对"碧峰峡风景名胜区"的专栏介绍）。

造文化形象，其已是当代游客熟悉的AAAAA级风景区。2011年，雅安旅游部门负责人在答记者问时就说"开发碧峰峡景区的时候，定位就是以女娲文化为主体背景。如今让众多游客流连忘返的'女娲池''女娲庙''雅女园'等60多处景点都与女娲有关"，主管部门的想法便是该景区"吸引游客的不仅仅是优美的自然风光和有趣的野生动物表演，还有流传千年的女娲文化"①。以女娲名义为60多处景点命名，当地为发展旅游而构建女娲文化品牌的积极性不可谓不高。那么，作为旅游地标之文字呈现又如何呢？搜索网络，真有文字将峡中景点与女娲故事拼接，进行对位讲述：

### 碧峰峡女娲池

女娲用黄土制造出人和动物，让他们在大地上快乐地生活。后来水神和火神为了争夺帝位进行激烈的战争。神仙打架，凡人遭殃，果然混战中天柱被撞折了，天幕被撕裂了，倾盆大雨从天而降，滚滚洪水席卷而来，人与动物面临灭顶之灾。这时候女娲挺身而出，炼五彩石补天漏，引七星针缝云衣，昼夜不停地奔波于天地之间。正当补天大业即将完成之际，突然听说西部雅安的天空又出现了汹涌漏雨的大洞。她顾不上休息，骑着神鹰急赴雅安，继续废寝忘食地补天。

就在女娲即将补完雅安上空"天漏"处时，别的地方又在告急，情急之下，女娲带着石头驰援台湾岛、海南岛去了，雅安便成了"漏天"之地。雅安碧峰峡有个"女娲池"，相传就是女娲补天时候沐浴的地方。女娲池银瀑高悬，碧水平铺，池底岩石呈缓坡状，浅处有1米左右，深处可达数十米，犹如一个天然泳池。

---

① 周琦：《天穿节：雅安该怎样传承？》，《雅安日报》，2011年2月23日02版。

## 碧峰峡千层岩

女娲补天时，采用结绳记事，刻石记日。她补天时，每过一天便在岩壁上刻一道剑痕。碧峰峡景区的千层岩壁上，就有女娲留下的剑痕1028道，这千层岩上的断痕便是她当时补天记日留下的原始刻印。也就是说，女娲在这里用了1028天来补天。①

"由'女娲补天'而衍生'雅雨、雅女、雅鱼'的'三雅文化'，已然成为雅安一张响亮的文化名片"，当地媒体报道如此；"从女娲补天的传说开始，历史上相继有不少雅女代表，青史留名"②，这口吻更是直视女娲为"雅女"第一人。口头传说加上当代建构，我们看见，围绕大神女娲展开的想象和叙事，透现出奇妙的创造力：女娲不但在"雨城"补了"天漏"，还留下令人神往的沐浴之池；女娲不但补了"天漏"，还刻石留下岩壁上的千道剑痕。就这样，天造地设的自然景区碧峰峡随着神话之翼展开，披上了五光十色的人文外衣，现出炫目的人文光彩，成为被不断附加人文内涵的符号。至于"女娲带着石头驰援台湾岛、海南岛"，则涉及当年那则经新华社报道、至今为雅安市民津津乐道的故事：2009年3月4日上午，十一届全国人大二次会议举行新闻发布会，大会发言人是有"诗人外交家"之称的李肇星，其就海峡两岸交流答台湾记者问时说他特别期待去宝岛台湾去看看，并且引用女娲神话作了风趣的发挥，他说："我在读书的时候也会经常想到台湾，我读到'女娲补天'的故事，里边说到女娲补天的时候，当然工作很认真了，但是她还有一块地方忘了补，这块地方就是中国的一个风景名胜区，叫雅安。那个地方下雨很多，因为那块地方的天没有补好，漏水。这个神话继续往下说，女娲忘了补那块天，是因为她把两块建筑材料郑重地送到了远方，

---

① 佚名：《"天漏"之地雅安的女娲文化》，https://www.haowenwang.com/show/29846a6e9c4184bf.html，好问网。

② 黄伟：《俏丽雅女有女则安》，《雅安日报》，2020年3月21日。

把本来要补雅安上空的那两块非常漂亮的、质量非常高的材料运到远方，就是今天的台湾岛和海南岛。"[1]次年5月，在"天府四川宝岛行"期间举行的"团团圆圆故乡·生态魅力雅安"旅游推介会上，李用此故事答记者问的图像资料亦在台湾会场播放。[2]阅古观今，女娲神话在雅安无疑是当地民间的"口头传统"，但以上出自当代建构的想象发挥又来自"传统的发明"。以口头文学研究的动态眼光观之，神话发源于人类童年时代，但神话也流传在人类成年时期；大神女娲产生在岁月邈邈的远古，但女娲神话也活跃在热气腾腾的今天。

女娲为何补天？古往今来，对此神话的解释见仁见智。2004年6月，《光明日报》刊登了题为《"女娲补天"源自史前一次陨石雨撞击》的文章。该文指出，根据《淮南子·览冥训》中关于女娲补天的神话描述，在远古时期，"四极废，九州裂，天不兼复，地不周载；火爁炎而不灭，水浩洋而不息"，就在百姓哀号、冤魂遍野之际，大神女娲挺身而出，"炼五色石以补苍天，断鳌足以立四极，杀黑龙以济冀州，积芦灰以止淫水"。该文认为此应是对大规模陨石雨撞击过程的描述，所谓"四极废，九州裂，天不兼复，地不周载"，是小型天体爆炸后形成的大规模陨石雨；至于"火爁炎而不灭"则是巨大撞击、爆炸及其后在地面上引起的火灾；如果小型天体是一颗彗星，其成分主要是陨冰，而陨冰融化后形成大量的地表水导致"水浩洋而不息"的结果。冀州指古代河北一带，这位研究者认为此神话涉及的是该地区景象。由于地域环境差异，对于雅安"天漏"，地理学、气象学的解释则有别。女娲之所以"补天"，雅安人认为是因为"天漏"。从科学角度究其根本，"漏天"传说之所以流传在"雨城"雅安，盖在这里一年365天有280天左右在下雨，真的好像天漏了。如雅安下辖的天全县，"全年降水量达1735.6mm，

---

[1]　《十一届全国人大二次会议新闻发布会（实录）》，央视网，http://news.cctv.com/china/2009 0304/104920_5.shtml

[2]　周琦：《天穿节：雅安该怎样传承？》，《雅安日报》，2011年2月23日02版。

雨日236天",乃是"全国日照时数最少的区域之一"①。因此,清人仇兆鳌注释杜诗云:"蜀中雅州,常多阴雨,号曰漏天。"②为何雅安地区"多雨",民间传说是女娲补天"没有补严",留下自然界这遗憾。雅安不但雨日多、雨时长,而且雨量大,历年来学界对雅安"漏天"现象亦多有研究③。按照《雅安市志》(1996年)的说法,"天漏"的这地方是我国距海最远、温差最小、降水量最多的城市。有别于前述文章结合冀中平原特点所做识读,特殊的地理和气候条件为女娲补天神话在"雨城"流传所提供的解释也体现出地方性特征。关于"西蜀天漏"的神话意象,除了自然科学的阐释,还有社会科学的解读。关于后者,本书末章结合四川"边地"历史再做专题分析。

## 第三节 省会中心的城市景观

纵观整个巴蜀地区,像雅安这样拥有地域特色鲜明的女娲神话资源的城市不多。当然,女娲神话在省会成都周边也有见,如金堂县云顶山一带流传的《太阳和月亮》就讲:太阳和月亮是两兄妹,前者是妹妹而后者是哥哥;前者漂亮但怕羞,白天出来时总有光线护着不让人们看清她的真容,后者晚上出来把地面照得透亮。有一天,女娲圣母在炼石补天,最后剩了点泥巴,就顺手将泥巴朝月亮身上一抹,从此以后,被遮了光线的月亮再也没有太阳的光线强。这个口头文本,在质朴的民间理解中化用女娲补天神话解释了有关日月的自然天象。不仅如此,在川西坝子上还有相当在地化的编码,如1980年8月在城郊65岁张姓农民口

---

① 《天全县志》编纂委员会编:《天全县志》,四川科学技术出版社,1997年,第1页。
② [清]仇兆鳌:《杜诗详注》,中华书局,1979年,第812页。
③ 气象学界对雅安"天漏"或"漏天"的研究多有成果,如宇如聪、曾庆存等:《"雅安天漏"研究》(载《大气科学》,1994年第4、5、6期),吴泽、范广洲等:《近60年"雅安天漏"变化特征分析》(载《成都信息工程学院学报》,2012年第1期),李跃清、张晓春:《"雅安天漏"研究进展》(载《暴雨灾害》,2011年第4期),等等。

头采录的《女娲挑土补天》中，就将世人熟悉的炼石补天作了转换，把它跟成都北门外的天回山和凤凰山等联系起来，完全说的是省府成都的事。不妨摘录之以飨读者：

> 成都北门外有两座山，一是天隳山（又叫天回山），二是凤凰山。两座山的中间有一个白莲池。听老人讲，这两山一池还是女娲在成都挑土补天时留下的印印呢。
>
> 好多年以前，有一天，天突然塌下来了，雨下个不停，把川西坝子变成了水汪汪的大海。住在坝子里的老百姓，一个二个都逃到了西山。没得好久，大家看见一个漂亮的仙姑，挑起泥石来回不停地跑，边跑便说："我一定要把天补好，让老百姓回来安安生生过日子。"……
>
> 一天又一天过去了，天的缺口慢慢补好了，当补天姑娘挑来最后一担泥石，到底还是吃不消，趴了一跤。这一交趴得好凶哇，两筐泥石全倒在地上，平地上就耸起两座山，这就是今天的凤凰山和天回山……①

较之流传在雨城的女娲神话，该故事也很有地方色彩，但从传奇性、趣味性看未免平淡了些，以致今天成都人对此大多已不知晓。尽管如此，这里毕竟是省会中心，其对女娲神话符号的积极利用也不滞后。今天来成都的游客，多知道宽窄巷子，此乃依托老成都民居建筑资源打造的旅游热点。就在宽窄巷子附近，还有琴台路，那是在20世纪80年代末就打造了的融合商业与文化之街区。与道观青羊宫相邻的此地名"琴台"，盖与汉代文学史上卓文君与司马相如的故事有关。《成都大词典》

---

① 本书编委会编：《中国民间文学集成四川卷·成都市金牛区卷》，1988年11月印（内部资料），第8页。

"琴台路"条曰:"原为通惠门与青羊宫之间环城马路之一段,称环城左路。民国二年(1913)辟新西门后,沿城垣筑成土路,成为花会交通要道。……《太平寰宇记》:'相如宅在州西四里,笮桥下有百步许。'据考在该街南端东侧。1988年5月动工扩建,1989年取司马相如抚琴、文君当垆的佳话更名为琴台路。"①路长620米、宽24米,起初以彩色混凝土仿红砂石等铺地,再次改建后增加了相关雕塑,如今路中间为绿化带,两侧人行道铺以青石板,雕刻着四川出土的汉画像砖石图像,其中有多幅不同造型的伏羲、女娲(如简阳、新津等地出土的),见于"神话传说"部分。有介绍云:"画像砖以汉代时期为主,又以成都平原地区数最多,造型独具特色,内容丰富多彩,成为四川古代文物中具有代表性的珍品。"又云:"目前已发现的四川汉代画像砖有五百多方,基本为正方、长方形两种,采用模制成批制作,证明当时已具商品性质。"②强调"商品性质",盖在琴台路本是省会打造甚早的商业街;500多块画像砖,是一笔不小的文化资源。整条街在建筑外观上仿古(如牌楼、汉阙等),以与文君、相如故事吻合。氛围如此,路面雕刻取蜀地汉画像砖石的物象与符号作为装饰,可谓顺理成章。成都地区屡屡出土有伏羲、女娲图像的画像砖石,如城西曾家包汉墓、城北天回山汉墓、原郫县新胜乡汉墓、新津邓双汉墓等。曾家包东汉墓1975年发掘于金牛区,《成都市志·文物志》介绍该墓出土的"'伏羲、女娲'画像砖"曰:"画面上有人首蛇身的伏羲、女娲像各一。女娲右手执矩,左手执一圆轮,轮中有蟾蜍和桂树,乃是'月'的象征。伏羲在女娲的对面,他左手执规,右手执一圆轮,轮中有三足鸟。三足鸟是'日'的象征。'伏羲、女娲'画像砖所表现的乃是中国古代著名的神话传说,反映了古人对日和月的崇拜,象征的是人类征服自然的美好愿望和对美好生活的憧憬。"③画像

---

① 杨武能、邱沛篁主编:《成都大词典》,四川辞书出版社,1995年,第12页。
② 2022年2月13日李祥林抄录于成都市琴台路。
③ 成都市地方志编纂委员会编:《成都市志·文物志》,四川辞书出版社,2000年,第225页。

砖收藏在成都市博物馆，该汉墓遗址介绍牌基座上写着"成都市文化地标"。

新津昔为县而今为成都市的一个区，位于南边岷江之滨。提起新津，人们会想到唐代诗人王勃的《送杜少府之任蜀州》："城阙辅三秦，风烟望五津。……海内存知己，天涯若比邻。"诗中"五津"，据《华阳国志·蜀志》，指的是岷江从湔堰到犍为段的白华津、万里津、江首津、涉头津和江南津五个著名的古渡口。今新津城区五津镇南河（岷江之外江在新津的主河道，亦称金马河）上建有气派的仿古廊桥，即以"五津"为名，风格取汉唐式建筑，桥栏上的石刻图像取材于当地出土的汉画像石，其中伏羲、女娲图像屡见。桥头匾额写着"江首津"，广场地面青石雕刻江水奔涌景象，题写"源远流长"四字。在巴蜀地区，画像砖石多见于岷江、嘉陵江流域，蜀地主要有成都主城区、新津区和郫都区，以及乐山市。新津出土的汉画像石在四川乃至全国考古学界有知名度，是当地尤为自豪的文化品牌之一。新津地处成都平原西南，其城区位于金马河、羊马河、西河、南河、杨柳河汇合处，境内沟渠纵横，土地肥沃，物产丰富，古代先民就生息繁衍在这里，此地发现的宝墩古城遗址向世人揭示着数千年前川西坝子的古蜀文化。新津城区东南面的宝子山、石厂湾、大云山、木鱼山的崖墓尤为集中，在20世纪40年代就出土了20多具汉代画像石棺和画像崖棺（石函），后来又陆续发现汉画像石棺20多具，较早出土且常见被人提起的有1987年石厂湾出土者、1994年新津筑路机械厂出土者、2003年邓双乡瑞林寺出土者，等等。在前述琴台路地面装饰性雕刻中，也有多幅取材自新津汉代画像石棺的图像。

今被借用在五津廊桥之青石桥栏上的伏羲、女娲神话图像，依据的是1987年出土于原邓双镇龙岩村石厂湾的汉代石棺，系无蛇尾之人体，彼此姿态有呼应但不连体，二者双手各举日、月，作跳跃舞蹈状。此外，桥栏上还有取自汉棺的天禄、羽人、天门、青龙、白虎、朱雀、玄

川西坝子汉画像砖上的伏羲、女娲（收集于崇州；四川博物院，2020年6月拍摄）

武等神话图像。新津出土的汉代石棺及图像为研究川西平原文化和汉代石刻艺术提供了宝贵资料，在中国美术考古史上也占有地位。从五津关廊桥沿着南河边行走，还可看见路边景观有红砂石雕刻的五根石柱，相关表述称为"图腾柱"，那是利用地方神话资源构造的又一街头景观。石柱通体遍布雕像，从有青龙白虎图像开头者依次数过去，第四根上方便是手举日月、人首蛇躯的伏羲女娲，并以篆体标出二者名字，颇为醒目。关于整个景观石柱画像，有介绍云："新津东汉文化：集市、酒肆、弋射、收获、车马、养老、宴饮、乐舞、西王母、伏羲、女娲、天禄等石刻画像，展示了距今1800多年的先民'事死如生'对美好生活的追求，对神话传说、吉祥物图腾的崇拜，以及东汉时期发达的社会、农垦经济。这些'在冷漠石壁上撞出的有声世界'进一步激发了我们热爱祖国、眷恋乡土、发扬传统美德的思想，并给我们留下古代石刻艺术中不可多得的瑰宝。"[1]河滨林荫路是供居民散步、来客游览的，特意设此文化景观既用于对当地人的熏陶教育也是向外来者鼓吹宣传，来自古代的神话图像在今天得到积极的开发利用，成为塑造当今城市文化形象不可多得的符号资源。

归根结底，文化生产是指人类将自身的思想、意志和情感作为文化资源，通过能动性发挥而生产文化产品、构筑文化符号、提供文化服务和创造社会财富，这是人之所以为人的能力。神话传说作为人类精神产物根源古老，其在跨时空传播中不断被不同地域、不同时段的人们予以文化再生产和审美再创造，从而服务于时代、社会、地方、族群，彰显出"永恒的魅力"。就此而言，学界多有探讨的"神话复活"现象不仅仅发生在今天，也发生在神话犹存的每个时代，顺应着多样的社会需求，表露为复杂的原型置换，只不过时显时隐罢了。与此同时，通过对古老神话遗产进行符号化再生产，又不可避免地会因地方性和当代性融入而带有某种"传统的发明"色彩，并在这种色彩涂染下向本地民众和他方游客提供不无引导性暗示的文化消费产品，诸如此类现象在本书后面章节引例中亦有未必不明显的示现。

---

① 2020年2月13日李祥林抄录于新津南河畔，标点符号略有调整。

# 第二章

# 神话复活与故事新编

　　"神话复活"是当今热门话题，它刺激着世界各地的文化资源利用和符号经济创造。在口头文学领域，神话"复活"是指来自远古的神话（如女娲神话或神话中的女娲）在不同时空中不断被进行新的编码以衍生新故事和赋予新含义，从而适应具体社会语境中或个体或群体讲述者的文化需求。或曰："神话并不一定是史前留下硕果仅存的历史孑遗，也可能是在某个历史时刻中，人们出于具体目的，人为创造的。"[①]借鉴广义神话观，对神话表述随时代语境的话语再生产不妨以"故事新编"相称。下面，从传统故事讲述和当代文化打造两方面例子入手，结合跟大神女娲相关的文本及事象，看看古老的神话是如何经过多级编码而"在今天并没有消失"（袁珂语），看看神话在从古到今活态流变中所呈现的有趣东西。

---

① 张经纬:《从考古发现中国》，社会科学文献出版社，2019年，第134页。

# 第一节　川南乡村的"女娲洞"

川人说起"女娲洞"，会想起峨眉山。古代文献中，《读史方舆纪要》卷六十六介绍四川云"其大山则有峨眉"，延袤三百余里的峨眉山凸起三峰，有大、中、小之分，"大峨山岩洞重复，厬谷幽阻……山中有石厬百十二，大洞十二，小洞二十八。若伏羲、女娲、鬼谷诸洞，其最著者也"。今在川南宜宾地区，借助女娲神话资源打造当地旅游的有江安，该地关于"女娲洞"的宣传见于媒体。江安有大妙乡，当地屡屡举办大妙荷花季文旅活动暨招商引资项目推介会，如地方报道，"近年来，大妙乡以'打造休闲旅游小镇，建设生态农业之乡'为发展目标，大力发展乡村旅游，以AA级荷花景区为重点，强化女娲洞和花地湾水库等配套景点的打造，培育以泥巴腊肉、小龙虾、水果采摘为主的特色农家乐9家，打造'荷花景区—古戏楼—女娲洞—五子登科—花地湾水库'和'荷花景区—小龙虾垂钓基地—水果采摘'两条以观光和体验为主的精品旅游路线，将'旅游＋农业'融合……通过传统观光游向深度体验游发展，通过'文旅体'深度融合实现大妙乡村振兴发展"[①]。在符号经济被积极利用的当今时代，在文旅融合受政府大力倡导的背景下，当地誉为"天下奇观"的"女娲洞"被视为发展旅游产业、助推乡村振兴所依赖的重要资源之一。大妙之名当从大庙而来，其地处县境东南部，东面与泸州市纳溪区合面镇相邻。全乡地貌属丘陵地带，境内安远河横穿乡境流入绵溪河。屡见当地媒体提名的"女娲洞"位于大妙镇均坝村东北方向，洞前今有立牌介绍：

> 女娲洞，又叫生命之源洞，女娲洞有阴阳两石，形状很似男女

---

的阴阳部分，是创造圣灵的地方。女娲洞常年流水不断，被当地村民称为圣水，喝了能治百病，因此很多村民都在饮用此水。相传，在张献忠洗川时，当地吴家人就是在这里躲藏起来逃过一劫的。原来的"阳石"很似男人的命根子，与"阴石"相距20米，在某一年的夏天，雷公来到均坝上空，看见如此美丽的女娲洞和那么巨大的阳石，醋意大发，借机发怒，抢起大锤，将阳石劈为两截，所以在女娲洞门前有半截巨石，就缘如此。①

洞穴系红砂石，形似硕大的雌性产门，是天然形成的奇观，会让人想到云南剑川的"阿姎白"，想到许多地方民间传说的"打儿洞"。贵州省大方县有一座山，上有直径约30厘米的洞，彝语称"阿若迷"，意为"打儿洞"；四川省盐源县有一山崖，上面有洞，当地少数民族以之为女神巴丁拉木的生殖器，称为"打儿窝"，求子者向洞中投石，以求子嗣；凉山州喜德县观音岩上，有"摸儿洞"，求子者进入洞中，俗传摸得石头者得儿，摸得沙子者得女。走访各地，就笔者所见，跟女娲神话挂起钩来的这类洞穴最著名者首推甘肃省秦安县陇城镇的"女娲洞"，该洞距离大地湾遗址不远，相传是大神女娲出生的地方，有更神圣的生育民俗意义。从根本讲，生育信仰源于对女性生育行为和生育事实的解释，"生育信仰以女神为主体。生育信仰中，崇拜有男性或无性别的图腾，但毕竟是极少数，而最普遍的都是女神，崇拜的主体还是女性神，或者说是女性。这与女性在原始社会所处的社会地位分不开，也和人们认识生育主要表现为女性的生理行为分不开，更和人们越来越意识到生

---

① 佚名：《宜宾深山藏了个"女娲洞"，相传流出的"圣水"能治百病》，原载江安橙乡网，http://bbs.ybvv.com/thread-1648088-1-1.html，发布时间：2021-4-21 19：41，相关图、文亦见《宜宾有个外形奇特的女娲洞，相传流出的"圣水"能治百病》，https://baijiahao.baidu.com/s?id=1697744038408672060&wfr=spider&for=pc，发布时间：2021-04-22 20：34。

育的社会作用分不开"①。将百姓口碑的"打儿洞"与造人的大神女娲联系起来，这在不无民间色彩的地方性表述中是顺理成章的。均坝原名叫"军坝"，是古时候驻扎军队的一个平坝，其跑马场就设在道子头。均坝四周是高峰，中间是平坝，自然环境优美，山清水秀，空气清新宜人。今均坝村含5个村民小组，有村民逾千。据介绍，当地正式向游客推荐"女娲洞"等景点是在大妙乡于2015年举办的第二届荷花节，即报道所言"今年的荷花节与去年相比，新增了100多亩观赏莲种植区，更具观赏价值，大妙乡还推出了天下奇观女娲洞、神秘白岩洞、古戏楼、古桢楠、九龙山、白云庵、五子登科等10多个自然历史风景点串成的乡村旅游线路，满足游客游山玩水的需求"②。在大妙乡流传的口头文学作品中，上述吴家是当地的大户，民间故事《漏斗滩》就讲的是这家人因得罪了风水先生而被后者的弟子施法败了家境的故事。③据故事搜集者大妙乡文化专干陈勇介绍，当地人文古迹和口头传说除了"女娲洞""漏斗滩"，还有"九鼎山""蛮子洞""鸡冠寨""宋代窑址"等，这些地方是有人文底蕴和趣闻故事的。

　　山体上的"打儿洞"之类本是自然物，根据巫术思维"相似律"，因其似雌性产门而赋予其"打儿"寓意并相信无子女者向其投石可得子女，这体现着民俗中的生殖崇拜。"这种性灵石在四川的宜宾、凉山、马湖、盐源、木里多有之，称公母石、阴阳石，即石祖、女阴石。丰都、盐源、喜德等县都有打儿洞，又称乞子石。……信徒求子时，从石洞中取石，或者往石洞中投石，中则欲孕，不中再投。"④人类生殖史上最初的敬奉对象是女性乃至具象化为雌性产门，如卫聚贤指出："人类由

① 王晓丽：《中国民间的生育信仰》，社会科学文献出版社，1999年，前言第5页。
② 佚名：《2015江安大妙荷花节时间，大妙荷花节地点》，飞扬网，https://www.iflying.com/news/0000000000000000000008675.html，发布时间：2015-06-16 09：30：45。
③ 陈勇：《江安县大妙乡均坝村名胜古迹和民间传说》，http://361893.cnlhzb.com/article55903，发布时间：2012-08-19 19：55：09。
④ 宋兆麟：《日月之恋》，上海文艺出版社，1997年，第197页。

女子生，故崇拜女子生殖器。在新石器时代的彩陶（painted pottery）上多有'▽'的花纹，即是崇拜女子生殖器的象征。此三角形后来演变为上帝的'帝'字。"[1] 从自然界的"打儿洞"到彩陶上的倒三角符号"▽"再到汉字"帝"（蒂），一脉贯穿都是以女性为中心的生殖崇拜。前述大妙乡女娲洞传说中，吴家人在兵荒马乱时因躲入此洞得以避难，不免使人想到越南女娲神话中的救难故事："按照越南民间传说，大神女娲的阴户有三亩地之大。有一则神话说：女娲的配偶叫四象，举行婚礼那天，新郎派了足足有一百人的队伍抬着彩礼划船去河对岸接新娘，船到河心时，突然天昏地暗，伸手不见五指，情势紧急……未到岸的一半人全落入水中。天气寒冷，女娲见状，急忙脱下衣服，光着身子跳入水里，捞起一个个冻得发抖的人，放入自己庞大的生殖器中取暖……"[2] 又据当地人讲，类似江安大妙女娲洞的景观在宜宾市翠屏区永兴镇也有，亦是常年流水不断。也许，大妙乡的形似雌器之洞在民间原本就叫"打儿洞"之类，为之冠以"女娲洞"的雅称是今天的文旅宣传用语[3]，其顺应地方社会需求，属于符号经济时代的话语再生产，有着建构色彩。透过诸如此类事象，我们也感受到女娲神话从古到今穿越时空并在后人不断编码中呈现不衰的文化影响力。

---

[1] 卫聚贤：《古史研究》，上海文艺出版社据上海商务印书馆1936年版《古史研究》第三集影印，1990年，第168—169页。

[2] 李祥林：《女娲神话在海外的传播及影响》，《内蒙古艺术学院学报》，2020年第1期。

[3] 上述均坝村网站"均坝概况"有文《江安大妙均坝类人"源"洞谜联》亦云："大妙乡均坝村崖壁上，一石巨立，高若数丈，酷似女体下阴。红唇肥硕，草丛蔽顶，蒂隐天机，道深幽幽，后庭毕现；清泉汪汪，汩汩流溢，出（前）道入（后）道，隐逸而淙。其状比例，分毫毕显，不雕不琢，浑然天成。""村人视其形而直呼其名，大不雅。盖以其直白，因作字谜以记之……"（发布时间：2012-02-21 20：58：48，http://361893.cnlhzb.com/article/29020）类似例子也见于他方，如在山西省壶关县和陵川县之间有"女娲洞"，风景奇特，是太行山大峡谷国家森林公园主要景区之一。该洞在悬崖绝壁上，系天然石灰岩溶洞，常年往外流水，雨季洞水如柱，喷射而出，气势壮观；旱时水流如带，沿岩壁流下，汇入崖底深潭。据悉，"女娲洞原名女妖洞，因旅游开发改为现在的名称"（《女娲洞》，https://baike.baidu.com/item/%E5%A5%B3%E5%A8%B2%E6%B4%9E/2151651?fr=aladdin）。相传此洞原有女妖栖居，后被得观音梦中指点的杨六郎降服。

## 第二节　女娲嵌入白蛇传故事

人类口口相传的神话是有生命力的。以神话复活为旨趣的故事新编，指远古产生的根源性神话母本在后世辗转流传中，或吸收其他元素，或发生置换变形，或嵌入别的故事，或接续新的传说，由此围绕该神话母本衍生出种种新的作品。暂时撇开种种争议，从正面意义看，这种故事新编或话语再生产实际上传递着也延续着神话的生命，既发生在现代也出现在古代，既体现在民间口头也折射在文人笔下，是学界务必正视并认真研究的。

雕塑祖师女娲（大英县徐氏泥彩塑作品）

"白蛇传"是中国四大民间故事之一，在巴蜀有地方化版本。故事源于何时不详，今人多将它跟话本《西湖三塔记》联系起来，《也是园书目》归之入"宋人词话"。话本写南宋临安城有个叫奚宣赞的年轻人救了迷路少女白卯奴，得遇其穿白衣之母与着黑衣之祖母，并与其母同居，几被白衣妇人所害。后得真人（道士）相救，三个女人被镇压在西湖"三潭印月"那三个石塔下。原来，少女、老妇分别为鸡妖和獭妖，跟青年同居者是白蛇精。话本里白蛇是吃人妖怪，她化作美女迷惑年轻后生以满足淫欲，过后便取其心肝下酒。继《三塔记》之后，有见于《警世通言》的《白娘子永镇雷峰塔》，讲述杭州生药店主管许宣于西湖遇美妇白娘子及使女青青，二女实乃千年成道的白蛇、青鱼，后来白、青被僧人法海以钵盂罩住，镇于雷锋塔下。较之前者，后者无论内容还是主题都改变较大，从志怪走向言情，借志怪小说外衣通过写人妖恋爱来反映现实生活表达作者理想，尤其是发扬了民间文学抒写"真情"的创作精神，渲染了白娘子对爱情的执着追求。从此，白蛇传故事主题有了质的转变，白娘子作为值得同情的女性形象开始登场。清代又有属于民间艺人的剧本《雷峰塔传奇》，其中删去了渲染白娘子妖气之处，另增《端阳》《求草》《救仙》《水斗》《断桥》等。新增部分正是现代剧本《白蛇传》所依据的精髓，为白娘子树立起正面形象。这"到了清乾隆三十六年刊刻的方成培《雷峰塔传奇》中得到继承发扬，后者进一步扫除了残存在白娘子身上的'妖'气，从而在完成白娘子悲剧性格塑造上达到前所未有的高度。至此，《白蛇传》故事基本定形，白娘子这一女性形象从遭诅咒到受同情再到被赞扬的演变或者说'翻案'方得以完成"①。蜀地白蛇传故事也秉承这种民间情怀，并在楔入大神女娲的叙事中形成地方特色：

> 据说，女娲补天的时候，看见凡间西湖的景色很美，就来到西湖，摆起摊子卖汤圆。
>
> 她卖的汤圆，大的一个钱一个，小的三个钱一个。有一天，大汤圆很快就卖完了，还剩下一些小汤圆。她挑起汤圆来到西湖的一个桥上，正碰到许先生带着他几岁的娃儿许仙路过这里。许仙见着汤圆就要吃。许先生就买了一个与儿子吃。许仙吃了汤圆以后，几天都不晓得饥饿，照样玩得很好。一天，许先生又带儿子从桥上走

---

① 有关论述，请参阅李祥林：《性别文化学视野中的东方戏曲》第四章"雌性世界的异化"，天马图书有限公司，2001年版。白蛇传故事在四川的本地化版本屡见，如1986年8月在绵阳市中区玉河乡农民口头搜集的《雨台山的来历》便称白素贞"是在峨眉山修了一千年道的一根白蛇"，并说当地有法海修道的白蝉寺，"白娘子配许仙这个事是发生在白蝉乡的"，该乡还有许家的后代，人数不少。

来，看见女娲就说："我的儿子吃了你的汤圆，几天都不吃东西，这是哪个的？"女娲说："怕是他受不得。"说完就把许仙抱起来，头朝下，脚朝天，腰上一拍，那汤圆就从口里滚了出来。汤圆立时就从桥上滚到桥下。在桥下修道的白蛇和法海和尚都晓得汤圆是宝物，吃了这汤圆等于多修几百年的道。白蛇的道法比法海高些，看着汤圆滚下来，首先抢着吃了。法海没有抢到吃，很不服气，就跟白蛇打起来。法海斗不过，只好说："不怕你歪，总有一天你才晓得好歹。"所以后来法海和尚始终是白蛇的对头。

这个奇妙的故事叫《白蛇成仙》①，1987年7月采录于昔属乐山今属眉山所辖的仁寿县汪洋镇雀岩村，讲述者是农民，叫罗自明，初小文化程度。尽管故事仍是西湖畔杭州城白蛇和许宣婚配，但加上了女娲娘娘，其中"汤圆"俨然成为叙事之眼，由此形成该白蛇传故事区别于他方的特色。从方言运用看，汤圆是糯米粉做的，北方人叫元宵，四川话叫汤圆②，川西坝子位于长江上游也是盛产稻谷之地，蜀地民间故事有《王汤圆打鬼》，该白蛇传说的地域性色彩不言而喻；从神话角色看，有别于通常所见故事尤其是古籍记载中高大上的"圣母""女帝"，女娲在此是喜欢人间美景并化身为桥头摆摊卖汤圆的村妇形象，该神话的民间叙事

---

① 本书编辑委员会编：《中国民间文学三套集成·四川乐山市卷·故事卷》，1990年7月印（内部资料），第198—199页。1986年11月从双流县太平乡民间采集的《白蛇的传说》，亦云刘姓农民救了一条白蛇，后者到乐山修炼成仙，该农民转世后投身为许仙，白蛇报恩，下凡为女嫁给了许仙。

② "汤圆"是川人熟知的口头俗语。四川民间故事《"冷疯儿逗"审案》说民国时期永宁县知县冷载阳为人倜傥不羁，说话满口谐语，审案别出心裁，于是得了个"冷疯儿逗"的绰号。一次，有读书人余达安被当地团总诬为"匪探"送来大堂。冷知县见其温文尔雅、谈吐不凡，便以对对子及猜谜等方式来考审余，其中有这么一段："冷出谜：'重藕轻莲。打中药名一。'余猜：'薄荷。言鄙薄荷花，莲亦名荷。'王团总插嘴：'请大人出非药物谜考他。'冷知县略一踌躇，余达安说：'请大人出谜。'冷即出谜：'夏之末，明清之前。打食品名一。'余猜：'汤圆。夏禹之后是商汤；明、清两朝之前是元朝。合起来即是汤圆（元）。'"（见李鉴踪编选：《四川公案故事选》，四川民族出版社，1992年，第277—278页。）

倾向鲜明；从人物关系看，白蛇与法海的恩怨与常见故事中的什么宗教和降妖无关，只是因为一个神奇的汤圆（仙丹），整个叙事视角都是接地气和平民化的；从性别话语看，吞下大神女娲所做汤圆的白素贞与其说是妖孽不如说是蛇仙，她还能随八仙上天宫赴御宴而得玉皇礼遇，叙事者的立场是在该女子这边的；从宗教融合看，玉帝和佛祖同在一堂，不分彼此；从民俗传说看，古人造字造八卦有"远取诸物，近取诸身"之说，本故事也是结合树上树下的人体而"近取诸身"式地给了影子的来历一个有趣的解释；从地方链接看，白蛇在四川峨眉山修炼的传说也被组合到这个民间故事中。不仅如此，由于这个仙丹式的汤圆，白蛇与许仙的姻缘被先天铸就，白蛇还神奇地成了女娲娘娘的弟子。且听故事继续：

> 一天白蛇想：我吃了许仙吐出来的汤圆道法高多了，又到哪里去住呢？恰巧这天玉皇大帝请地上的八仙上天吃晌午。白蛇想到他们都是修成了道的人，便要求和他们一道上天。入席的时候，桌上只有八个人的果品，没有挂角坐的白蛇的一份。玉皇又添了一份果品，但不晓得添的神仙是哪个人，便问如来。如来佛回答说："可能是女娲的弟子。"玉帝又问女娲，女娲说："这是我在西湖生的一棵丫枝，她名叫白蛇。"

> 从此，白蛇晓得了她的师傅是女娲，就问师傅说："师傅，以后我是在天上住，还是到凡间去住呢？"女娲说："随你的便。"白蛇又问："师傅，我到凡间去和哪个结为夫妇好呢？"女娲回答说："配一个又高又矮的人。"白蛇想，那又高又矮的人到底是谁呢？想问又不好问，也就算了。

经女娲指点迷津的白蛇下凡后，来到峨眉山暂住，遇见在此修炼的青蛇。民间故事《白龙洞》流传于峨眉山一带，即言在洞中修炼了五百年的白蛇如何打败为非作歹的乌龟精，得以吞服孙真人的神珠而道行大大提升，"变成了一个头挽双髻，身穿白色衣裙的姑娘，自称白莲仙姑"；也说到白莲仙姑因来峨眉山挖药的许仙为她治病而与之相识，便天天跟着许仙挖药，最后"变成了一个身穿白衣白裙的姑娘，自称白娘子，飞到杭州西湖，与许仙成就了姻缘"①，峨眉山此洞因白蛇在洞中修炼而得名。这是关于白蛇传说的另一套叙事系统，其中没有提到青蛇。白蛇修行在峨眉山的传说流行于蜀地，如四川相书《丑断桥》中有"这回来唱个《丑断桥》……我们的唱法跟清音不一样。清音，白娘子喊许官人叫哥哥；我想，白蛇在峨眉修行了几千年，岁数比许仙大多了，不如喊小弟娃……"古典戏曲有白蛇在峨眉山修炼以及出山后收伏青蛇的故事，《雷峰塔》（方成培本）第二出《付钵》，净扮释迦牟尼云："今日慧眼照得震旦峨眉山，有一白蛇，向在西池王母蟠桃园中，潜身修炼，被他窃食蟠桃，遂悟苦修，迄今千载。"第三出《出山》，黑风仙（净扮）上场说道："贫道有一义妹，名曰白云仙姑，向在西池蟠桃园中，潜身修炼。今到此峨眉山连环洞中，养成气候，道术无穷。"第五出《收青》，千年修炼的青蛇以丑扮（男角）登场，变易性别随从白蛇左右"以主婢相称"后以贴扮（女角）退场，但地点不是在峨眉山而是西湖畔。还是回到仁寿版白蛇故事，其中讲到收伏青儿，说青蛇与白蛇交手，几十个回合后败下阵来，心甘情愿地向白蛇表示"我能变成女的"，于是"摇身变成一个丫环，二人作伴，一同到西湖去"。仁寿版故事结尾如此：

> 路上，白蛇将女娲说的要配个又高又矮的人的事说给青蛇听，不晓得又高又矮的人是哪个？这时，青蛇看见一个人在椽子树上扳椽子。青蛇就说："这人就是又高又矮的人。人在树上就高，影子落到地上就矮。"这个扳椽子的人正是许仙。白蛇一下想起了：我吃过

---

① 张承业搜集整理：《峨眉山的传说》，中国民间文艺出版社，1982年，第44—47页。

的汤圆，就是从他的口里吐出来的。白蛇很高兴，就问许仙是何处人。青蛇说："许仙是杭州钱塘县的人，他的父母都死了。现在理起他父亲的药铺，为人治病。"白蛇和青蛇马上就驾起祥云去钱塘县，准备和许仙成亲。

在此白蛇传故事中，步步指点白蛇的"师傅"女娲娘娘的戏份颇重，其在白蛇从修炼到婚配的整个故事中起着关键性作用，实可视为女娲神话在后世民间"故事新编"中滚雪球式地延伸、发展。该口头文本中白蛇成了女娲的弟子的叙事，不禁使人想到三霄。四川、陕西相邻，有关女娲、骊山老母的神话在川西北地区亦见流传，如从北川羌族自治县民间采录的《神仙造人》，就讲述洪水浩劫之后女娲、伏羲、梨山老母等共同造人故事。梨山老母即骊山老母，去陕西省府西安所辖的临潼区，走访骊山老母宫，当地人会告诉你老母就是女娲。临潼民间不但把骊山老母视为大神女娲，而且将三霄与之联系起来。登上骊山西绣岭，步入大书"娲圣仙居"的山门，便是有三节院落、建筑古香古色的老母宫。首殿供灵官，次殿奉三霄，然后是老母所在大殿。三霄殿上，有金字匾醒目地大书"母即师也"。对此，当地解释有二，一说"老母是三霄之师"，一说"三霄是老母之女"。骊山老母宫三霄殿古已有之，在关中地区三霄跟老母或女娲的关系究竟是如何从师徒转向母女的，有待考究。不管怎么说，今天当地人就是这样口头讲述的，犹如仁寿版白蛇传故事与圣母女娲攀亲，尽管表述离奇，却是现实事象，值得神话研究者和民俗研究者注意。种种事例表明，无论古今，诞生于心灵之海的神话对于讲述者都不是僵死之物。古代神话符码在当代话语表述中不无缘故地被激活、重组乃至建构，可能五彩斑斓，也可能光怪陆离，但终归都跟讲述者身在其中的社会现实有割不断的联系。在符号经济兴盛的今天，神话作为文化遗产和文化符号在当下语境中也被视为可资利用的社会资源乃至社会资本，它从多层面调动着世人的胃口，激发着大众的兴趣。

"古老的神话，不止是属于过去，它连接着今天，也启示着未来，给人无尽遐想。"①

从个体看，"故事新编"至今仍见于女娲神话讲述者口头。2001年2月有团队去重庆市九龙坡区原走马乡司鼓村做调查，从1965年出生的魏姓村民口中采录的《伏羲姊妹制人烟》云：大洪水后，"陆地上就没得人烟了，地球上就只剩了两姊妹。这两姊妹后来不好整，既然没得人，两姊妹住偌大个地球又住不完。喊他们造人烟，女娲娘娘说的。造人烟，嘟个造法？喊他两姊妹结婚。……那个伏羲姊妹，那个妹就怀了孕，怀的时间满了，生了一块血巴巴来，那个女娲娘娘跟他说，割成一百坨，见到门前的树子就开挂，所以百家姓，百家姓，它只有一百个大姓"。该村民的文化程度是初中毕业，对讲故事兴趣浓厚，是当地有名的民间故事家的侄子，1990年亦拜他这位老辈子为师，但据调查者介绍，该村民讲述的"神话中伏羲姊妹奉女娲娘娘的命令成婚"这个情节，"在1992年的讲述中是没有的（原来的文本中，结婚的要求是哥哥提出来的）"。1992年当事人讲此故事，是接受原西南师范大学中文系采风队的采录。同一神话在同一讲述者口头，因年代不同而现出差异，故事在层累地表述中有了增益或"新编"。至于为何要将此古老的神话"新编"，调查者指出该村民也听过其他村民讲伏羲兄妹神话，"他很善于从讲述的情境出发，处理故事中的材料和母题"，而且他的"表演欲望非常强"，属于"在自己与传统之间拉开距离并且非常想表演的一类讲述者"，他"通过掌握的故事材料创造他自己喜欢的讲法"②。个人如此，就地方言，还有情况如何呢？

---

① 李祥林：《当代语境中女娲神话的地方性言说》，载湖北大学文学院编：《中文论坛》，2019年第1期，社会科学文献出版社，2020年。
② 杨利慧、张霞、徐芳、李红武、仝云丽：《现代口承神话的民族志研究——以四个汉族社区为个案》，陕西师范大学出版总社，2011年，第98、102—103、106—107页。1987年初在原双流县永兴镇年逾古稀的郭姓老人口头采录的《伏羲兄妹滚石成亲》中，这对兄妹跟补天并使人间有了太阳的女娲亦不重合。

## 第三节　阆中桥头绘画及华胥

川北阆中如今在旅游界名声响亮。2016年5月下旬，中学同学会相约去阆中古城游玩，傍晚我们沿着滨江路散步，在嘉陵江大桥的桥头下公路穿过处看见有"女娲补天"等大幅彩色墙画，人物造型为皮影式，该图像是作为城市景观设置的。当时，做了多年女娲神话及信仰研究、在国内跑了不少跟女娲神话相关之地的笔者有些纳闷儿，这里画上女娲补天是啥意思呢？阆中皮影有名，会不会是因为皮影戏中有剧目涉及女娲神话呢（同墙面的图画中还有"伏羲画卦"以及雷神、华胥等形象）？数日后回家，此事犹在心头，翻了翻《古城阆中》（1999年）、《阆中名胜古迹考释》（2006年）等书，未读到所期望的信息。比如前书中虽有专题文章《伏羲的故乡是阆中》且写到"华胥为伏羲的母亲"而"华胥是今四川阆中人"[①]，但始终没有提及女娲。2008年四川人民出版社出版的《凌云山民间故事集》[②]，故事所在今属南充市高坪区，其中神话传说有"采灵石女娲补天"一节，提及"远古时候，华胥国的仇夷山下（今阆中七里坝），有个聪明美丽的姑娘，名叫华胥氏，长大后，嫁给一个勇士，生了一儿一女，儿子取名伏羲，女子取名女娲"，但因该书标明是"某某著"，缺乏基本的田野采录信息，使人感觉更像是著者的创

---

① 侯国刚：《名城阆中》，四川人民出版社，1999年，第137页。书之勒口有内容介绍："本书对阆中历史沿革、历史人物、历史故实、文物古迹、民族宗教、饮食文化、名特产品等各方面，都作了系统的介绍和记述，资料翔实，文笔流畅，并附有珍贵的历史图片，是了解阆中历史文化的一本好书。"该书第六章为"轶闻·轶事·传说"，收入《九块石》《药王救虎》《罗晏遇仙得奇能》《八仙洞旁有神钟》等40多则，但不见女娲。

② 凌云山在南充市高坪区境内，2010年元月我们去该地，看见当地正在积极地进行旅游风景区打造，山上有古崖墓群，又新凿刻了不少佛门造像。凌云山是国家级森林公园、4A级旅游景区，景区面积20平方公里，据该书前言，"高坪境内有很多优美动人的民间传说，而最神奇的要数凌云山的民间传说。凌云山包括三山（凌云山、白山、图山）横跨四乡（老君镇、青莲镇、浸水乡、万家乡），具有雄、奇、险、幽四大特色"。

嘉陵江大桥头的绘画《女娲补天》（阆中，2016年5月拍摄）

作，自然而然，对此也没太在意①。随着城市发展，各地打造地方文化名
片的呼声愈高，又有消息说阆中建有华胥广场，位于老城区东段的嘉陵
江与东河交汇处，占地约3万平方米。说到华胥，大家不陌生，关于她
是伏羲的母亲，自古有神话传说。阆中属巴地，巴人有源出太昊氏伏羲
之说，《山海经·海内经》："西南有巴国，太皞生咸鸟，咸鸟生乘厘，乘
厘生后照，后照是始为巴人。"在江边广场上，体态优美的女神华胥塑
像高16米，底座为四边形，正面是其名，背面有生平介绍，两侧分别是
她的两个孩子伏羲和女娲的画像。再往后，从网上得知，又有"阆中华

---

① 又，笔者手中保存有前些年当地旅游部门编制的《阆中古城旅游地图》，未署印制时间，
但有"春节发源地·阆中风水地"的文字标示，整幅地图中尚未见有涉及华胥、伏羲、
女娲以及相关景点的信息。

胥故里""女娲之母来阆中"等表述在当地频频出现①。前不久，有友人帮忙觅得《阆中地名故事》（2018年），书中亦有《娲皇山与皇娘垭》等篇章。来自川东北的这些信息，渐渐在笔者留意中。

古城阆中相传有个二蛟寺，今有作者撰文讲述其来历及相关民俗活动，题为《拜祭伏羲女娲：阆中七里坝曾经的"二蛟寺"》。据该文介绍，二蛟寺位于阆中城七里街道办事处的御河社区，即现在滨江南路东侧，临嘉陵江西岸，坐北朝南，史传建于唐代。规模宏大，拱斗结构，盖琉璃瓦，三个天井、三个大殿，后高前低，错落有致。该寺曾遭火烧，明清时重新修建起来，至1980年村上迁修学校时被拆掉。前殿的前方有一活动场所，竖有一对石狮（其一尚存坡上），一道照壁用条石砌就，左侧有一座两米多高的石碑，上刻碑文。在庙前坡下的坪里有一戏楼，供年节演戏之用。整个庙址占地约5000多平方米。远近信众多，广元、南部、仪陇等地都有人来这里朝圣、烧香、许愿、还愿，香火不断。"他们主要是向人首蛇身相交的人祖伏羲女娲祭拜求福。正因为这个庙里塑有人首蛇身相交的人祖伏羲、女娲像，所以从古到今叫'二蛟寺'。也是因这个庙里有和尚、教儒书的，人们就又把它叫'二教寺'。"二蛟寺就是人们为纪念、祭拜人皇始祖而修建的，寺中原有人首蛇身的伏羲女娲塑像，三个殿中还分别添塑了佛祖、行神、文昌、观音、牛王、马王、韦陀、财神、火神等菩萨。寺庙坐落在古渝水（即现在的嘉陵江）的江边上，本来叫渝河湾，据这里教书的先生赵兴尧说，很久很久以前，因人皇在这里居住，所以又叫御河湾。当地把村名定为御河村，现在为御河社区。"二蛟寺之所以要建在古南池之滨的渝河湾，这是因为远古华胥国部族首领华胥氏，在

---

① 有关情况，请参阅《阆中华胥故里》（http://www.meililz.com/gucheng/gcneir.php?id=81，发布时间：2015-07-30）、《女娲之母来阆中》（http://www.wutongzi.com/a/77602.html）、《四川阆中的嘉陵江边，一座以伏羲女娲妈妈命名的广场，脚印是亮点》（https://xw.qq.com/cmsid/20210121A01XNA00?f=newdc）等网文。华胥广场的旅游标牌有文字介绍云："华胥是阆中人。为纪念这位中华始母，阆中市2010年于古城之东、嘉陵江滨辟地建园。16米高华胥雕像人山一体，临水屹立，以母亲的乳汁哺育华夏子孙……"

南池边踩了雷公大脚印后，孕育了人祖伏羲。二蛟寺的西北面妈皇山和山下的南池，是传说伏羲三回阆中兴道渔牧的栖息地。所以，二蛟寺附近有皇娘垭、皇娘庙、妈皇山、人皇湾、雷公嘴、二圣坪、人皇沟、人皇洞、妈乐岩、妈妈石、合欢树、合上桥、渝河井、蚕丝庙等至今不变的地名和传说、遗址。"①每年正月初八，要举办庙会游神（当时叫匏襀，音"飘香"）。承办者都是由当地较富裕、爱积德行善且有一定社会影响的人担任。庙会热闹，参与者上千，届时由八个大汉（八大金刚）抬着神灵行像巡游四方，祈求风调雨顺、五谷丰登、人畜兴旺、国泰民安，其后是各色装扮、表演队伍，接连三天晚上二蛟寺的戏台上都有戏剧演出。今有论者亦言："这些传说和地名，印证了阆中的南池是华胥孕育伏羲之地。"②

　　以上故事并非全是空穴来风。网上有题为《伏羲三次回阆中的传说》。该文写到，据《山海经》记载，"远古母系氏族时期，今阆中七里

① 赵德榜：《拜祭伏羲女娲：阆中七里坝曾经的"二蛟寺"》，百度网，https://baijiahao.baidu.com/s?id=1634682211216936248，发布时间：2019-05-27 18：54。在2018年阆中市地方志办公室编的《阆中地名故事》（内部刊印，阆中友人邓小东帮忙觅得此书，谨此致谢）中，有侯国刚撰写的《二蛟寺》，关于该寺的描述较简略，但突出了"拜高禖"的叙事，云："阆中城东南有座娲皇山，此山为纪念人祖女娲而得名"，二蛟寺位于山下，"就在这娲皇山下，原有一个大泽，传说人祖伏羲就孕育在这大泽岸边，所以古时称这个大泽为雷泽，因伏羲原为雷姓。传说伏羲长大后本事非凡，他制定甲历，初置元日，并且执规治春，掌管着春天和生命，被天帝封为木德王，成为春神。而女娲，是伏羲的妹妹，传说他俩抟土创造了人类，后因女娲特意为青年男女做媒，被尊为媒神，这雷泽岸边有高禖祠，供奉的就是女娲。因此，每年春里，男女老幼都要到雷泽岸边来祭拜春神伏羲，祈求新的一年风调雨顺、五谷丰登；青年男女还要到高禖祠去祭拜女娲，祈求得配佳偶，一生如意，多子多福"。在此地方性表述中，女娲和伏羲被分别定位为"媒神"和"春神"，意味深长。近年来，古城阆中努力挖掘春节习俗并在当代发展人文旅游的语境中呈现之，不但获得了中国民间文艺家协会授予的"中国春节文化之乡"的称号，而且把汉武帝时参与制订《太初历》的落下闳（阆中人）标举为"春节老人"（犹如西方的圣诞节有"圣诞老人"），力图想说本地就是春节发源地。又，古代文献中有"春皇庖牺"的记载，云"春皇者，庖牺之别号"，谓其"所都之国，有华胥之洲"而"以木德称王，故曰春皇"（晋王嘉《拾遗记》卷一）。今天阆中进行春节文化之乡建设，对此信息自然不会忽视。从《二蛟寺》故事中我们看到，身世更加古老的伏羲被进而冠以"春神"之名号，立足当代运作的这系列行为明显有基于地方诉求的内在话语脉络可寻。

② 李殿元、蒲林德：《阆中华胥神话传说简论》，载《神话研究集刊》第三集，巴蜀书社，2020年，第247页。

镇一带还是烟波浩渺的湖泊水泽，叫雷泽"。这一带又称为阆中环福地，传说伏羲之母华胥曾在此任女司，后来又作了氏族首领。当时，此地水美鱼丰，这支部落沿水而居，倚山而憩。"据说，一次，华胥在雷泽岸边踩了神明的大脚印后，晚上在梦境中与之相婚配，于是孕育了伏羲。华胥国一带气候宜人，物产丰富，邻近的氏族部落独能氏经常袭击华胥部落，于是已经有孕在身的华胥便带领部落逆嘉陵江北上到达天水成纪，生下伏羲。自小伏羲就把母亲华胥尊为东方圣母，长大后在淮阳竞选上九大部落的总首领之后，他更是眷恋母亲华胥曾生活、孕育过的地方，野史轶闻说他曾先后三次回到故乡阆中。"第一次是伏羲19岁时，"华胥又带领部族和11个月的女儿女娲回到华胥之国阆中安居乐业。伏羲看到母亲、妹妹和乡亲们在湖边用树杈、石块击打游鱼，命中率很低，经常吃不饱，他便决心改变这种落后的状况"。于是，伏羲教人们结网捕鱼、养蚕织布。第二次是几年之后，伏羲"回到华胥之国阆中。他看到这里的百姓狩猎方式和使用的武器十分落后，往往劳而无功，便教人们用石头、木棒、竹片磨制成两端锋利的武器打猎"，以及饲养家畜等。第三次是他98岁后，"厌倦了红尘，对山灵水秀的雷泽故地更是神往，于是第三次回到阆中。传说阆环福地是天帝藏书之处，而这些书籍皆玉片、石片，无文字，智者见之悟道，仁者见之悟德，能者见之悟纵横之术。伏羲选中阆中的云台山潜心研习《易经》，专注地画演乾、坤、离、坎等八卦，这些是人类最早了解世界的文化符号。得闲时，他还深入民间，教民用象形、会意、形声等'六书'达意表情，从此结束了人类以结绳记事的落后办法"[1]。关于伏羲身世的感生神话自古有之，《太平御览》卷七八引《诗纬含神雾》：

---

[1] 网文《伏羲三次回阆中的传说》，历史新知网，https://www.lishixinzhi.com/xgs/1054607.html，发布时间：2019-09-28 05：58。关于"雷泽"，该故事将其在地化为在阆中，而古书记载是"在吴西"（《山海经·海内东经》），又称"震泽"，具体地点为"会稽郡吴西"（清吴承志《山海经地理今释》卷六），袁珂注云："此《海外东经》'在吴西'之震泽，确当是震泽即太湖。"（《山海经校注》，巴蜀书社，1993年，第382页）

"大迹出雷泽，华胥履之，生宓牺。"华胥所履雷泽中的大迹，是雷神之迹。据《山海经·海内东经》："雷泽中有雷神，龙身而人头，鼓其腹。"相传伏羲"蛇身人首"，其作为"龙身人头"的雷神之子也就自然。《路史·太昊》："母华胥居于华胥之渚，尝暨叔嬉，翔于渚之汾，巨迹出焉，华胥决履以践之。意有所动，虹且绕之，因孕。十有二岁，以十月四日降神……"又，《通鉴续编·大昊》："太昊之母居于华胥之渚……生帝于成纪。"明曹学佺《蜀中广记》卷二十四"保宁府阆中县"条引《路史》并注云："所都国有华胥之渊，乃阆中渝水地也。"因此，清道光川北道台黎学锦在《保宁府志序》中说："夫阆中渝水为华胥之渊，伏羲所都，三巴首导神功也，五丁始通奥区也。"①且不说"华胥之渚"等是否还有其他解释，见于古人笔下的这些材料大致成为上述地方传说的支撑。随着将神话传说坐实为历史，今有地方作者写道："退一万步说，伏羲即使不是生在阆中，但华胥是在阆中怀孕，他的父亲应是阆中人，他的祖籍也还是在阆中。所以，不论伏羲生在什么地方，阆中才是他真正的故乡。"②

伏羲之母是华胥③，见于古籍记载，但女娲呢？顾颉刚推测："女娲既是太昊伏羲氏之女弟，亦有生于阆中的可能。"④清梁玉绳《汉书人表考》卷二引《春秋世谱》云："华胥生男子为伏羲，女子为女娲。"袁珂编《中国神话大词典》"伏羲女娲"条引此说明二者是以兄妹为夫妻之说的依据。称伏羲、女娲皆华胥所生，这说法应是较晚出的。先秦时期，三间

① 道光《保宁府志》，见《中国地方志集成·四川府县志辑》第56册，巴蜀书社，1992年。
② 侯国刚：《名城阆中》，四川人民出版社，1999年，第138—139页。
③ 据袁珂编《中国神话大词典》，"华胥"所指有二，一是伏羲的母亲，一是华胥之国。关于后者，《列子·黄帝》载："（黄帝）昼寝而梦，游与华胥氏之国。华胥氏之国在弇州之西，台州之北，不知斯齐国几千万里，盖非舟车足力之所及，神游而已。"该国之人，"入水不溺，入火不热""乘空如履实，寝虚若处床"，诸如此类，神异得很，"黄帝既寤，怡然自得"。准此叙述，此国乃是梦中幻象。《云笈七签》卷一百辑唐王瓘《轩辕本纪》云："帝游华胥之国，此国神仙国也。"注曰："伏羲生于此国，伏羲母此国人。"又将此国坐实。见袁珂编：《中国神话大词典》，四川辞书出版社，1998年，第234页。
④ 顾颉刚：《论巴蜀与中原的关系》，四川人民出版社，1981年，第6页。

大夫发问"女娲有体，孰制匠之"（《天问》），可见彼时人们已不清楚女娲的身世。今《中国女神》在第二章"伟大的中华母亲神女娲"中附带论及华胥氏，但并未说女娲之母就是华胥，仅仅指出中华民族即"华族"，华与花相通，"华胥氏是中国第一个有名称的'民族之母'，是炎帝、黄帝等氏族之母，还是创立中华民族语言的人文始祖"，究其由来，华胥氏应是中华母系社会里对"华族大巫女""华族女领袖"的尊称，"'华胥氏'当是远古氏族女领袖，神化为女皇、女神"，其身影在崇尚女神的诸多民族中可见，如两广地区普遍有祀"花王圣母""金华夫人"等的风俗①。不管怎么说，四川民间流传的伏羲女娲神话中也有"我们是一个奶头吊大的亲兄妹"的说法②。女娲究竟是不是女神华胥氏的女儿，在邻省地方志书中亦有说法，如《陕西通志》卷七十三"古迹二"引《西安府志》："华胥渚：在蓝田县北三十五里，伏羲氏母居也，今有陵及华胥沟、华胥瑶、枯枣树、毓圣桥具存。"此言华胥是伏羲之母；又云："补天台 在蓝田县东五里许，俗传女娲炼石（补天）之所，女娲亦华氏所生。"此言华胥亦是女娲之母③。有别于阆中的传说，伏羲、女娲的出生地（华渚）按此说法在陕而不是在川，当地有关华胥的传说故事以及由此形成的人文胜迹亦不少。除了陕西人、四川人，甘肃人也说："华胥之国因在我国西北之地。综合其他史料考证，其方位居于陇山以西，和古成纪的地域大体相合。也有学者认为，与伏羲感生神话有关的'雷泽'之地就在今天的甘谷朱圉山下的渭河旁。"④在甘肃天水民间故事《华胥洲兄妹

① 过伟：《中国女神》，广西教育出版社，2000年，第27—29页。
② 这个故事流传在川南珙县一带，见侯光、何祥录编：《四川神话选》，四川民族出版社，1992年，第101页。在与川北毗邻的陕南，民间亦传说"华胥与雷神相配以后生的伏羲，生的女娲"，华胥是"西北来的人"而"雷神为静她为动，她来配雷神"（见杨利慧、张霞等：《现代口承神话的民族志研究——以四个汉族社区为个案》，陕西师范大学出版总社，2011年，第169页）。
③ 张自修编著：《丽山古迹名胜志》，丽山旅游读物编委会编，1985年10月印（内部资料），第17页。
④ 李宇民：《人祖伏羲与宗庙》，作家出版社，2011年，第14页。

明身世》中，华胥洲（部落名）的首领华胥氏两次在天水北面葫芦河旁湖中洗澡神奇受孕，先后生下同母异父的伏羲、女娲[1]。此外，女娲与阆中的关联似未明确见于史籍记载，她与后者的关联是如何搭建起来的呢？这更多是建立在民间口碑及相关推想上的，即"由于华胥是阆中人，而女娲是华胥所生，所以女娲是阆中人"，如此关联的搭建颇有趣。看来，不仅女娲出生地在国内有多地之争，关于华胥的传说亦如此。这种争论想必还会延续下去，但不管怎么说，从此类话语再生产中透露的地方性诉求值得关注。

"振兴传统文化"是当今热门口号，方李莉指出："传统文化的复兴，已经不是原有意义上的传统文化的再现，而是经由了市场经济、国家推动，甚至是学者参与等各种社会力量的交锋后而构成的传统文化的再生产。"[2]目前，各地关于女娲神话的"故事新编"时见，其对古老传统的现代传播有作用不必讳言，但同时又须看到，在凡此种种话语再生产中，由于各种社会力量介入，所产生的效应是五光十色的，其中得失利弊也需要冷静地分析和评判。

## 第四节　洪雅瓦屋山女娲传说

"神话真实地活在当下"，正是通过不断的话语再生产，流传在口头并演练在仪式中的"神话为人类的行为提供了合法性的依据"[3]，这种合法性的取舍又受制于具体的时代社会背景。目前中国，基于地方建设和社会发展的诉求，从口头传统寻求行为依据，借助"神话复活"进行"故事新编"的事象在许多地方都有发生。就拿与雅安同处青衣江流域的洪

---

① 郭天跃主编：《神奇的天水》，甘肃文化出版社，2003年，第9—11页。
② 方李莉：《从"遗产到资源"的理论阐释——以费孝通"人文资源"思想研究起点》，在第一届"亚洲人类学民族学论坛"上的发言，2010年10月9日。
③ 张经纬：《从考古发现中国》，社会科学文献出版社，2019年，第153页。

雅来说，当地著名风景区有瓦屋山，该山 2010 年 11 月被推选为 "巴蜀文化旅游走廊新地标"。作为自然景观的瓦屋山，人们熟悉的介绍如下："由于地质作用，瓦屋山形成了向东西两侧略倾的屋脊状地形，从任何角度望去，此山整体上都状若瓦屋，因此得名'瓦屋山'，山顶平台约 11 平方公里，南北长 3375 米，东西宽 3475 米，平均海拔 2830 米，高出内蒙古'桌子山'681 米，被有关地质专家认定为中国最高、最大的'方山'。清代何绍基称之为'坦荡高原'，而在民间则有'人间天台'之说，山顶平台上，1500 亩原始冷云杉林莽莽苍苍。由于瓦屋山地处'华西雨屏'地区，森林植被保存完好，因此山有多高，水就多高。林下 80 多个泉眼，涌流不竭，汇成 72 条瀑布，其中以兰溪、鸳溪、鸯溪为 3 条最大的瀑布，而兰溪瀑布全长落差 1040 米，令人叹为观止。"[①] 那么，瓦屋山作为人文景观又如何呢？对此，学界谈论得多的是道教，如据卿希泰考察：瓦屋山在汉代是少数民族（羌、僚）聚居地，五斗米教创教与西南少数民族的巫术有关，创教人张陵所设的传教区"二十四治"中，稠治、北平治、本竹治、平盖治、平冈治、主薄山治，以及后来张鲁所设"八品游治"中的第一治"峨嵋治"都在瓦屋山周围。据现存史料推断张道陵在瓦屋山传教是十分可能的，瓦屋山道教文化底蕴深厚，堪称道教胜地[②]。此外，今有《瓦屋山女娲补天的传说》见于网络：

相传开天辟地之前，宇宙太空浮着一个鸡蛋形的巨星。巨星里住着巨人盘古。巨星里面混沌无光，酷冷严寒，他练就一身法力，熬了一万八千年，终于能眼放金光，力大无穷了。盘古想把巨星变成光明温暖的宇宙，决心献身用法力劈开巨星。二百七十六万年前，他横握着板斧大吼一声，身子一旋劈巨星为两半。上半上升，下半下沉，而他的右

---

① 网文：《瓦屋山风景区》，百度百科，https://baike.baidu.com/item/%E7%93%A6%E5%B1%8B%E5%B1%B1%E9%A3%8E%E6%99%AF%E5%8C%BA/4463843?fr=aladdin.

② 卿希泰：《瓦屋山道教文化考察刍议》，《社会科学研究》，2000 年第 4 期。

眼化为太阳，左眼化为月亮，光芒化为星星，呼吸化为风雨，身躯化山岳，血液化江河，毛发化花木，灵气化彩虹，掀天揭地献身了。巨星充满盘古的精神、光明、温暖、孕育出万物生灵，都尊称他为盘古王。

盘古王后裔三皇、五氏，继承盘古遗风，为人类谋福利除疾苦。其中的女娲氏，是个法力无边的美丽女神，一年四季巡游天下，哪里有灾难哪里有她，是三皇五氏中的女皇。有一天她巡游至洪雅瓦屋山正观花赏景时，突然晴空响霹雳，一声巨响，天崩地裂，大雨倾盆而下，她放眼世界一看西北角撑天柱断了，天空撕开一条裂缝，水从裂缝漏出来，森林烈火蔓延，洪水江河横溢，原来是水神共工与火神祝融在打架争地盘。共工战败头触不周山，头裂而天柱断，不补漏天，生灵将遭受灭顶之灾。女娲为救灾民，决心炼石补天。她走遍群山，选出一种五彩云石，在瓦屋山漏天处即炼即补漏天。炼了九九八十一天，炼成补天石泥，吹口仙气，将补天石泥从瓦屋山漏天处伸向裂缝尽头西荒昆仑。女娲补好漏天裂缝，抓下西海一只大龟斩下四足支撑天宇不再裂开。漏天补好了，积水却淹没了蜀国成为西海。女娲用芦草烧灰吸干西海水，芦草灰沉积在蜀国平原。今日天府之国成都平原土壤尽是灰黑色，就是盖海的芦草灰。人们为纪念女娲补天之功，在山上修了座漏天阁。

我小时候读"混沌初开，乾坤始奠，气之清轻上浮者为天，气之重浊下凝者为地"时，教书先生老夫子何贡爷就这么讲的。何贡爷讲《淮南子》："女娲炼五彩石补天以救苍生。"留在瓦屋山天空的五色云霞，就是女娲补天时用的五彩石颜色生成的。瓦屋山鸳鸯池木雕女娲娘娘，还是唐皇武则天派宫廷御匠雕刻的。[①]

---

① 网文:《瓦屋山女娲补天的传说》，http://www.schy.gov.cn/info/1030/36281.htm，信息发布：眉山市洪雅县人民政府；信息来源：洪雅县瓦屋山景区；发布时间：2019-12-27。1990年成书的《中国民间文学三套集成·四川乐山市卷·故事卷》收录"瓦屋山的传说"，含《瓦屋山的来历》《陈娘娘和瓦屋山》等五个故事，尽管也讲"瓦屋山是仙山"，但不见有涉及女娲神话的。

以上故事见于洪雅县人民政府网，信息来自瓦屋山景区，尽管写了是某某人发布，但从田野调查角度看，关于何时何地何人所讲以及何人记录这些必备信息并未提供。那么，故事中的"我"也就是故事讲述者是谁呢？是李振华，当地一位老文化人，曾任洪雅县文物管理所所长，"品略"网站发表他这篇署名文字是在2017年[①]。2019年县政府网转载该文时略去了讲述者的名字，文章也不分段，以上分段是笔者依据李振华原文作的。笔者认识李振华[②]，他生于1940年，笔头亦勤奋，当地文化有较大的事他都热情参与，出谋划策。众所周知，雅安今天引以为骄傲的文化名片有"三雅"，其一是雅女。2004年5月，洪雅县向国家工商总局申请注册"雅女"商标，雅安反映强烈，引出舆论哗然。"针对雅安方面所说洪雅注册'雅女'疑为掠人之美，洪雅县文管所原所长李振华却有他的一番说法。李说，洪雅'雅女'古已有之。《宋史·郝节娥传》以生动、形象的笔触记录下当时的'雅女'：'素、仪、正、美，以为后世法'。郝节娥是嘉州娼家的女儿。5岁时，随母亲一起到洪雅，卖一良姓人家为养女。始笄，母夺而归，欲令世其娼。娥不乐，后投江自尽。"在他看来，洪雅将"雅女"作为洪雅传统历史文化遗产的知名品牌申报注册商标是顺理成章。"李振华说，雅安有'雅女'，洪雅也有'雅女'，青衣江流域都有'雅女'。我就是雅安人，眼下在洪雅工作，我并不认为洪雅有掠人之美之嫌。我要说的是，'雅女'是一个成熟的品牌，就看谁先下手注册。"[③]《瓦屋山女娲补天的传说》出自这样的文化人，故

---

① 李振华：《瓦屋山女娲补天的传说》，https://www.pinlue.com/article/2017/11/2719/544906304405.html，发布时间：2017-11-27。

② 笔者与李振华熟悉。列入四川省非物质文化遗产名录的"洪雅五月台会"（城隍会），申报材料就是在他帮助下做的。这位热心人士在有关方面支持下还创建了洪雅民俗台会博物馆，出版有《李振华作品集》。

③ 廖兴友：《洪雅抢注"雅女"雅安坐不住了》，《华西都市报》，2004年6月30日。多年来，洪雅也在打造"雅妹子"这张地方名片，如我所见，"雅妹子风酱肉"作为当地的土特产就多次亮相在成都会展中心举办的年货节上，其制作技艺也列入了眉山市非物质文化遗产名录。此外，瓦屋山脚下也有以"雅女湖"命名的水景。

事讲述自然会带有较明显的文人化色彩，此外，诸如"天府之国""宇宙太空""为人类谋福利"等说法也透露出现代表述特征。不管怎么说，见载于官网这事实表明地方政府是认可以上故事的，它着眼于今天当地发展旅游的需求，是从人文内容角度为自然界有名的"桌山""方山"增添吸引游客的砝码的。对这种意在助推当地旅游发展的文化诉求，不应视而不见，也不宜妄加非议。随着"神话复活"，随着富于想象力的神话思维在今天被激活，关于瓦屋山女娲补天的"故事新编"又将该山同雨城雅安联系起来，说女娲替雅安补天漏用的石头乃取自瓦屋山，于是出现了有趣的异文：

　　……瓦屋山的山形并不是历来就是这个山形的。据说原来的瓦屋山有三千多米高，和今天的峨眉山差不多；山峰也和其他名山一样，呈上小下大的锥形。与峨眉山同属大相岭山脉的两个高度相差不大、外形基本相似的姊妹山峰。相传上古时候，天漏西南，就是说西南方的天空漏雨了，每天大雨倾盆而下，遍地洪水泛滥，给人们带来了巨大的灾难。特别是位于天漏中心的雅安，天天大雨，青衣江波涛汹涌，冲毁了大量的田地与庄稼。民间的怨气惊动了天上的女娲菩萨，她决定炼石补天。但补天需要大量的石材，到哪儿去取呢？距离远了，耗时费工，补天时间刻不容缓。女娲娘娘决定就近采集瓦屋山山顶的山石来补天。经过女娲娘娘"七七四十九天"的辛勤劳动，雅安的天漏终于补上了，降雨减少了，洪灾消退了，人们得到安居乐业。为此，雅安城区还塑有女娲补天的雕像以之纪念，雅安县城一直取名叫雨城。

　　可是，虽然雅安的天漏是补上了，但由于女娲娘娘采石49天，使瓦屋山山顶矮下了近三百米，使原来与峨眉山一样高的山峰变成了只有2800多米。采石取走了山峰，使得瓦屋山山顶出现了一个大大的平台；平台中间的凹地鸳鸯池就是娘娘取最后一筐土形成的，池中的积水从平台四周分流而下形成了众多的瀑布。娘娘采石留下的大大小小的石块，有的直径几米，有的十几米；这些石块滚进了张陵降蟒沟的沟谷，就是今天人们从双洞溪沿步行道上至古佛坪沿途看到的大小石块，原来它们都是当年女娲娘娘补天的遗石。①

当今社会，随着神话资源被激活，随着地方旅游兴起，从当地旅游部门编写的《瓦屋山风景区讲解词》（2017年）②中又能看到"女娲盖海化蜀山"故事，讲述女娲补天后盘古王派她视察灾情，女娲来到西蜀见洪水未退，便用炼补天石的手段炼成"盖海石"，制服了肇事的西海龙王及水神，该石化为巍峨平坦的"蜀山"即瓦屋山。脍炙人口的女娲补天故事，在今人不无创造性的发挥中，为"桌子山"这自然景观的形成给出了富有审美想象力的解释。文化的生成有其历史的客观性，与此同时，文化也是通过人们在各种历史场域中的实践而不断建构的。从文化再生产看神话，神话起源是古老的，神话流传是生动的，后者之于前者无论是照版复制还是衍生延展，从正面看都使神话的生命力更见充沛、鲜活。

---

① 史玉忠：《瓦屋山山形》，https://www.pinlue.com/article/2020/07/0319/2410960346120.html，发布时间：2020-07-03。
② 该导游词标明是"内训资料"，2017年3月由瓦屋山投资有限公司营销策划部编。友人詹跃为觅此资料提供了帮助，谨此致谢。

# 第三章

# 洪水神话与创世意象

女娲神话与洪水神话有密切关联，无论是"生人"还是"补天"。天之所以需要补，盖在天漏而洪水泛滥，女娲补天也就旨在治水，旨在拯救人类，归根结底，她是替人类救灾救难的伟大女神。从洪水神话看，无论补天还是生人，都叙说着跟创世主题有关的古老神话，古往今来，随着相关文献的发掘和出土，学界对此类神话及相关问题的研究在不断深化。

## 第一节　洪水神话与人类始祖

远古时期，人类曾遭遇大洪水，如梁启超论述洪水神话时所言："古代洪水，非我国之偏灾，而世界之公患也。……以科学推论之，大抵当为地球与其他行星或彗星躔道偶尔偭错，忽相接近，致全球之水见吸而涨也。"[1]这场大灾难在诸多民族神话中留下烙印，是世界口头文学中

---

[1]　梁启超：《洪水（附洪水考）》，见苑利主编：《二十世纪中国民俗学经典·神话卷》，社会科学文献出版社，2002年，第10—11页。

具有普同性的主题，其中人类产生或再生故事凸显着始祖神话和生殖意象。当年，闻一多考察本土洪水遗民故事时，就指出其中心母题不外五个：（1）兄妹之父与雷公斗争；（2）雷公发洪水；（3）全人类中惟兄妹二人得救；（4）二人结为夫妇；（5）遗传人类①。也就是说，今天的人类并非原初的人类，而是大洪水后伏羲、女娲兄妹结婚生养的后代。按照神话叙事，若说最初的、已被洪水灭绝的人类可称"原人"，那么，由兄妹再生的人类则不妨叫做"新人"，我们都是后者的后代。那么，这对结婚后再生人类的兄妹又来自何处呢？在巴蜀地区神话传说中，或曰是洪水时"原人"的幸存者（叙永县《人种的来源》、三台县《伏羲兄妹造人烟》），或称是从葫芦中诞生的（成都市《伏羲兄妹造人》），有说是来自盘古时代猿猴（双流县《伏羲兄妹与猿猴》），有说是来自海中龙族（西充县《兄妹造人烟》），还有说兄妹本是"住在天上"而并非凡世之人的（都江堰市《伏羲兄妹与石头》），诸如此类在地化版本多姿多彩。纵观中华大地，大洪水后伏羲兄妹婚后再生人类的故事四面八方有见，在巴蜀地区也流传广泛②。走访各地，屡屡听见老人讲述"洪水潮天"神话，说洪水后有兄妹结婚繁衍人类。以乐山地区民间流传的故事为例，有《伏羲兄妹制人烟》：

> 上古时候，有一年洪水潮天，把世界上的人全部淹死了。只有伏羲兄妹"跐"在一个葫芦里，才没被淹死。
>
> 洪水退后，伏羲对他妹妹说："世界上只有我们两兄妹了，我们成亲制人烟吧。"妹妹说："不行，我们是兄妹，怎能成亲呢？"伏

---

① 闻一多：《神话与诗》，上海人民出版社，2006年，第36页。

② 巴蜀地区流传的洪水后再生人类神话中，除了讲述伏羲女娲兄妹婚的，也有讲述太阳和月亮兄妹婚的，如1986年6月在米易县黄草乡年逾花甲的不识字农民徐钟氏口中搜集的《太阳妹妹和月亮哥哥》。此外，1986年6月从三台县红星乡52岁不识字的李姓农民口中采录的同类故事中，说地上原无人烟，成婚生育人类的是"龙族两兄妹"，这似乎又暗射着神话传说中人首蛇躯的伏羲、女娲。

羲坚持要成亲，妹妹犟不过他，只得说："那我们把两人的血滴在水里，如果合拢在一起就成亲，合不拢就不成亲。"他们把手指刺破让血滴在水里，两滴血合拢了。妹妹又说："这还不行。我们去昆仑山滚磨子，你在这边滚，我在那边滚，如果滚下去的两扇磨子合拢了就成亲，合不拢就不成亲。"他们去昆仑山上亦滚，磨子合拢了。妹妹无话可说，只得和伏羲成了亲。

不久，伏羲的妹妹生下一个儿子。他们觉得不好看，就把他烧成灰，提去撒在四山八面。不料第二天早晨起来一看，人间却冒起了烟火。原来那些灰撒下去后，都变成了人，活起来了。于是，落在灶头上的便姓赵，飘到竹林头的便姓竹（或"祝"），巴在石板上的便姓石……这样，人间便有了百家姓。直到现在，夫妻间都还是兄妹称呼：丈夫是哥哥，妻子是妹妹呢。①

以上神话传说中，"跍"之注释为"躲藏的意思"。此处"跍"字若印刷无误，倒是使人想到四川方言中的"跍"字，读音gu或ku，是个动词，意为"蹲""待"②。"跍"在川人口头迄今犹是常用词，比如街头相遇，甲对乙说："好久没看到你了，整天都跍在家里不出来嗦。"以上故事1987年3月采录于洪雅县将军乡，今天洪雅属眉山市所辖，而当时眉山、洪雅尚未从乐山地区划分出来。从风俗传说看，上述神话中讲到了滴血认亲习俗，讲到了百家姓的来历，等等。神话中伏羲的妹妹是谁，学术界见仁见智，或以为是女娲，或以为不是，各有其论述依据。重庆九龙坡区走马镇是有名的中国民间故事之乡，"走马镇民间故事"被列入国家级非物质文化遗产代表性项目名录。关于伏羲兄妹制人烟，据2001年有调查者对走马镇五位讲述者所作采录，当地有名的"故事婆

---

① 本书编辑委员会编：《中国民间文学三套集成·四川乐山市卷·故事卷》，1990年印（内部资料），第6—7页。

② 王文虎、张一舟、周家筠编：《四川方言词典》，四川人民出版社，2014年，第128页。

子"魏大爷（1930—2009）讲述的是《伏羲姊妹制人烟》，妹妹名字不详；1937年出生的罗明东讲述的《伏羲姊妹制人烟》中，妹妹名字亦然，但二人一个姓陈，一个姓程，"不是亲亲娘的姊妹"；1929年出生的余国平讲述的《伏羲姊妹成人烟》，伏羲是哥、女娲是妹，二人在大洪水后成婚生养人类；1919年出生的张绍文讲的伏羲兄妹故事也提及"伏羲和女娲"；1965年出生的魏小年讲《伏羲姊妹造人烟》时说"伏羲姊妹奉女娲娘娘的命令成婚"，女娲成了伏羲兄妹婚育再生人类的指令者，这在该讲述者以前（1992年）的讲述中没有，是不乏神话新编意味的别一种叙事。对比分析诸位所讲故事，调查者写道："神话不仅仅是远古时代的产物，不仅仅是古籍中的只言片语，也不是社会现代化进程中的活化石、遗留物。在现代化高速推进的今天，它并没有消失，而是处在不断演变的状态中。"也就是说，着眼口承神话的表演空间，可以"将神话看作是一个不断被传承、被创造和不断变化的动态过程"，其受制于特定的社会文化背景，也关联着讲述者的个人因素[①]。以上诸家故事中的伏羲兄妹，从血缘关系看，多数讲的是同胞兄妹，但也有姓氏不同的，即并非亲兄妹。同一神话因讲述者的差异而呈现多样性，体现出口头文学的创作弹性。古往今来，"伏羲兄妹"之说在同类神话中运用广泛，是大家最熟悉的。下面这则《伏羲兄妹定姓氏》讲二者婚后再生人类定百家姓故事，是1986年从夹江县甘泉乡45岁不识字的张姓农民口头采录的：

　　在很古很古的时候，天上下大雨，一连下七七四十九天，地上的水涨来和天一样高。世间的人淹死来只剩下伏羲两兄妹。他们坐在一个大水缸里，水涨多高，缸子就浮多高。等洪水消了，两兄妹才活了下来。

---

① 杨利慧等：《现代口承神话的民族志研究——以四个汉族社区为个案》，陕西师范大学出版总社，2011年，第108页。当地话中说的"姊妹"，在此指的是兄妹。

　　兄妹回到地上，看见到处都是荒山荒地，没有人烟。不久，两兄妹就只好开亲结婚，生了一个娃儿。

　　兄妹俩把生下的娃儿，用刀割成几十块，一块一块地拿去挂在树子上。这些娃儿肉，经过日晒雨淋，日久天长，就变成了人活起来了。这些人是李子树上掉下来的就姓李；是桃子树上掉下来的就姓陶；是黄角树上掉下来的就姓黄；是竹子上掉下来的就姓祝。以后一代传一代就成了百家姓。①

　　见于神话的类似叙事，让人不禁想到古代社会的"杀长子"风俗，该风俗有求子嗣繁衍的意义。证诸习俗，渔民有在开渔节向神灵"献头鱼"的仪式，农人在丰收时会向神灵献祭最先收割的谷物，"这种仪式，既是谢恩又是祈愿，就后者言，农民向神敬献'新谷'是为了多得谷，渔民向神敬献'头鱼'是为了多得鱼。也就是说，献出已得的'新谷''头鱼'是为了引出更多更多的鱼、谷滚滚而来。值得注意的是，与此习俗内在同构，人类生殖崇拜史上为求人丁旺子女多也曾盛行祭献'长子'之俗。这是一种跨民族的现象，只不过，古代西方是把'头生的儿子'献给上帝，如《圣经》所载；在古代东方，则是把长子'解而食之'。《墨子·鲁问》即载：'楚之南有啖人之国者桥，其国之长子生则解而食之，谓之宜弟。'《墨子·节用》亦云：'越之东有輆沐之国者，其长子生，则解而食之，谓之宜弟。'……西方人以长子献神，东方人以长子食之，尽管仪式施行的具体方式有别，但内在意蕴上应是同一的，即都希望通过'弃子'来达到获得更多的目的（这不免使人想起《圣经·新约·约翰福音》里耶稣说的话：'一粒麦子如果不落在地里死了，仍是一粒；若死了，便会结出许多麦子来。'）。所谓'宜弟'，也就是

---

① 本书编辑委员会编：《中国民间文学三套集成·四川乐山市卷·故事卷》上册，1990年印（内部资料），第7—8页。

有利于长子之后的子女繁衍而已。这种在今人看来不免毛骨悚然的'食长子'(弃长子)风俗究竟是怎样形成的，因年代久远，我们无从查考，但从古籍中的'宜弟'记载可以推断，这绝不是因饥荒年代食物缺乏而杀子，其中当蕴含着复杂又神秘的原始生殖崇拜意识"①。造人神话中头生肉胎砍碎后衍生人类，民间习俗中弃长子(头生子)为的是对后来的子女成长有利，二者在原始母题层面上究竟有无瓜葛，值得探讨。

回到本章所述，同样是洪灾后伏羲兄妹造人神话，成都地区的版本讲述的并非是二者婚后生育人类，而是讲天底下原本没有人类，从葫芦中诞生的伏羲兄妹在洪水劫难后用泥土造人，也未涉及二者婚配。该故事很接近古籍记载的女娲娘娘抟土造人的原始神话，只不过加上了男性的伏羲，并强调了造人时男捏男而女捏女，未必不带有后世社会随着男性地位上升而改造神话表述的痕迹。从性别研究看，上古女性神话被后世社会"男性之手"改写的问题，在学界多有探讨。川西坝子流传的伏羲兄妹捏泥土造人神话于1987年6月采录于成都市东城区，讲述人是67岁小学文化的谢姓退休职工，题为《伏羲兄妹造人》：

很早很早的时候，天底下没得人。

有一回：天不晓得拿给哪个戳漏了，筷子粗的雨柱哗啦啦地落下来，密密麻麻，到处乱流。一连好多天，平地起水几丈，遍山遍野水汪汪的，分不出哪是高山，哪是平地。虎豹虫蛇淹的淹死，冲的冲走。他们的尸体在水面上东漂西漂，你挤我，我碰你。其中有个大葫芦，碰来碰去，就被拦腰碰断了，变成一大一小两个圆球。圆球爆开，跳出两个娃娃来。大球里的是哥哥，小球里的是妹妹。这就是伏羲兄妹。

这两兄妹一看哪，大水把啥子都冲得光码码的，地上简直没得

---

① 李祥林：《"弃子救母"故事及其文化母题识读》，《民族艺术》，2001年第4期。

一个活物了。他们觉得有些孤单，就商量造点儿同他们一样的伙伴出来。

于是两兄妹挖起地上的泥巴，就开始捏娃娃。哥哥捏男的，妹妹捏女的。

过了些时候，两兄妹都捏好了。他们就把这些泥巴娃娃拿来配对。一个男娃娃配一个女娃娃，不多不少正好三千对。还剩下几十个男娃娃，这是因为哥哥手脚比妹妹块，捏得多些。所以一直到现在，世上的男人总是比女人多。[①]

故事中出现了"葫芦生人"神话，称伏羲兄妹由葫芦生出，这也值得注意。"绵绵瓜瓞，民之初生。"（《诗·大雅·绵》）葫芦是瓜类，是女性生殖崇拜的产物；瓜类多子，是子孙繁衍的绝妙象征。在中华大家庭里，许多民族崇拜葫芦，有相关神话传说。去云南澜沧，拉祜族的葫芦生人神话给人印象深刻，其史诗《牡帕密帕》即吟唱"小米雀开葫芦口，开了七天七夜；小老鼠开葫芦口，开了七夜七天。看到里面有对人，就是扎迪和迪娜"[②]，二人是生养人类的始祖。在四川米易流传的《傈僳族的来历》，讲王母娘娘种下葫芦瓜子，结瓜后剖开有一男一女，傈僳族就是他俩成亲繁衍的后代。在汉语诗歌史上首部诗歌总集《诗经》里，葫芦意象屡见，其字作"壶"（《豳风·七月》）或"瓠"（《小雅·瓠叶》）。闻一多撰《伏羲考》解读洪水遗民再造人类故事中的葫芦意象，指出若无造人素材的葫芦便无避水工具的葫芦，造人主题比洪水更重要，而洪水神话中葫芦恰恰是造人故事的核心。在他看来，女娲、

---

① 本书编委会编：《中国民间文学集成四川卷·成都东城区卷》，1989年印（内部资料），第3页，文字有所校正。

② 澜沧拉祜族自治县文化馆、澜沧县非物质文化遗产保护中心搜集整理：《牡帕密帕》，2014年11月印（内部资料），第213页。云南省民族艺术研究院唐白晶女士为笔者寻找此书提供了帮助，谨此致谢。

伏羲之名与葫芦有关："女娲之娲，《大荒西经》注、《汉书·古今人表》注、《列子·黄帝篇·释文》、《广韵》、《集韵》皆音瓜。《路史·后纪》二《注》引《唐文集》称女娲为'炮娲'，以音求之，实即瓠瓜。包戏与炮娲，匏瓠与匏瓜皆一语之转（包戏转为伏希，女娲转为女希，亦可见戏娲二音有可转之道）。然则伏羲与女娲，名虽有二，义实只一。二人本皆谓葫芦的化身，所不同者，仅性别而已。称其阴性的曰'女娲'，犹言'女匏瓠'、'女伏羲'也。"[1]女娲之"女"与葫芦之"芦"，也是一音之转。在先民的神话思维中，既然葫芦是生殖象征，称伏羲兄妹生自葫芦也就自然。刘尧汉有"中国各族始祖同出自一个葫芦"的猜想，准其所言，"中华民族龙虎文化渊源于远古女娲、伏羲的合体——葫芦崇拜，它与仰韶文化时期陶容器渊源于葫芦容器相关联"，或者说，"中华民族各成员以开天辟地的盘古——龙女娲和伏羲的合体葫芦为文化共祖，这是原始时代的神话"[2]。笔者去甘肃秦安走访女娲出生地风谷，在相距不远的大地湾博物馆看见瓶口为女性头像的彩陶葫芦瓶[3]，也使人有诸多联想。对于"葫芦—陶器—女性"的关联，学界向来感兴趣，列维–施特劳斯在《嫉妒的制陶女》首章就列举过若干神话例子。"在古代神话里，女娲与葫芦的密切关联既体现在女娲之名上也体现在其事迹中，如《博雅》引《世本》云：'女娲作笙簧。笙，生也，象物贯地而生，以匏为之，其中空而受簧也。'女娲以葫芦作笙，取义仍未脱离人类生殖繁衍。"[4]

洪水后再造人类神话除了笼统的"伏羲兄妹"说，有的则连人物

① 闻一多：《神话与诗》，上海人民出版社，2006年，第48页。
② 刘尧汉：《中华文明源头新探——道家与彝族龙虎宇宙观》，云南人民出版社，2016年，第202、198、208页。
③ 属于新石器时代的大地湾遗址位于甘肃省秦安县东北五营镇邵店村，距离该县人称"女娲故里"的陇城镇不远，据碳十四测定，其时代距今约7800—4800年，是中国西北地区考古发现中最早的新石器时代遗址，其第一期系前仰韶文化，距今约7800—7300年。
④ 李祥林：《女娲神话的女权文化解读》，《民族艺术》，1997年第4期。

姓名也全部模糊了而只称"两姊妹"。如1986年4月从石棉县不识字李姓农民（64岁）口中采录的《百家姓的来历》，就讲述"洪水朝天，涨来涨去世界上的人淹死了不少，就只剩下两姊妹"，二人成亲后，"姐姐就怀有孕了"，生下孩子以"甩衣包子（胞衣）来决定姓什么"，胞衣甩来"挂在什么东西上就姓什么"①，从此有了百家姓。大洪水后兄妹再造人类神话母题在中国有多民族分布，其主

花山节上立花杆，祭祖的葫芦不可少（兴文县大河苗族乡，2019年正月初九拍摄）

角或有名姓或无名姓，但穿针、滚磨、熏烟等叙事程式大致无二，如平武白马藏族神话传说中的《皮绳造人》以及多种异文的《洪水故事》。当然，巴蜀地区也有明言兄妹婚后再造人类者是伏羲、女娲的，如北川县流传的《伏羲兄妹造人烟》，说哥哥伏羲和妹妹女娲，一个种地，一个绣花，洪水齐天时借一个又大又长的瓜为船脱过灾难，二人滚磨成亲后，下雨天他俩用杨柳条搋稀泥巴玩，结果泥点溅到树上就变成一百个人，从此有了百家姓。又如：

① 李万海讲述，王煜周记录，1986年4月10日采录于石棉县挖角乡挖角村，收入石棉县民间文学三套集成编委会编：《中国民间故事集成·四川省石棉县资料集》，1986年（油印稿）。

上古的时候……一天，忽然东方一声巨响，雷鸣闪电，狂风暴雨，山崩地裂，洪水朝天了。大地变成一片汪洋，人畜和庄稼都被洪水淹没了。

有两兄妹，哥哥叫伏羲，妹妹叫女娲。洪水朝天时，他们爬到杏扶树上，等洪水退后，大地上只留下他兄妹两人。

两兄妹坐在地上，看见大地一片荒凉，哥哥说："如果我们一死，地上就绝人烟了！我们想个啥子办法，不让人烟灭绝呢？"

妹妹说："有啥子办法呢？"

哥哥说："我们结成夫妻吧，这样就不会灭绝人烟了。"

该神话收入《中国民间故事集成·四川卷》，题为《伏羲和女娲》，是1987年10月从珙县城关镇某印刷厂46岁邓姓女工口中采录的，讲述者系小学文化水平。故事接下来讲大地上有了人烟，但是太阳还不出来（因为每天背太阳出来的乌龟喝醉了酒），人们没法种庄稼过日子。于是，女娲吩咐儿孙们说："你们请公鸡去叫吧！"公鸡便站在东山顶上，伸长颈子"咯……咯……喔……"地高声叫起来，把醉酒的乌龟惊醒了，后者连忙驮起太阳向东跑。太阳升起了，大地又有了白天和夜晚，万物生长起来。诚然，着眼世界神话体系，洪水神话以及血缘对偶婚故事具有跨地域和跨民族的性质，如梵文经典《百道梵书》讲"洪水扫荡了所有的生物，只有摩奴留了下来"而后摩奴用其女儿同她"一起做（住）"以繁衍由摩奴创造的种族，但根据楚帛书等提供的证据，"可以推断伏羲、女娲兄妹婚型的洪水神话是一个印度佛经洪水故事传入之前本土已有的传说"[1]，母题

---

[1] 吕微：《神话何为——神圣叙事的传承与阐释》，社会科学文献出版社，2001年，第337页。伏羲、女娲兄妹婚繁衍人烟的神话在四川也有版本全然跟洪水无涉，如荣县、井研一带流传的《伏羲女娲传人类》，开篇即言远古时地面上除了生于天地混沌中的伏羲和女娲兄妹外再无人烟，是哥哥"想享受恩爱欢乐的夫妻感情"而向妹妹求婚的，他们婚后生下一个又一个男男女女，子女们再结婚生子，人类便繁衍开来。

相似而并非后者传播的产物。当然，从人类生殖崇拜原型流变看，洪水神话中关于兄妹婚后再生人类的故事未必是人类生殖崇拜史上最古老的的母题，归根结底，人类生殖崇拜史上最古老的神话意象不是"双性对偶生殖"而是"女性独体生殖"，关于这个问题，笔者曾撰文论说，本书稍后篇章再述。

## 第二节　补天治水与女神壮举

"伏羲兄妹呀，繁衍了人烟，治理了天地""伏羲兄妹哟，给大地带来了生机，勃勃的生命呀，又在四方生长"[①]，巴蜀口头文学此例见于盐边县苗族（青苗）丧葬词中的反复吟唱。川北剑门山区，民间傩艺班子在戏中也会唱："风伯雨师制风雨，伏羲兄妹指人烟"，"婚配三年六个月，生下肉团作等闲"，"百姓家上有名姓，普天之下有人烟"[②]。大洪水后兄妹婚再生人类神话在巴蜀地区，除了上述，还有某种与从猿到人进化论暗暗契合的猿猴中佼佼者"生出和猴子不同的后代"的故事。20世纪80年代做民间文学三套集成时，采录者于1987年2月在川西坝子也就是现在的天府新区永兴街道搜集到这个故事，题为《伏羲兄妹与猿猴》，讲述人姓郭，72岁，文化程度小学肄业，是普通居民。以下是故事梗概：

> 盘古王开天辟地时，全是猴子的天下。盘古王却很忧心。
> 有一天，突然从猴群中走出一对精灵鬼儿来。他们浑身没有长毛，只用树叶来遮丑。他们会站起来走路，双手还会比比画画，引得遍山遍野的猴子都来看稀奇。吵吵嚷嚷惊动了盘古王。盘古王出

---

① 四川省编辑组：《四川省苗族傈僳族傣族白族满族社会历史调查》，四川省社会科学院出版社，1986年，第186—188页。
② 剑阁县文化局编：《戏出先祖万般源》，大众文艺出版社，2012年，第249页。

来一看，也很吃惊，他想改变这昏昏沉沉的天下有望了。盘古王召见了那个男的，封他叫伏羲，还要他们兄妹成婚，生出和猴子不同的后代来。

拜天地那天，盘古王前来道喜。他要伏羲兄妹生一百个娃儿，但里头有五十个男娃儿，五十个女娃儿，好配成五十对夫妻。好多年以后，伏羲兄妹当真生了一百个娃儿，但里头有五十一个男娃儿，四十九个女娃儿。直到今天，世界上总是男的打单身，没有看到女的嫁不脱的。

又过了好多年以后，经过女娲补天，人间开始有了太阳，有了四季的变化。人类逐渐学会取火用火、采摘果子、捕猎野兽、烹制熟食等，而那些盘古王开天辟地时的猴子根本没得啥子变化。它们自己觉得不如人，就迁进深山老林，把平坦的土地让给人来开发。[1]

就女娲神话研究言，上述故事有三点值得注意：（1）伏羲兄妹是来自猴群中的"精灵鬼儿"也就是佼佼者，但终归是猴子，其跟人们常见的名列"三皇五帝"的伏羲、女娲也没有什么关联，这个故事乃伏羲兄妹婚神话中较奇特的版本；（2）女娲在此故事中是盘古之外独立的大神，天和地虽然经后者开辟后分离开来，但天地之间依然是昏昧莫辨，无昼夜区别，也无四时划分，人世间还是混混沌沌的，直到"又过了好多年，经过女娲补天，人间开始有了太阳，有了四季的变化"，时序才得到合理安排；（3）人间始有太阳，盖在女娲补住了天漏，这异常艰难的工作由她一人独立完成，女娲是名副其实的拯救世界、拯救苍生的救难女神。这位救难女神补天治水神话是中国神话史上最奇瑰伟丽、动人心魄者，早在《淮南子·览冥训》中已见记载，文字不算少："往古之

---

① 双流县民间文学集成办公室选编：《中国民间文学集成四川卷·成都市双流县卷》，1988年11月印（内部资料），第1—3页。文字有所校正，标点符号亦有所调整。

时，四极废，九州裂；天不兼覆，地不周载；火爁炎而不灭，水浩洋而不息；猛兽食颛民，鸷鸟攫老弱。于是女娲炼五色石以补苍天，断鳌足以立四极，杀黑龙以济冀州，积芦灰以止淫水。"由此，"苍天补，四极正；淫水涸，冀州平；狡虫死，颛民生；背方州，抱圆天。……当此之时，禽兽蝮蛇无不匿其爪牙，藏其螫毒，无有攫噬之心"。这位救难女神，"考其功烈，上际九天，下契黄垆；名声被后世，光晖重万物"。这位神功盖世的伟大救难女神，却功成不居，品性谦逊的她"不彰其功，不扬其声，隐真人之道，以从天地之固然"，因而深受人们爱戴。作为地方化民间版本，女娲作为救难女神的故事在巴山蜀水广泛流传，且多种多样。女娲补天治水救难神话是从冀州说起的，袁珂注曰："冀州：属于九州中部的一州，《淮南子·地形篇》：'何谓九州？……正中冀州曰中土。'《楚辞·九歌·云中君》：'览冀州兮有余，横四海兮焉穷。'举冀州即以代表四海以内之地。"相传冀州出了个恶神共工（《路史·后纪二》引《归藏·启筮》："共工人面蛇身朱发。"），他用头撞垮不周山（天柱），把天整漏了，这在蜀地神话中亦有反映。1987年4月在广汉县文化馆，被请来采录故事的60岁鲁姓医生给大家讲述了女娲补天神话，故事不长，转录如下：

　　恶神共工氏杀人，杀多了，头上就长个角兜，杀人越多，角兜长得越高越大。他把人杀完了，角兜也长得同山一样高了。又高又大又重的角兜把他压着。他气不过，用角兜去撞不周山。"轰隆！"他撞死了，撑天的柱头也要撞垮了，地也震斜了，天上也撞了些大洞洞小眼眼；天河中的水就从那些洞洞眼眼中往下流。女娲一看，慌了，天河的水都流下来，就要把地上淹完，飞禽走兽、大树小草都要淹死。她赶忙拿了些石头去把大洞洞揍倒。小眼眼咋个办呢？她又用了许多钢钉钉在天上，钉得密密麻麻的，这下就把天补牢实了。晚上，你看到的满天星星儿就是女娲钉的钉子。[1]

常言道："神仙打仗，凡人遭殃。"这个故事里，神仙生气，凡世也遭难。多亏有救难大神女娲挺身而出，以石补天，为人世间消灾禳难。"揍"是四川方言，塞、堵之意，揍住就是塞住、堵住。女娲补天，盖在担心天河漏水会淹死世间生物，这些生物可都是她一手创造的啊，正是伟大的慈母之心决定了女娲的救难之举。20世纪80年代在重庆巴县搜集的神话《女娲补天》，又进而讲述共工原本就是"洪水之神"，他与黄帝之孙颛顼为争夺帝王宝座发生战争，败后的共工怒撞不周山把天撞漏了，接下来全靠"天上的女娲娘娘"来收拾烂摊子，砍鳌脚撑天再炼石补天，止住洪水，替万民除灾解难。四川德阳一带流传的《女娲娘娘的眼泪》，则说是水神共工与火神祝融为争地位而兵戎相见，"共工战败，触倒西北天柱不周山，地陷天倾，洪水泛滥成灾"。民间叙事中，共工是冀族的首领，志在"中土"。过去川剧艺人的口述剧本首折，共工登场自言"伏羲位居中土，故命吾镇守冀北地方，统领冀族，吾也为一方之主"，其上场诗云："面生蓝靛额有角，兴波作浪快活多，北方冀族我为主，不久要把中土夺。"（《碰天柱》）至于不周山，王逸注《离骚》"路不周以左转兮"云："不周，山名，在昆仑西北。"《山海经·大荒西经》载："西北海之外，大荒之隅，有山而不合，名曰不周。"此山亦名"天柱"，《神异经·中荒经》云："昆仑之山，有铜柱焉，其高入天，所谓天柱也。围三千里，周圆如削。"冀州在中土，不周山在西北。值得注意的是，巴蜀地方神话中女娲补天救万民之难，并未与该神话主流叙事中的冀州、共工等发生关联，灾难及救灾就发生在远离"中土"（九州中部）的西部省份四川，由神话思维编码的故事是充分在地化的。

---

[1] 广汉市民间文学三套集成编委会编：《中国民间文学集成·广汉市资料集》，1988年10月印（内部资料），第1页。

1987年在雅安市顺河乡采录的《女娲补天》，即说天漏是因为火闪神与黑水神打架造成的，云：

> 有一天，一连打了几个闷雷，大地就变得一团黝黑。又是几个闷雷，天塌地裂，雨点子就像挞子一样大个，下得"哗嚓哗嚓"的，大地上的万物被洪水冲来卷去，生灵遭到了灭顶灾祸。女娲娘娘心痛得不得了……趁扯火闪的时候才看到天空中的火闪神正在同他的儿子黑水神搏斗。黑水神不是火闪神的对手，输了。他觉得没脸活在天庭，就一头向不周山撞去，把擎天柱撞断了，弄得来天偏西来地偏东，水往东流，不落的太阳掉到西山边去了，天空中露出一个黑瓮瓮的大洞洞，天水就从洞洞里朝大地奔泻下来。
>
> ……
>
> 经过九九八十一天，女娲娘娘终于把漏天洞补好了。[①]

在此口头神话中，心疼生灵受灾的救难女神补天，先是让她创造的一百个娃娃将黑水神的弟弟金龟神抓来，砍下它的四只脚支撑西偏的苍天。谁知金龟神的脚是两只长、两只短，天还是有些偏西，洪水依然止不住，大地的灾难解除不了。"女娲娘娘这时摇身一变，身上长出一对大翅膀，'扑哒、扑哒'地飞上天去，想堵住天上的大洞。她飞啊飞，一直飞了七天七夜才飞拢漏天洞。一看，漏天洞太大，堵不住。再一看，脚下有一座很高的山，周围都是不大不小的山，她认得那最高的叫蔡山。"这蔡山，就是雅安境内有名的周公山。该山位于雨城区东南周公河畔，距离雅安市区仅1公里，相传诸葛亮征讨西南蛮夷途经于此，梦见周公，因而得名周公山。据《太平寰宇记》卷七十七载："周公山在

---

① 本书编委会编：《中国民间故事集成·四川省雅安地区卷》，1990年8月印（内部资料），第1—3页。

走马岗上听故事（重庆九龙坡区走马镇，2021年6月拍摄）

（严道）县东南畔，山势屹然，上有龙穴，常多阴云。耆老传云：'昔诸葛亮征南，于此梦周公，遂立庙。'州县以灵验闻。"1985年8月在雅安民间搜集的人物传说《夜梦周公》，便讲述诸葛亮南征到达蔡山时梦见周公叮嘱他占领冕宁要以心取胜、赢得民心，从而团结各民族，巩固西蜀后方重地，"为了纪念这件事，蔡山就改名为周公山"。山麓周公河如玉带萦绕，汇入青衣江。河中特产"丙穴鱼"，也就是今人熟悉的"雅鱼"，诗圣杜甫曾有"鱼知丙穴由来美"的诗句。锁定了周公山，"女娲娘娘看准地方，马上把她的一百个娃娃召集到这里来，一边让人在山上烧草灰堵洪水，一边带人到很远的地方去找一种能补天的石头。石头找到了，又架起火炼。炼啊，炼啊，炼了七七四十九天，炼成一种'五彩石'"。女娲补天时炼石之地究竟何在？各地流传的神话有不同的说法。去河北涉县索堡娲堭宫，村民告诉笔者女娲炼石是在这里的补天谷；来四川雅安，当地百姓告诉笔者，本地周公山就是女娲炼石之处。

意象化的女娲补天救难神话在巴蜀地区，更常见这种无涉政治化王朝叙事的民间色彩，流露出更为庶民百姓喜闻乐见的平民化、大众化气息。作为救难女神，女娲补天甚至把自己的身体也搭上了，北川县流传的《女娲补天》就讲女娲炼白矾石补天漏，最后"用自己的身子和矾把天上的洞补好，水就再也没有漏下来"[①]。女娲补天使之不再漏水（平息了人间洪灾）的实质，用神话学家的话来说，"乃创造第二次的世界"[②]。作为救难女神，补天治水是女娲最显赫的功绩之一，但大女神救苦救难的故事不限于此。以四川地区民间文学三套集成编纂时搜集者来看，筠连苗族百岁老人讲述的女娲处置吃月的天狗的神话（《天狗吃月》）、德阳年逾花甲的农民讲述女娲用自己的泪水使人类眼睛复明（《女娲娘娘的眼泪》）的故事，亦属此类。毫无疑问，女娲是中华神话史上伟大的救难女神，她的救苦救难之举在民间口头有许许多多传说，对历朝历代文学艺术有深远影响。从性别研究和原型批评角度考察中华文学上的女性"救难"主题，不难发现，"女娲又是中华神话史上最早的'女超人'，当年鲁迅取古典题材创作的首篇小说《补天》，就歌颂了这位创生人类和再造乾坤的大女神。女娲是生养人类的大祖母，也是炼石补天以拯救天下生灵的女英雄"；结合文学作品和艺术意象，就女娲神话对后世的原型影响看，"不管是为国立功的女英雄，还是拯救孤苦的女超人，她们都可谓是大神女娲在后世文艺作品中的基因复制"[③]，女娲的文化影响力穿透古今，千古不泯。

---

① 本书编委会编：《中国民间文学集成·北川县资料集》上册，1987年10月印（内部资料），第1—2页。
② 茅盾：《神话研究》，百花文艺出版社，1981年，第77页。
③ 李祥林：《戏曲文化中的性别研究与原型分析》，台北"国家"出版社，2006年，第39、44页。

## 第三节　洪水故事及创世母题

如上所述，洪水神话及兄妹婚故事在民间口头多有讲述，色彩亦丰富。那么，相关文献记载见于古籍可以上推到何时？长期以来，在世人熟悉的早期汉语文献中，伏羲神话和女娲神话似乎分属两个独立系统，彼此缺少交集。先秦文献涉及女娲神话的有屈原的《天问》，曰："登立为帝，孰道尚之？女娲有体，孰制匠之？"既然传说女娲是宇宙间最早出现的创造人类的大祖母，那么，女娲本人又是谁创造的呢？此处没有提及伏羲。据汉代王逸《天问章句·序》，屈原的《天问》当是根据楚先王之庙及公卿祠堂壁画中天地山川神灵及古贤圣灵怪的图像所作，即所谓"仰见图画，因书其壁，呵而问之"。依图作文或曰按图说话的屈原问到了女娲，但没有问及伏羲，可见楚国庙堂壁画中没有伏羲的形象，更谈不上伏羲、女娲之间有什么故事。可是，到了汉代，庙堂壁画及墓葬图像乃至文字描述中则有数量不少的伏羲、女娲人首蛇身交尾的生殖崇拜意象出现（如巴蜀地区出土的汉画像砖石），难道这些神话图像都是凭空产生的？古代神话中伏羲、女娲的关系在常人的观念中，先秦时期鲜见记载，有汉一代成婚配则天下皆知。前后对比，差异太大了，从前者到后者亦缺少某种过渡和铺垫，因此后者总让人感到突兀乃至生疑。自然而然，由于长期以来对文献掌握有限，人们总认为"女娲本是伏羲妇"（卢仝《与马异结交》诗）不过是很晚起的说法，甚至由此形成刻板印象，妨碍了对此问题的深入探究。当年，闻一多撰《伏羲考》，意在追究伏羲、女娲兄妹婚神话的真相，实际上也对此感到疑惑，他指出："夫妇说见于记载最晚，因此在学者心目中也最可怀疑。直至近世，一些画象被发现与研究之后，这说才稍得确定。这些图象均作人首蛇身的男女二人两尾相交之状，据清代及近代中外诸考古学者的考证，确即伏羲女娲，两尾相交正是夫妇的象征。"①文献无求，他便借力于考古成果，采用了图像证史的方法，将对此问题的探究向前推进。继而，闻一多又借助人类学田野资料，结合"许多边疆和邻近民族的传说"及习俗，对伏羲女娲兄妹婚问题进行了开拓性阐释。来自考古的实物图像不少，来自田野民俗的事例亦较多，但归根结底，证据还是间接的，历史上记载伏羲女娲婚配神话的文献有待进而探寻。下面，不妨看看敦煌遗书《天地开辟已（以）来帝王记（纪）》：

> ……复至（径）百劫，人民转多，食不可足，遂相欺夺，强者得多，弱者得少……人民饥困，递相食啖。天之（知）此恶，即不（布）洪水，汤（荡）除万人死尽，唯有伏羲有得（德）存命，遂称天皇……
>
> ……尔时人民死［尽］，唯有伏羲、女娲兄妹二人，衣龙上天，得布（存）其命，恐绝人种，即为夫妇……
>
> ……伏羲、女娲……人民死尽，兄妹二人，依龙上天，得在（存）其命，见天下荒乱，唯金岗天神，教言可行阴阳……遂生一百二十子，各认一姓，六十子恭慈孝顺，见今日天汉是也，六十子不孝义，走入丛野之中，羌敌（氏）六巴蜀是也，故曰：得续人位（伦？）……

以上文字主要见于伯4016号卷子，记载了洪水神话及兄妹婚再生人类故事。吕微引此后写道："伯4016号卷尾有'维大唐乾祐三年庚戌岁正月贰拾伍日写此书一卷终'字样。查唐代未有乾祐年号，乾祐为五代后汉年号，乾祐三年正是庚戌年。但据郭锋考证，敦煌遗书残卷《天地开辟已（以）来帝王记（纪）》一卷撰写于六朝时期，作者为宗略、宗显

---

① 闻一多：《神话与诗》，上海人民出版社，2006年，第2页。

二人，与晋·皇甫谧《帝王世纪》属同类、同期（东晋）的作品。"①敦煌遗书中，有涉及《天地开辟以来帝王纪》的残写本四件（斯5505、斯5785、伯2652、伯4016），其中伯2652号卷子篇首明确题写此书名，斯5505篇首、伯4016篇尾亦然，该残卷以问答体的形式撰写，内容主要是远古神话传说中天地开辟、九氏三皇五帝事迹，杂有造酒等民间传说以及佛教故事。对读可知，《天地开辟以来帝王纪》所述跟皇甫谧《帝王世纪》、徐整《三五历记》相似，但观点及材料来源有别。据郭峰考证，此残卷大致抄写于五代曹氏归义军统治敦煌时期，但"原书的成书年代，上限不超过西晋（265—317），下限不超过隋（581—618），可能是东晋十六国时期的作品"，是一本"与《帝王世纪》一类杂史书有传承关系的、讲述天地开辟以来先民事迹的通俗小册子"②。较之李冗《独异志》关于洪水后伏羲女娲兄妹婚的记载，《天地开辟以来帝王纪》要早出400多年。查阅古籍，历朝历代史志中不见此书，如司马贞《三皇本纪》、刘恕《通鉴外纪》、罗泌《路史》、马骕《绎史》关于汉晋以来有关远古传说的文献搜罗甚广，却无涉此书。由此看来，敦煌所出写本残件《天地开辟以来帝王纪》的确是珍贵的文献资料，其为今人了解伏羲、女娲兄妹婚故事提供了更早的信息（当然，有所不同的是，前者讲述的是宇宙初开时二者婚配创造人类，后者讲述的是洪水后二者婚配再生人类）。尽管如此，文献考古提醒我们，这恐怕还不是最早的材料，更早记载相关传说的有长沙子弹库楚帛书。对此帛书，学界甚为重视。吕微参照饶宗颐、李零的研究，用今天通行文字对之（帛书乙篇，饶宗

① 吕微：《神话何为——神圣叙事的传承与阐释》，社会科学文献出版社，2001年，第336页。关于楚帛书，饶宗颐认为其中"女皇"指女娲（《楚帛书新证》，见《楚地出土文献三种研究》，中华书局，1993年，第235—236页），杨宽则曰"'女'下一字不识，有人以为即女娲，并无确证"（《楚帛书的四季神像及其创世神话》，《文学遗产》，1997年第4期）。杨丽慧在《女娲溯源——女娲信仰起源地的再推测》（1999年）中引述诸家说法，亦认为这个问题有再讨论的空间。

② 郭锋：《敦煌写本〈天地以来开辟帝王纪〉成书年代诸问题》，《敦煌学辑刊》，1988年第1、2期。

颐以为甲篇）进行了翻译，全文250余字，分为三段①。这些文字记载了中华史上"昏蒙未化"时代的创世神话，其中涉及"伏羲和女娲"以及"伏羲和女娲所生四子"（李零语），大意如此：创世之初天地混沌，暗昧无光风大雨多，狩猎打渔为生的伏羲娶了某某的女儿，名叫女娲，他们生了四个孩子。四子后来协助禹和契治理洪水，到四海一边支撑蓝天，一边为山川命名，黑暗中用步履计算时间，确定四季，等等，完成了创世工作。根据楚帛书，长期被认为是汉唐才见的伏羲、女娲结为夫妻的神话并非如此，其早在战国时代就有流传。李零指出："帛书直接以重、黎或羲、和四子与伏羲、女娲相承续，这是可以补充现存神话传说研究空白的重要材料。"②此外，传说多称伏羲女娲是兄妹婚（《风俗通义》佚文），但有研究者通过对帛书所记女娲乃"夙沙瞿子之子"的分析，指出"伏羲与女娲各有居处之地，各有姓氏"③。先秦文献记载伏羲、女娲为夫妇的上述传说若无疑，当有助于理解巴蜀地区汉代墓葬图像中诸多的二者交尾造型（尽管不全是伏羲、女娲）。在神话学中，洪水神话通常归入创世神话。从洪水神话看，其创世型故事可分为原初创世和再生创世两大类型，前者讲宇宙之初洪水发生时并无人类而创造之，后

---

① 参见吕微：《神话何为——神圣叙事的传承与阐释》，社会科学文献出版社，2001年，第325页。关于帛书的性质，除了"楚历书""楚月令"等，或曰"帛书就是巫书""是楚国巫师的'真言'""是两千三百年前巫师的经咒"；按照饶宗颐的说法，帛书是"楚巫占验时月之用"的，用于随葬是为了"镇压邪魅"，其读法如此："帛书内容可分为三部分：八行一段，十三行一段，周围十二小段。八行段讲人类远祖、巫师远祖、重要帝王事迹，以及天地、日月、四时、昼夜的形成。十三段讲敬顺天时的重要和上天惩罚的形式。十二小段讲各月宜忌……按巫歌常例，因先叙祖先来源，求得与神灵的认同。因此，诵读应从八行段开始。"（臧振：《蒙昧中的智慧——中国巫术》，华夏出版社，1994年，第49—50页）人祖故事即见于八行段。此外，关于帛书中后人解读出的"洪水"以及认为"女皇"即女娲，学界还是有不同看法。

② 李零：《楚帛书研究（十一种）》，中西书局，2013年，第31页。

③ 刘信芳：《出土简帛宗教神话文献研究》，安徽大学出版社，2014年，第22页。该研究者将楚帛书中伏羲娶女娲之语中涉及后者身份的词句释读为"夙沙瞿子之子"，指出：《左传》《帝王世纪》有关于齐地"夙沙氏"的记载，其时代在大庭氏之末世；《北堂书钞》及《世本》有"夙沙瞿子"，则帛书此处残缺字当为"瞿"；合而言之，"夙沙"是女娲之族姓而"瞿子"是女娲考妣之名。

者讲洪水发生时人类被灭而再造之。按照前者,伏羲、女娲是人类的原初始祖;按照后者,伏羲、女娲是人类的再生始祖。纵观巴蜀地区民间文学,这两种创世神话类型在庶民口头都有保留,前者如川西坝子流传的《伏羲兄妹造人》("很早很早以前,天底下没得人"),后者如川南珙县流传的《伏羲和女娲》("大地变成一片汪洋,人畜和庄稼都被洪水淹没了")。大洪水后兄妹婚繁衍人烟是跨文化母题,在巴蜀地区,汉族以外少数民族口头文学中不乏同类神话,如酉阳县土家族神话《补所和雍妮》讲洪水后兄妹俩"在槐树下成了亲"繁衍人类,珙县苗族神话《洪水潮天》讲借木鼓逃生的娄抓和偶亮兄妹成婚再造人烟,木里县纳西族神话《错则勒尼》讲大洪水后哥哥错则勒尼和妹妹铁赫勃勃结婚生下汉、藏、纳西三族的祖先,等等。这些少数民族神话传说中结婚造人的兄妹尽管名字不是伏羲、女娲,但从深度契合的神话母题及共通并用的叙事模式看,它们与洪水后伏羲、女娲创造人类的创世神话相互映照,构成中华神话史上一个重要系列。

# 第四章

# 创造女神及化生神话

说起创世神话，会想到盘古开天辟地，此在华夏妇孺皆知。梳理古代文献，盘古之名及事迹在先秦及东汉中叶以前著述中无载，不见于《天问》《山海经》《帝王世纪》之类神话性典籍。顾颉刚认为，战国秦汉是历史上伪造古事和古人风气炽盛的时代，诸子及秦汉人绝口不提盘古，可见他们并不知道该神祇。顾氏撰《三皇考》辨析相关问题，指出："盘古，自三国至今日一千七百年，已公认为首出御世的圣王了。但我们不要忘记，在盘古未出的时候，女娲实为开辟天地的大人物。"在历数古籍所载女娲功绩后，他又说："统观以上记载，我们知道，天由她补，地由她修，人由她造，且死后她的肠子尚能化而为神人，岂不是人类的始祖吗，她的地位不应在三皇之先而为首出御世的圣王吗？"[①]对于后世谈到开辟神话时不奉女娲，顾颉刚深深地抱不平。其实，稍稍调整视角就会发现，古籍之外，女娲作为创造大神的故事在民间如巴蜀地区屡有呈现，是一道不容忽视的口头文学景观。

---

① 顾颉刚:《顾颉刚古史论文集》第三册，中华书局，1996年，第128—131页。

## 第一节　女娲造人的故事编码

作为"古之神圣女"(《说文》），作为名声显赫的创造女神，女娲的最大功绩在于造人，她是中华神话史上养育人类的"大祖母"（Great Mother）。天地鸿蒙，混沌初开，随着充盈创造活力的大女神登场，生生不息的人类生命史图卷从此铺展开来。中国神话虽无《神谱》（古希腊）之类专书，但茅盾梳理古籍后也认为开辟神话在中华极有系统，他指出："我们的祖宗是以为最初天地混沌如鸡子，鸡子既破裂，乃成天地，盘古在其中；盘古死，其身躯化为山川草木；其后不知为何，天忽有缺陷，于是女娲氏炼五色石以补天，女娲又创造人类。"[①]在华夏开辟神话中，创造人类本是大母神女娲的伟大创举。纵观巴蜀地区女娲神话传说，涉及其造人的故事有三类：女娲与诸神合作造人、伏羲女娲夫妇造人、女娲独立造人。

较早见于文献记载的有女娲与诸神合作造人。《楚辞·天问》："女娲有体，孰制匠之？"王逸注："传言女娲人头蛇身，一日七十化。"关于"七十化"的神话叙事，袁珂指出："'七十化'云云，本于《淮南子·说林篇》：'黄帝生阴阳，上骈生耳目，桑林生臂手；此女娲所以七十化也。'高诱注：'黄帝，古天神也，始造人之时，化生阴阳。上骈、桑林，皆神名。'化：化育、化生之意。谓当女娲造人之际，诸神都来助之：有助其生阴阳者，有助其生耳目者，有助其生臂手者。此乃女娲与诸神共同造人之说。"[②]从文化人类学看，这种奇妙的神话折射出上古社会以女性为主的群婚制风俗，有女性生殖崇拜印迹。女娲与诸神合作造人的故事，在四川地区有地方化版本，其具体内容亦有别于《淮南子》等古籍所述，如1987年3月在北川县小坝羌族藏族乡白花村从年逾花甲且不

---

① 茅盾：《神话研究》，百花文艺出版社，1981年，第41页。
② 袁珂编：《中国神话大词典》，四川辞书出版社，1998年，第62页。

识字的农民口头搜集的《神仙造人》，讲的是洪水后伏羲、轩辕和女娲、梨山老母等分别造男人和女人，材料用的是泥土：

> 女娲、伏羲、轩辕、梨山老母和红云老母看世上的人都遭大水淹死完了，就打伙在一起用泥巴造人。伏羲和轩辕做男人，女娲、梨山老母和红云老母做女人。……做好以后，就给泥巴人吹了口气，泥巴人就活了。①

神话中伏羲、女娲兄妹结婚再生人类故事常见，流传在华夏各地，四川也有对应版本。在川南珙县，有20世纪80年代编纂民间文学三套集成时搜集的《伏羲和女娲》。故事开头说的是远古时期，大地的东方长着高大的树木叫"杏扶"，有粗壮的枝丫伸向西方；西方也长着高大的树叫"神桑"，有粗壮的枝丫伸向东方。二树枝丫相连，搭成天桥。每天，太阳从杏扶脚下升起，经过天桥，黄昏时从神桑脚下进入地下。地下有只大乌龟，它每天把太阳从神桑的地下经过地底背到杏扶脚下，好让太阳第二天早晨又升起。有一次，大乌龟喝醉了酒，躺在窝里没出来，一醉就是几十年。这下乱了套，太阳不能按时从东方升起，大地一片漆黑。忽然有一天，东方发出震天动地的巨响，顿时电闪雷鸣，狂风暴雨，山崩地裂，大洪水暴发，大地一片汪洋，人畜和庄稼都被洪水吞噬了。故事至此，转向伏羲、女娲，并经过民间文学叙事程式中常见的"三难"（穿针、熏烟、滚磨）描述了两兄妹结婚繁衍人类的神迹，其中也明显被烙上了后世礼教社会视兄妹婚为不合人伦规范的表述印迹：

> 有两兄妹，哥哥叫伏羲，妹妹叫女娲。洪水朝天时，他们爬到杏扶树上，等洪水退后，大地上只留下他们兄妹两人。

---

① 冯骥才主编：《羌族口头遗产集成·神话传说卷》，中国文联出版社，2009年，第9页。

两兄妹坐在地上，看见大地一片荒凉，哥哥说："如果我们一死，地上就绝人烟了！我们想个啥子办法，不让人烟灭绝呢？"

妹妹说："有啥子办法呢？"

哥哥说："我们结成夫妻吧，这样就不会灭绝人烟了。"

妹妹说："不行啊，我们是一个奶头吊大的亲兄妹，咋个能作夫妻啊？"

哥哥说："地上只留下我们两个人了，我们不结成夫妻，人烟就会灭绝呀！"

经过哥哥再三请求，妹妹心动了，说："我们先看看天意吧！你拿一根线，站在东山顶，我拿一颗针，站在西山顶，如果你能把你的线穿过我这针眼，我们就结成夫妻。"

于是，哥哥拿了一条线上了东山，妹妹拿了一颗针上了西山。结果，哥哥的线硬是穿过了妹妹的针。

……

妹妹又说："还不行。你再上东山，我上西山，把磨石的上扇、下扇推到山下去，如果两扇磨能合在一起，我们才能结为夫妻。"结果，两扇磨石又合在一块了。

这样，伏羲和女娲两兄妹就结成了夫妻。不久，生了个肉团。他们把肉团割成许多小块，撒在大地上。第二天早晨，到处都有人烟了……①

巴蜀民间还有版本讲述兄妹俩直接用黄泥巴造人，兄捏男而妹捏女，各行其是，故事中也没什么穿针、熏烟、滚磨之类"三难"式的兄妹婚情节（倒是二者所造的人自然地"成双成对"了），此与前述北川搜集

---

① 四川省宜宾地区民间曲艺家协会、民间文学集成编委会编：《中国民间文学三套集成·四川宜宾地区卷·汉族民间故事分册》，1986年6月印（内部资料），第12—14页，文字有所订正。

的诸神造人故事似有某种对应。1987年2月从灌县玉堂镇大坪村61岁农民孙雨光口头采录的《伏羲兄妹造人烟》，故事开篇云："相传，十二万八千年前，天翻地覆，洪水潮天，灭了人烟。剩下伏羲兄妹二人，躲进宝葫芦里，死里逃生，被洪水冲到赵公山顶顶上。"赵公山属于青城山的后山，相传是财神赵公明的祖山，青城山在灌县也就是今天的都江堰市，该洪水潮天神话明显在地化了。接下来，是洪水后伏羲兄妹商量着用地上的黄泥巴捏娃娃，哥捏男而妹捏女，然后兄妹俩把

自贡剪纸"女娲造人"（《四川非物质文化遗产·民间剪纸》）

捏好的泥人随手挂在树上，于是挂在李子树上的姓李，挂在柑子树上的姓甘，挂在柳树上的姓柳，等等，"百家姓就是这样来的"[1]。同类神话尚有1986年8月在简阳县壮溪乡搜集的《伏羲兄妹造人》，讲述者是50岁吴姓农民（小学文化），故事如下：

---

[1] 灌县民间文学集成办公室选编：《中国民间文学集成四川卷·成都市灌县卷》，1987年12月印（内部资料），第4页。讲述人读过私塾，新中国成立前是货郎。又，20世纪80年代从西充县双凤镇76岁黄姓大娘口中采录的《兄妹造人烟》，也将兄妹婚与捏泥人链接起来，云："他们见世上没人烟，生活很孤单，想生儿育女，就结为夫妻。但是妹妹嫌怀孕慢，就出主意说：'我们干脆用泥巴来捏泥人！'"于是，哥哥捏了一个女孩，妹妹捏了一个男孩。妹妹说："男孩像哥哥。"哥哥说："女孩像妹妹。"他们天天用泥土捏人，捏好后就满山遍野去放起，这样到处都有人了。该故事中，兄妹皆未言名字，只说他们是深山中一户人家的子女，洪水时借葫芦为舟，得以幸存下来。

　　上古时候，伏羲兄妹在山上玩耍，一只鸟儿衔来了一颗种子，放在他们身边。他们把种子埋在土里，不久就冒出一根小苗苗，转眼又结出一个很大的瓜。

　　这时，忽然下起大雨来了，大雨一直下了七七四十九天，淹没了大地。伏羲兄妹将瓜划成两半，一人一半，他们坐在里面像坐船一样。等洪水退了以后，地面上的人都淹死完了。于是，伏羲兄妹就用黄泥巴做了许多人。哥哥造男人，妹妹造女人。到了晚上，泥巴人吃了露水都活了，成双成对的十分快活。后来，泥巴用完了，他们就跑上山去偷，被管山的仙人发现了。仙人问："你们偷走我的泥巴，何时还我？"伏羲说："等二天那些人死了，敲锣打鼓给你送上山来。"

　　从此以后，人死了都要打锣打鼓送上山去，据说就是在还那管山仙人的泥巴。[①]

　　说到捏泥土造人，1987年在泸州市中区邻玉乡搜集的《伏羲兄妹造人》有别于上述神话，尽管也说的是大洪水时躲在冤环草里幸存下来的伏羲兄妹按照天神旨意成亲造人，但实际上整个故事都只讲妹妹在成亲之前就"做泥巴娃儿"（与哥哥没什么关系），后来的人类便由此而来。故事讲述者叫张金明，73岁，农民，读过私塾。故事后半部分如下：

　　伏羲兄妹又回到人间，哥哥向妹妹求婚，妹妹不答应，哥哥再三请求，妹妹说："各人在自己头上扯五十根头发，甩在桐子树上，桐子开花结果，就成亲。桐子没开花不结果，就不成亲。"

　　哥哥去遍游天下，妹妹在岩腔里作泥巴娃儿。等哥哥回来时，

---

① 见中国民间文学集成四川卷编辑委员会编：《中国民间故事集成·四川卷》上册，中国ISBN中心，1998年，第49页。

桐子已开花结果了，哥哥就与妹妹成了亲。后来，人们称原配夫妻为童子结发夫妻。

兄妹成亲后，妹妹对着自己做的泥巴娃儿哈一口气，泥巴娃儿就活了。从此世上又有人烟了。①

1986年10月在垫江县搜集的《女娲造人》，由91岁妇女讲述，通篇只有女娲一人用黄泥造人，"大坨儿的是大人，小坨儿的是小人，团的是胖人，长的是瘦人"。这些口头故事契合着古籍记载的女娲独自抟土造人，实为女娲造人神话中最古韵悠然者。"女娲戏黄土，团作愚下人；散在六合间，濛濛如沙尘。"（李白《上云乐》）《太平御览》卷七八引《风俗通》云："俗说天地开辟，未有人民，女娲抟黄土作人，剧务，力不暇供，乃引绳于絚泥中，举以为人。"在此神话中，女娲造人的工作十分繁重，先是手捏黄土造人，由于忙不过来，后来干脆将绳子引于泥中，挥洒泥点造人。古往今来，人们对此神话有种种解读，民间口头对此原始神话也有很多地方性的衍生编码。袁珂指出："此说（《风俗通》——引注）见诸记载虽较晚，揆其起源，或更早于前说（指女娲与诸神合作造人——引注），可见原始社会母权制时期之影响。"②又说："女娲造人神话，虽然《淮南子·说林篇》已有记叙，但说的大约是和诸神共同造人；单独抟土造人，此为首见记录。这种神话，世界上其他国家和民族也有……像这类人类起源的神话，本属于开辟神话的范畴，若是整理为各国家各民族的神话故事集，无疑是要将它们安排在首先部

---

① 本书编委会编：《泸州民间文学集成》，四川人民出版社，1992年，第6—7页。又，流传在自贡等地的《姓氏的由来》，搜集于20世纪40年代，出自年近古稀的赖姓妇女之口，讲述洪荒时代仅存一对无名无姓的男女，用泥巴造人并在送子娘娘辅助下使泥人活起来的是女子，她是"天上的玉女"。

② 袁珂编：《中国神话大词典》，四川辞书出版社，1998年，第62页。

分的。"①推想这类神话的本来面貌，当以女娲抟土造人为最早，其他诸如"与诸神合作造人""伏羲女娲兄妹婚再造人类"等都是晚起的，也就是说，人类生殖崇拜实质上经历了从"女性独体生殖"到"双性对偶生殖"的演进，"女娲地出"（《抱朴子·释滞》）表明女娲是地母的原型，"'女娲抟土造人'神话的实质无非是说：女娲作为人类的大祖母，她仅仅依靠自身便生养出了人类"；"神话反映出母系社会生殖观念中女性被视为第一位也是唯一者的现实"②。四川地区亦有这类神话流传，如1986年6月从德昌县热和乡不识字的87岁农民刘廷香口中采录的《女娲造人》：

　　盘古王开出了天地，又用自家的身子变成天上、地下的好多东西，啥子都像有一点了，就是没得人。不管哪个说，没得人烟，大地总是阴惨惨的。

　　不知过了多少时载，这一天，大地上来了个能呼风唤雨的女神仙，她是女娲娘娘。她逛来逛去到处冷清清的，一点不好耍，就想给大地添点啥子才好。她又走又走，走到一个水凼凼的边上，往水面上看，水中照出了她的影子。她笑嗬，水里的影子也笑；她气嗬，水里的影子也气，反正不管她是咋个样子，水里的影子也是咋个样子，好看得很。女娲娘娘想了好半天，就有了主意：大地上要是多有些像自己一样的东西，就不会死气沉沉的了。她蹲下来，抠起一坨泥巴，洒上点水，颠去倒来地捏，照着水里自己的影子捏，有脑壳、有身身，有手有脚，捏来跟自己一模一样了，就放在地上。

---

① 袁珂：《中国神话史》，北京联合出版公司，2015年，第106—107页。世界神话史上，大女神用泥土造人是跨地域、跨族群的母题，如美国亚利桑那州的霍皮人就有蜘蛛女用四色土（黄、红、白、黑）造人的神话，先造男人，后造女人，再使彼此配对，从此繁衍了人类（见［美］斯特伦著，金泽、何其敏译：《人与神——宗教生活的理解》第三章，上海人民出版社，1991年，第65—66页）。
② 李祥林：《女娲神话的女权文化解读》，《民族艺术》，1997年第4期。

嗨！真怪，这些泥巴娃"哇——"地叫唤起来啰。女娲娘娘喜欢得很，就把娃儿叫做"人"。

就这样子，女娲娘娘和了很多泥巴，捏呀，捏呀，白天晚夕地作人，做好了就到处去放起。……大地上很多地方有了人烟。好是好，只是这些人都是一个模样，不分个男的、女的，也不成个家庭，各打米，另烧锅，孤孤单单地过日子。女娲娘娘觉得这样下去也不好，后来作人的时候，就分成男的、女的，让他们配成双，结个伴儿，各自去生男育女，去传自己的后代。

从此以后，人就一年比一年多了，大地上也就慢慢地热闹起来。①

该神话开头尽管嫁接了盘古开辟之说②，但是，大神女娲独自用泥土造人的主体叙事没有偏移，传递出的信息依然古老。在屡见于巴蜀地区的此类神话中，女娲不但独自造人，而且是"照着水里自己的影子"造人，这不禁使人联想到西方《圣经》讲上帝照着自己的模样造人。比较二者，《圣经》里讲上帝造男又造女，神话中的女娲是造人后分男女再让其配对；上帝造了亚当、夏娃让其蒙昧地生活在伊甸园，而一旦两人性别意识觉醒后便给予其逐出乐园的惩罚，女娲造人后将男女配对的本意是繁衍人类，也就是让其"生男育女，去传自己的后代"。难怪有人说，大神女娲是很有资格做造物主的。女娲独自造人神话在雅安地区流

---

① 凉山州民间文学集成编委会编：《凉山民间文学集成》（下），西南交通大学出版社，1993年，第19—20页。该故事在1998年出版的《中国民间故事集成·四川卷》亦有收录，讲述人、搜集者和采录时间、地点均未变，但不知什么原因（也许是搜集者给二书提供的整理文字有别，或者是入省级志书时被作了统稿处理），文字显得要简略些，某些口语化讲述由于被书面化处理也使生动性多少有减弱，如开头一段仅仅说："盘古王开出天地后，地上就是没得人，阴惨惨的。"

② 1988年4月在重庆巴县采录的《女娲造人》与此故事类似，但前面没有盘古开辟天地，其开篇就讲："很久很久以前，天哪地呀那些都是昏昏沉沉的，地下人都没得一个。"天上的女娲娘娘来到凡间，就用泥巴对着水中自己的影子造人，"捏一个活一个"，从此天下就有人了。同类神话在大足县民间也有流传。

传的《女娲补天》中亦见，说她用泥捏人，整整捏了一百天，捏出一百个泥巴娃娃，然后对着泥娃娃哈了一口气，这些泥巴人就活了，从此有了人类。从性别研究角度看，在古老的造人神话中，在口头文学创作中，东西方有共鸣、有默契，但因文化土壤区别，也有差异、有不同。上述神话中，对拥有巨大创造神力的女性有醒目的张扬。华夏大地，女娲神话流传四方，有深厚的民间信仰土壤。去河南西华思都岗女娲城走访，可听见乡民们口口声声以"人祖姑娘"称女娲，便折射出原始的"贞洁受孕"或"处女生殖"母题，类似神话母题在华胥生伏羲、姜嫄生后稷等神话中皆有见。毫无疑问，民间"人祖姑娘"信仰跟古书记载的"天地开辟，未有人民"时女娲独自"抟黄土作人"的神话相呼应，文献和田野互证，皆表明女娲作为生养人类的大祖母的至上地位，女娲是中华神话殿堂上先于诸神又高于诸神的始祖神。

## 第二节　文化发明和女神创造

说起创造大神女娲，除了造人和补天，常见于世人口碑的神迹是"制笙簧"。闻一多着眼笙与葫芦与女娲的关系，指出："古代的笙是葫芦做的。《白虎通·礼乐》篇：'瓠曰笙。'苗人亦以葫芦为笙，见刘恂《岭表录异》，朱辅《溪蛮丛笑》。女娲本是葫芦的化身，古相传女娲作笙。《礼记·明堂位》'女娲之笙簧'，《注》引《世本》曰'女娲作笙簧'。"[①] 袁珂认为"笙之所以叫'笙'，据说是为了人类的繁衍滋生，其义同'生'。而古代笙用葫芦（匏）制作，其事又和伏羲女娲同入葫芦逃避洪水，后来结为夫妇，繁衍滋生人类的古神话传说有关"，他进而指出："传说女娲所作的笙簧即笙，又作'芦笙'，如今西南苗、侗等族人民还吹着它，只不过其形制和古时的笙有些相异罢了。……笙这种乐

---

① 闻一多：《神话与诗》，上海人民出版社，2005年，第49页。

器的制造，原来和爱情与婚姻是紧密地关联着的啊。作为高禖之神即婚姻之神的女娲，传说她为她的孩子们制作了笙，那当然是很自然的。"由于"笙"与"生"相通，女娲与葫芦相关，在华夏信仰中，"女娲不但是婚姻之神，还兼着子孙娘娘的职务"①。过伟亦肯定："'女娲制笙簧'神话，是她之为母亲神、媒神的神格的有机组成部分。"②关于女娲"置婚姻"的记载见于古书，如《路史·后纪二》引《风俗通》："女娲祷祠神，祈而为女媒，因置昏姻。"针对《路史》有将神话历史化的倾向，神话学家的解释是："至于人类的母亲女娲的作为婚姻之神，推想古神话的本貌，应当原本就是婚姻之神，而无须如古籍记载的那样：先去祈祷什么祠神，自请为'女媒'，得到神的允许，这才替人类建立了婚姻制度，因而后世奉她做了婚姻之神云云。这乃是神话历史化了的结果。去掉这些尘氛，始可从中见到古代神话真实的面影。"③以女娲为婚姻之神，此在巴蜀民间有在地化投影。如，今作者提供的广安婚俗传说中有《女娲下凡做媒人》④，说的是华蓥山下樊家沟，有袁、樊二家老人为子女订下婚事，不料有恋上樊家女子的青蛙精作怪，一对青年相继丧命，两家老人悲号不已。此事惊动了天上的女娲娘娘，她决定成全这对有情人，便下凡变作一个老婆婆，救活了这对青年男女，并惩罚了青蛙精（樊家沟的"青蛙石"就传说是这样来的）。"女娲保媒这件事，很快传开了，后来就把女娲尊为媒人的老祖宗。"

---

① 袁珂：《古神话选释》，北京联合出版公司，2017年，第24—25页。
② 过伟：《中国女神》，广西教育出版社，2000年，第36页。
③ 袁珂：《古神话选释》，北京联合出版公司，2017年，第13—14页。
④ 这个故事见于《女娲下凡做媒人——广安婚俗传说》，四川民族出版社，2016年版。该书收入35个故事，封面写着陈、金二人著，内页又写着陈讲述而金整理，讲述者生于1961年，任职于岳池县文化馆；整理者生于1941年，任职于岳池县作协，后者是华蓥人。从写作方式看，该书更近于散文笔法，创作色彩较明显，跟民间文学田野调查式笔录有差距，也就是说，该故事讲述至少有二次创作痕迹。不过，20世纪80年代在攀枝花乡下年近八旬的不识字老人口头采录的《结婚的规矩》，讲大洪水后仙家女娲指点、劝说人间伏羲兄妹结婚繁衍人烟，倒是透露出神话传说中大神女娲做媒的痕迹。

作为功绩赫赫的创造女神，女娲不仅仅造了人，还造了六畜。收入《四川神话选》的《女娲造六畜》，就说的是天地开辟时女娲用泥土作人以及作鸡、狗、猪、羊等六畜，她之所以在造出六畜后又造出人这"天地之灵长"，是让人来作六畜的管理者。有了"人作主"，便有了世间种种秩序及规则。该神话是20世纪80年代做民间文学三套集成时在巴中（当时属达县地区所辖，今为地级市）搜集的，讲述者叫郎达加，是个农民。故事如下：

> 相传女娲娘娘造万物，先造六畜后造人。
>
> 开始，天是一团混沌，地是一堆泥巴。女娲娘娘掺水盘泥巴玩，边玩边说："天泡地泡，哪个要不要？"第一天，女娲娘娘把泥巴摔来摔去，摔出一只鸡，说："一只船，两头翘，只屙屎，不屙尿。"鸡一叫，天门开了，日月星辰齐出来。第二天，女娲娘娘把泥巴摔来摔去，摔出一只狗，并说："瓜子脸，尖下巴，走路印梅花。"狗一跑，地门开了，有了东南西北。第三天，女娲娘娘又拿泥巴摔出一只猪，并说："走路扭呀扭，嘴巴吹笛笃。猪为家中宝，无豕不成家。"第四天，女娲娘娘又用泥巴摔出一只羊，并说："一竿扬叉，胡子拉撒。"用羊敬天神，天降吉祥如意。第五天，女娲娘娘用泥巴摔出一头牛，并说："四个铜锤，两把铁钻，一帚扫地，两耳打扇。"第六天，女娲娘娘又用泥巴摔出了马。这样，六畜都造齐了。可是无人管理，鸡乱飞，狗乱跳，尤其牛的力气大，光触角打架，触山山崩，触水水深，触石头冒火星，触土巴冒草根。
>
> 为了管理六畜，女娲第七天又造人。叫人作主，叫鸡司晨、狗守门、牛耕田、羊上山、猪进圈。因为人是第七天造成的，所以农历每年正月初七叫做人日。①

---

① 侯光、何祥录编选：《四川神话选》，四川民族出版社，1992年，第67—68页。

除了造人补天，创造大神女娲的神迹，"制笙簧"涉及乐器发明，"置婚姻"则涉及婚姻风俗，"造六畜"涉及生产生活，还有涉及人类粮食的"制稻谷"。川南地区民间流传的《女娲挤奶成米》等故事，便说的是女娲娘娘把自己的奶水挤来装进谷壳里，"谷子就制成了"，这不免使人想到世界上许多地方、民族神话中的"谷物妈妈"。风俗是约定俗成的民俗实践，某种风俗是怎么来的，某种风俗有什么寓意，也产生了种种传说故事。深入了解女娲神话传说，不难发现其跟不少地方的风俗有瓜葛。"风俗传说，各地命名不一"，或称"习俗故事"，或称"习俗传说"，或称"民俗故事"，或称"民俗传说"，或称"风俗习惯传说"，等等，"当然，从内容范围和艺术样式两方面统一考虑，'民俗传说'一词显然更为确切。但实际上，上述几种名称往往交替运用，并行不悖。而'风俗传说'这称呼较为通行，我们也就从俗，加以沿用。……风俗虽只是民俗的一部分，却也包括衣食住行、生老病死、婚丧喜庆、节令岁时、竞技娱乐，乃至乳名绰号、生辰忌讳等风尚习俗。因此，从广义的范围来理解，凡记叙某一民俗的由来或变迁的故事，都可归入风俗传说"，而"在民间散文故事中，风俗传说应有一席之地。它与人物传说、史事传说、地方风物传说并列而不从属，关联而有区别"[①]。这些故事，就女娲为主角言是神话，就某物之来历言是传说，二者归类要看你从什么角度切入。在巴蜀地区流传的风俗传说中有《十二月和星期的来历》，见载于《四川风俗传说选》，其中讲盘古开天后女娲炼十三根石柱撑天而由此有十二个月及闰月的划分，云：

> 很古很古的时候，天和地是混在一起的，像一个圆球。后来盘古王把圆球砍成两半边，他对到小的半边一吹，就吹来悬起成了天，大的半边在下成了地。

---

① 窦昌荣：《风俗传说之探讨》，载中国民间文艺研究会理论研究部编：《中国民间传说论文集》，中国民间文艺出版社，1986年，第38—41页。

女娲娘娘看到怕落下来了，就去炼了十三根石柱，准备把天撑起……

女娲把石柱沿着地边立起撑天，只用了十二根就把天撑起得均均匀匀的。盘古王很高兴，"你这十二根擎天柱，一根管一个月，十二根就是十二个月，刚好一年。"

女娲同意了，可剩下的那根石柱不服气，心想，同是一起炼来的，结果都派上了用场，唯我无用处？盘古王看出它的心思，就叫它哪个累了帮哪个撑一下。这就是闰月。

日月和金木水火土五星知道这件事后，来找盘古王说："女娲炼的石头都有想头，我们这些天上的星宿，怕也该管点什么才合理！"

盘古王说："这样吧，你们一个管一天，一轮叫一个星期。太阳管星期天，月亮管星期一，金木水火土管二、三、四、五、六几天，这样大家都有事做了。"从此便有了星期制。①

今人熟悉的星期，又叫周，作为时间周期的星期制起源于巴比伦，世界通行的星期制由罗马皇帝君士坦丁在公元321年确立。明末清初基督教在华传播，国人才逐渐知道这星期制。民国时期，改用公历，星期制普及开来。中国古代有"七曜"之称，七曜在夏商周是指示日、月及五大行星这七个主要的星体，是当时天文星象的重要组成部分，后来借用作七天为一周的时间单位，称为星期。中国古代又将七夕别称"星期"，王勃《七夕赋》："伫灵匹于星期，眷神姿于月夕。"上述神话中所言的"星期"，与传统说法吻合。尽管故事里嫁接了盘古神话，将年、月、星期的制订说成是女娲与前者合作的产物，但不管怎么说，女娲无疑也是"具有作开辟神的资格的"②。巴蜀地区神话传说中，具开辟神资

---

① 汪青玉编选：《四川风俗传说选》，四川民族出版社，1992年，第321—322页。
② 袁珂：《中国神话史》，北京联合出版公司，2015年，第26页。

格的女娲不但与时序的创始有关，她还与人世间不可或缺的光有联系。"神（上帝）说要有光，就有了光"，这是希伯来人的神话，意思说这世上的光是上帝带来的。据《旧约·创世纪》，原初太始，神创造了天地，地面上一片空虚混沌，渊面黑暗，神的灵运行在水面上。神说要有光，于是有了光。神看这光是好的，就把光和暗分离开，以光为白昼而暗为黑夜。在中国民间，1986年3月从巫溪县红路乡搜集的自然天象神话《日和月》，也把光和热的来源及昼夜分别与女娲娘娘黏连起来，说盘古的子女太阳和月亮是向女娲"学习发光"的，故事曰：

> 传说远古时候，日和月是盘古的女儿和儿子。盘古把天地辟开以之后，到处是黑沉沉的，没有一丝光明。盘古心里十分着急。他把英俊的儿子月和美丽的女儿日叫到跟前，要他俩去拜女娲娘娘为师，学习发光的本领。
>
> 女娲娘娘收了他俩为徒。由于男娃娃贪玩好耍，爱睡懒觉，学满之后，发出的光亮不如妹妹的好。兄妹俩学完谢师时，拿不出什么礼物，哥哥只好取下华丽的帽子，妹妹解下美丽的裙裤送给师傅。女娲娘娘回赠哥哥一包绣花针，妹妹一粒宝珠。他们辞别了师傅。哥哥对妹妹说："你管白天，我管黑夜，因我爱睡觉，怕误事。如果行，我把绣花针送给你。"妹妹同意了。
>
> （此后，妹妹白天出来发光，并口衔女娲娘娘赐予的宝珠发出热来；哥哥晚上出来，只有光，不发热。）[1]

---

[1] 中国民间文学集成四川卷编辑委员会编：《中国民间故事集成·四川卷》上册，中国ISBN中心，1998年，第29页。神话中女娲是日月之光的掌控者，从成都市青白江区云顶乡一带流传的神话《太阳和月亮》中亦侧面可见：月亮和太阳是兄妹，太阳白天出来，"月亮呢，他晚夕出来，把地面的照得透亮，有一天，女娲圣母正在炼顽石，最后剩下一点泥巴，女娲圣母把剩的泥巴朝月亮身上一抹，就把月亮的光线遮住了。从此，月亮再也没有太阳的光线强"（见成都市青白江区民间文学集成办公室选编：《中国民间文学集成四川卷·成都市青白江区卷》，1988年12月印，第1页）。

在巴蜀地区洪水神话中，女娲作为开辟神的叙事亦有奇妙的折射，其口头编码背后的寓意值得琢磨。大洪水后伏羲兄妹再生人类的神话流传于各地，异文甚多，关于妹妹是否是女娲，传说有此有彼，学界见仁见智，或以为是，或以为不是，但不管怎么说，民间口头这些异文仍是将神话元素按照某种相同叙事模板进行创作的，彼此间体现出相似或相近的神话母题和故事编码，同中有异也异中有同。1987年6月从灌县天马乡65岁农民夏玉刚处搜集的《伏羲兄妹与石头》（记录者兰学尧），讲述古时候地上涨大水，人被淹死光了，连虫虫蚂蚁都淹死了。住在天上的伏羲兄妹见地上如此悲惨，便偷偷地溜到凡间。兄妹俩渐渐长大，见世界如此荒凉寂寞，便商量结为夫妻以繁衍人类，如哥哥所言："妹，我们成亲算了。成了亲，不愁没人了，有人烟好做事。"于是，兄妹俩按照天意成亲了，此乃大家耳熟能详的故事路子，但是，接下来的情节不在常规叙事中：

> 可是，他们成亲后没有后人。妹妹爬上一座很高的山上，求天老爷帮忙。每回上山，她都要捡一块石子放在山顶顶上，慢慢个儿，石子堆多了，妹也老了。她伤伤心心地哭，眼泪子流到石头上，石儿子变成了五颜六色。
>
> 又隔了好久，石儿子堆堆长大了，放亮光。妹欢喜了，天天都要上山看一回。
>
> 有一天，天上一亮，地上几晃，天跟地一碰，石儿子堆堆爆了，满天飞的是五颜六色的石儿子。花石儿子滚下水，变成鱼、虾；钻进草荒荒的变成虫虫蚂蚁；弹到树子上去的，变成猴子；飞上天的变成了雀雀儿……
>
> 冷天来了，猴子冷来要死了。妹也冷来遭不住，捡些树叶叶缠在身上。猴子见了，也把干芭蕉叶、干泡桐叶扯来围在身上，冷天头没吃的，妹逮些鱼呀、虫呀来吃，猴子见了，也跟着学。妹又拿

石头打雀雀，猴子也拿石头打。你打我打，石头碰石头起火了，猴子就抱些柴来蓬起烧，围倒烤火。又把逮来的鱼虾丢到火里烧。烧好的东西，吃起来有味道。猴子就天天烧东西吃，慢慢个儿就晓得吃熟食了。遇到下雨天，猴子没事做，就捏稀泥巴耍。捏成碗，丢到火里头烧。烧好的碗不漏水，装起水放到火头烧，又把东西放到碗头煮……

　　遇到大风大雨，猴子淋来遭不住，就拣些树枝枝树叶叶来，搭个棚棚遮雨。[①]

　　"成亲后没有后人"是啥意思？是说洪水后再出现的人类并非是伏羲兄妹生育的，不是他俩的直接后代。那么，天底下的人类又是从何而来的呢？故事讲述者在此有意卖了一个关子，这个关子不仅仅是用来吊起听者胃口的，它在提醒你还有更重要的内容在后面。我们看到，在此类神话的口头编码中，女神是天地间生物的创造者，而且是独自创造，创造的方式也很特别。故事的前半节是将伏羲兄妹俩经过滚石磨、熏火烟的考验后遵循天意完成了婚配，但是，成了亲却"没有后人"。婚配故事到此戛然而止，再无二者如何生育人类的下文，整个故事后半节也不再提及哥哥，好像他不存在。讲述者将话锋一转，后半节故事全部焦点都在女神（妹妹）一个人身上，讲她一个人如何求天老爷帮助，一个人如何捡来五颜六色的石子，最终这些"石儿子"吸收了天地灵气，经她神奇的眼泪催化，变出自然界的鱼、虾、虫、鸟，有水里游的，有天上飞的，尤其是从"石儿子"中化生出了树上的猴子。猴子在女神（妹妹）引领下学会了采摘果子、捕捞鱼虾、猎取山雀，还学会了以藤葛制衣物御寒，知道了用树枝树叶搭棚避雨，甚至学会了烧火取暖、制作熟

---

　　① 中国民间文学集成四川卷编辑委员会编：《中国民间故事集成·四川卷》上册，中国ISBN中心，1998年，第55页。

食乃至以火制陶。食物有了，衣物有了，棚屋有了，原始陶艺也产生了。看到这里，你会觉得这简直就是一部神话版的从猿到人的人类进化史，而一步步引导人类衣、食、住从野蛮向文明进化的正是具有创世神格的大女神（妹妹）。根据采访记录，上述故事讲述者是"识字"的[①]，其对猴子进化史的讲述是不是在受了进化论知识熏染后的故事新编呢？不管怎样，这个细节值得研究者留意。

## 第三节　身化万物与原始思维

在由原始思维编码的神话叙事中，神和人一样也有生老病死，但这"死"往往又衍生出其躯体转生或化生的神话。着眼于神话母题，"根据盘古神话的情节，它可以分拆为两个母题：宇宙之卵（A641）和垂死化身（A614）"，后者可以归结为"原始思维中对于自然万物的拟人化"和"人与自然万物的互渗"[②]。古往今来，盘古开天辟地神话为世人熟知，其死后躯体化生日月星辰、风云雷电、山川河流、树木花草等也就是天地万物的神话也见于巴蜀地区。如《凉山民间文学集成》收录的《盘古王开天地》（讲述者是年逾八旬的老人，1986年采录），便是讲盘古王以神斧劈开了如鸡蛋般混沌的宇宙，为了使天地不再合拢，他又将自己的身体支撑在二者间，"就这样子，不晓得又过了好多年辰，盘古整得腰酸腿疼，实在累得遭不住了，估计天地不会再合拢来，这才慢慢闭倒眼

---

① 实际上，这个夏玉刚是能讲上百个故事的能手，据《中国民间文学集成四川卷·成都市灌县卷》介绍，65岁的他是天马乡金华村农民，篾匠，又曾背背子（背夫）进山，从小喜爱山歌、故事，其父亲夏明轩读过私塾，喜欢讲故事，伏羲兄妹造人烟的神话便是夏玉刚小时候听父亲讲的。该书收入夏玉刚讲述的《伏羲兄妹造人烟》（兰学尧搜集整理，1987年6月），内容与《伏羲兄妹与石头》基本相同，但在结尾处猴子搭棚遮雨之后有一句话："后来呀，这些猴子，渐渐变成了人。"当然，盐边傈僳族神话《三朝人的来历》对猴子变人也有讲述，但不是按照进化论逻辑的，而是先讲"第一朝人变了猴子"，再讲洪水后幸存的猴子"就成了第三朝人"，涉及的是人、猴之间互变。

② 王先霈、陈建宪：《神话解读》，湖北教育出版社，1997年，第199、205—206页。

睛死掉。虽说是盘古死了，他的身身没有倒，嘴巴头吐的气变成了风和云，说话的声音变成了雷，牙齿变成了矿石，骨头变成了石头……"又如1986年7月在奉节县江南乡观武村搜集的《盘古开天地》，是由读过私塾的年逾古稀的谭姓老农讲的，篇幅不大，故事如下：

> 很早以前，世上没有天和地，整个世间是浑浑沌沌，雾气腾腾的，到处是黑黝黝的一团。
>
> 传说有个盘古王，他看到世间这个样子，就拿起开山神斧来开天辟地。他把浑浑沌沌、黑黝黝的团团雾气砍成了两半。重的一半慢慢往下沉，轻的一半慢慢往上升。重的一半往下沉一丈，轻的一半往上升一丈。过了一万八千年，轻的上升变成了天，重的下沉变成了地。
>
> 天高了，地厚了，盘古王也老掉牙了。传说他在死的时候，叹了口气，就形成风云；哼了一声，就形成了打雷；滚了几颗眼泪水，就形成雨。他死后，左眼变成了太阳，右眼变成了月亮，四肢变成了山脉，血液变成了江河，肌肉变成了田土，头发变成了星辰，皮毛变成了草木，他的尸体变成了世间万物。[①]

补天造人的女娲是挺立在宇宙间的创造大神，她身上也不乏创世神品格。1988年初在珙县74岁不识字陈姓妇女口中采录的《天地万物的由来》，先讲盘古王死后身化万物，继而女娲娘娘将盘古的血变成的水和盘古的肉变成的泥合在一起，捏了千千万万个男女小泥人，从此大地上有了人烟，后世供奉盘古和女娲，就因为"天、地和日月星辰是盘古王

---

① 中国民间文学集成四川卷编辑委员会编：《中国民间故事集成·四川卷》上册，中国ISBN中心，1998年，第21页。

造成的，人烟是女娲娘娘造成的"[1]。该神话根据造物和造人，又将盘古和女娲作为创造神的职能与功绩作了划分。茅盾曾说，盘古和女娲故事"都是中国神话关于天地开辟的一部分"[2]。《说文》释"娲"这位"古之神圣女"时，称其是"化万物者"，此处"化"便指的是化生。"化生万物"的女娲，除了古籍记载的化身"十神"之类故事，巴蜀民间还有女娲的身体直接化生天地万物的传说。这个神话题为《女娲娘娘的眼泪》，1986年8月采录于中江县元兴乡，讲述者是60岁不识字农民胡能才。此乃涉及灾难发生和拯救灾难的神话，以女娲神迹为主，重心在于讲述女神为民解难故事，主题突出讴歌的也是救难女神。故事开篇，讲述盘古王开天辟地，女娲娘娘造出人类之后，大地上渐渐有了生气。然而，好景不长，水神共工与火神祝融为争地位发生了激烈的战争，在此水火不容的神界争斗中，真正苦的是天下苍生，就像常言说的："神仙打仗，凡人遭殃。"在与火神恶战中吃了败仗的水神共工内心不服气，一怒之下撞倒了西北天柱不周山，顿时地陷天倾，洪水泛滥成灾。接下来，故事讲大神女娲娘娘出场收拾这烂摊子，她治理水患，拯救万民，最后心血耗尽，倒下后身体化为天地、山河、星辰诸物，从而将女娲为人类为宇宙的献身精神作了极致发挥。故事如下：

> 女娲娘娘看到人类被水淹死十分着急，便不辞辛劳到处采集五色石子，终于把天补好。由于她劳累过度，面黄肌瘦，再也不像从前那样神采焕发了。
>
> 地上的人们在长期遭受水火侵袭中，热切盼望女娲娘娘前来解救。他们忍受着烟熏、火燎、雨淋、水淹，盼呀盼，久久睁着双眼凝望天空，终究得了眼病，见风就痛得厉害。他们双眼模糊了，仍

---

[1] 本书编委会编：《中国民间文学三套集成·四川宜宾地区卷·汉族民间故事分册》，1989年6月印（内部资料），第3页。

[2] 茅盾：《神话研究》，百花文艺出版社，1981年，第77页。

在大声呼喊："妈妈、妈妈，你在哪里，快来救救啊！"

女娲娘娘补好天，听到地上呼声，赶紧带着疲惫的身子来到人间。她看见人们的眼睛全都红肿着，睁不开，看不见，以至她已到了身边，人们还在大声呼喊。见此，她伤心地哭了起来说："孩子们，我来啦！"人们假装没听见，睁着模糊的泪眼，呆呆打量着面目全非的来人，反而不开腔了。

女娲看出人们不认识自己的心思，忙解释说："孩子们，我就是你们的妈妈呀！"可人们哪肯相信，都不约而同地呵斥着："哪来的女巫，竟敢冒充妈妈？滚！滚！"

女娲娘娘一听如五雷轰顶，双手捂脸悲恸地哭了，泪水似断线的珍珠。她用带泪的手拉着身边一个人说："孩子，再仔细看看，我是不是你们的妈妈？"

说也奇怪，这人的双眼，被女娲娘娘带泪的手一揩却复明了，他仔细看看女娲娘娘清瘦容颜和慈祥眼睛，终于认出来了，便大声喊道："对啊，你是我们的妈妈！"

于是人们的眼睛，经过女娲娘娘用自己泪水涂抹，都复明了。但女娲娘娘由于耗尽了心血，终于倒了下来。她的四肢成了山脉、河流、湖泊；她的身体成了天地、星辰。你若不信，请看江河里流不断的水，不正是女娲娘娘的眼泪吗？你饮用水以后，不都感到心里变得更明白了吗？①

以上故事和前述《伏羲兄妹与石头》（灌县）都讲到女神眼泪的神奇

---

① 四川省中江县民间文学三套集成办公室编：《中国民间文学集成·中江县资料集》，1988年6月印（内部资料），第1—2页，文字有所订正。中江今属德阳市所辖县份之一，后来省上有关书籍转录此故事时将流传区域笼统地定在德阳市，则未免宽泛了。此外，1985年8月采录于重庆江北乡村的《女娲娘娘开洞》，也讲女娲娘娘的眼泪"流成了河"，汇成"华蓥山大塘、二塘、南塘一带的水"，甚至造成了水涝，经女娲本人开洞排水之后，"'三塘'就成了旱涝保收的粮窝窝了"。

力量，20世纪80年代在雅安地区采录的《女娲补天》也讲女娲创造人类所捏泥巴人是和着自己的眼泪的，是她的眼泪"滴在地上把泥巴都泡涨了"。由此，让人不禁联想到聚居在川西北岷江上游的羌族，以及他们的神话《木姐珠和斗安珠》。木姐珠是天仙女，她也是羌人世代尊奉的先祖。走访羌寨，屡屡听汶川绵虒年逾八旬的释比王治升讲，羌族释比请神做法事，其必

汉画像石《王孝渊碑》上的伏羲女娲（四川博物院，2021年6月拍摄）

唱经文中有"木姐阿略"。老人说的"阿略"是当地羌语译音（"略"按照四川话发音，读"lio"），指的是经文的这一段。"1983年四川民族出版社出版的《木姐珠与斗安珠》，由羌区人士搜集、整理和翻译，乃是综合汶川袁真奇和理县周明礼二位老人唱经而成。该整理本共有十章，叙事主线是天神木比塔的三女儿木姐珠向往人间生活，在龙池遇见了喀尔克别山脚下的牧羊青年斗安珠，彼此一见钟情。在木姐珠鼓励下，斗安珠来到天庭，向天神木比塔求娶他的女儿。天神对这打破仙、凡界限的婚恋很不满意，摆出种种难题让斗安珠去破解，但每次都因为有木姐珠暗中相助，斗安珠得以过关。恼羞成怒的天神最后让斗安珠去放火烧山，纯朴的后者未能识破这是圈套，结果使自己葬身火海。木姐珠闻讯赶来，奋力扑火。'悲愤使她急出了眼泪，眼泪带给她新的希望！'顿时，奇迹发生了：'眼泪化作倾盆大雨，立即把山火全部灭熄。大地恢

复了它的平静，青山现出蓬勃的生机！'扒开灰烬，找到了不幸身亡的斗安珠，'木姐珠眼泪像断线珠子，一颗接一颗滚落地上；眼泪滴在斗安珠脸上，他的眼睛马上现出灵光'。就这样，在超现实的神话叙事中，天仙女木姐珠的眼泪拯救了丈夫性命，复活了自然万物。通过这泪水化雨、滋润生命的神奇叙事，羌族神话为我们塑造了非凡的救难女神形象。"①看来，"女神的眼泪"是一个跨地域和跨族群的神话意象。

音译"迷思"的神话（myth）一词，引人遐想。在神话传说中，"女神以各种各样的化身出现"，究其根本，"她是所有生命的创造者，人类、植物及动物源于她，又复归于她"②。立足跨文化视野，可知"垂死化身"神话中神灵死后身化万物乃是世界性神话母题③。法国学者列维－布留尔在对比现代人和原始人的生死观时指出："生和死的概念对我们来说只能由生理的、客观的、实验的因素来确定，但原始人关于生和死的观念实质上是神秘的，它们甚至不顾逻辑思维所非顾不可的那个二者必居其一。对我们来说，人要不是活的，就是死的；非死非活的人没有。但对原逻辑思维来说，人尽管死了，也以某种方式活着。"④人如此，神亦然。在以原始思维编码的神话传说中，神之死往往就体现为以"某种方式"也就是另一种方式活着或再生，由此出现的化生神话见于中外神话史。在中国，有盘古身化万物，有女娲身化万物；阿坝州藏族神话《其公和日玛依》讲母猴死后化作石山，其皮毛化作树木花草，身上的

---

① 李祥林：《民俗事象与族群生活——人类学视野中羌族民间文化研究》，中国社会科学出版社，2018年，第81页。
② ［美］马丽加·金芭塔丝著，叶舒宪等译：《活着的女神》，广西师范大学出版社，2008年，第1、5页。
③ 如张光直在《中国创世神话之分析与古史研究》中所述："'始祖身体化为万物'的神话，也在北欧亚与北美的民族中有见。"（见马昌仪编：《中国神话学文论选萃》下编，中国广播电视出版社，1994年，第41页）
④ ［法］列维－布留尔著，丁由译：《原始思维》，商务印书馆，1985年，第298页。尽管著者是在谈到原始人群的葬仪时说的这段话，但也不妨借来说明原始思维制约下人们对神灵死后身体转生或化生故事的理解。

虱子变成山上的野物；又，传说造天地的盘瓠王死后"左眼变成了太阳，右眼变成了月亮"等①，见于川南苗族；"在布依族中，开天辟地后化身为万物的是大神布杰；在彝族传说中，化生万物的是民族祖先阿卜多莫"②。在国外，有埃及《亡灵书》中奥西利斯死后身上长出麦芽的神话，有日本《古事记》里食物之神大宜津比卖被杀死后身体长出蚕、稻、粟、麦、豆等的神话，还有北欧神话中神打败冰巨人后将其身体造成天地、头发造成树木花草及菜蔬等。诸如此类，例子甚多，学界不乏研究和论述。此外，有学者指出，见于中外文学的"垂死化身"神话"实际上只是创世神话中的一种构成要素"，归根结底，前者属于后者的话语体系，"它只是创世神话的一个部分而已"③。将具体的神灵化生神话纳入叙事宏阔的创世神话体系加以理解，透过实质看本相，此论不无道理。既然如此，神话讲述女娲倒下后身体化生天地万物，也不过是以隐喻方式告诉我们"化万物"的女娲是天地间的创造大神。不妨说，这是口头文学关于创造乃至创世女神的另一种超现实表述。

---

① 筠连文化广播影视新闻出版和旅游局编：《岁月窖藏》，现代出版社，2014年，第108页。
② 陈建宪：《神祇与英雄——中国古代神话的母题》，生活·读书·新知三联书店，1994年，第35页。
③ 朱狄：《原始文化研究》，生活·读书·新知三联书店，1988年，第735页。

# 大神女娲与诸神故事

女娲是创造大神，各地流传的女娲神话传说形形色色，除了女娲独自造人补天，还有若干故事讲述女娲与其他神灵共同完成发明创造。在有关大神女娲的地域性口头表述中，往往体现出不无倾向性的民间情感态度及性别话语特点。下面，立足巴蜀地区①，从造字、制谷、治水等话题入手，透视口头文学中女娲与诸神合作的故事，分析其中透露的文化信息。

## 第一节　造字：文明符码的传说

文字标志着文明的出现。考察中华文化史，"仓颉"不可忽视，他被世人奉为造字（汉字）之祖。仓颉，一作苍颉，古籍记载他是黄帝的大臣，《世本·作篇》云："苍颉作书。"作书在此指造字，文字诞生是人

---

① 东巴西蜀指称着四川，"巴蜀文化"的概念有广、狭之分，狭义指先秦时期的巴文化和蜀文化，广义指从古到今巴蜀地区的文化（请参阅段渝：《三星堆与巴蜀文化研究七十年》，《中华文化论坛》，2003年第3期）。本文所言"巴蜀"，是广义性地域概念，既包括重庆直辖前的四川，也包括重庆直辖后的四川与重庆。

类文明史上惊天动地的大事件，故《淮南子·本经训》说："苍颉作书而天雨粟，鬼夜哭。"仓颉又是怎样造出文字来的呢？汉代许慎云："黄帝之史仓颉，见鸟兽蹄迒之迹，知分理之可相别异也，初造书契。"（《说文·序》）意思是黄帝的史官仓颉看到鸟兽的足迹，悟出纹理有别而鸟兽可辨，于是创造了文字。这使人想到伏羲造八卦，正是"仰则观象于天，俯则观法于地"而"近取诸身，远取诸物"。由于造字的创举，人们尊仓颉为神，世代礼拜供奉。陕西省白水县史官镇有仓颉庙，相传此庙在东汉时期已具规模，庙中供奉的仓颉有四只眼睛，神像奇特。由于文字的关系，古代胥吏尤奉仓颉为祖师，尊称为王，据叶梦得《石林燕语》卷五记载："京师百司胥吏，每至秋，必醵钱为赛神会，往往因剧饮终日。苏子美进奏院，会正坐此。余尝问其何神？曰：'苍王。'盖以苍颉造字，故胥吏祖之。"仓颉传说亦见于四川，如笔者所见，都江堰市胥家镇（今合并到了天马镇）入口处今建有飞檐翘角的仓颉坊，当地老人桥的传说就跟造字神仓颉有关，过去农历二月二还有仓颉庙会。不仅如此，流传在巴山蜀水的仓颉造字神话中又融入了女娲，并在此地方化叙事中体现出某种耐人寻味的性别文化指向。下述故事1988年4月采录于巴县鱼洞镇：

　　女娲制过人烟后，轩辕黄帝给人造了衣裳，神农皇帝又帮人制了五谷。人些啊，吃的有了，穿的也有了，就是有些事情啊，久了就搞忘了。有人就在那些石壁壁上啊，岩岩上啊，画些圈圈杠杠把事记下来。多隔些时候，再看那些圈圈杠杠啊，又不晓得记的是啥子了。

　　后来，又有些脑壳灵光的人，画画来记。白天做的事啊，就在壁壁上画太阳，晚上碰到的事，就画上个月亮弯弯，打猎的事就画匹山，打鱼的事就画条河……你画一些，我画一些，混在一起，隔久了又都搞不伸展是些啥子意思了。

仓颉见大伙画的这些，就想，干脆点儿，我来给人造些字，好记点。他按人们画的那些画，造出了人、口、手啊，日、月、山、水、火呀，牛、马、鱼、鸟啊，造了好多好多，又好认又好记。[①]

仓颉创造的这些字，的确方便了大家，但日子一长，单体字又不够用了。于是，他想方设法将已有的字拼来拼去，如二木为"林"、三木为"森"，又如看见下田的都是男人便将"田""力"合成"男"，按照这种办法，又造出好多字供人们使用。故事讲到这里，似乎该结束了，不料话锋一转，接着指出："仓颉有个毛病，他看不起女的。总认为好多坏事都和女人有关。他在造字的时候就偏了心，把那些意思不好的字，拿来给女人拼在一起，人些也认为就是恁个的。"对此，世人不以为然或者说未能察觉，但女娲娘娘看不过去了，她站了出来：

女娲圣母看仓颉造的妖啊、奸啊这些字，就生气了，质问仓颉："你这个人的心好不平啊！"

仓颉莫名其妙，问："我咋个不平嘛？"

"咋个不平？你自己心头明白。你造了这么多的字，尽把那些孬的字拿来跟女字拼在一起，有意糟蹋女子。你想想看，我制人的时候，都是男的女的一样一些，数下来男的还要多个把，女的还要少些，你为啥要恁个偏心哟？"

仓颉一听心虚了，晓得他的板眼遭女娲圣母看穿了，就灵机一动说："这样嘛，你制人的时候，女的制少了些，我就用女字和少字

---

① 中国民间文学集成四川卷编辑委员会编：《中国民间故事集成·四川卷》上册，中国ISBN中心，1998年，第81—82页。收入该书的故事是经过文字润色的，该故事之原版开头语是"自从女娲圣母制起了人烟过后"，一来就强调了率先造人的女娲的"圣母"身份；有些方言也转换成了通用语，如末尾仓颉对女娲说的话之原版是"我再用一个良字配上女字给你造个娘字，让人些把妈喊做娘，你总该依教了噻"。

给你造个字，叫妙字，该要得哈？"

女娲赶忙说："要不得，要不得。照你恁个说，女的少了就妙，那二天人些把女的生多了，又是不妙了哦？未必还要把女的拿来杀些？"

仓颉见女娲圣母硬是认了真，就问："那咋个办呢？"

女娲说："这地上的人都是我制出来的，按理我就是这些人的妈妈。你可恶得很，把这个妈字弄了个马栽起，把当妈的人些都说成是女马，连我都遭你骂了！今天你非要用女字造一个最好的字来，补你的过。"

仓颉也觉得自己做过火了点儿，脑壳直冒汗。他蹲在那里抱到脑壳想，哪个才能用女字造出个最好的来？想啊想啊，一下子想到了。

"有了有了，我用女、子这两个字合起来给你造个字，就是好字，让人些一说好字，就想到你们女子，该要得哈！再说那个妈字，人些已经用了，不好改得。我再用一个良字，给你造个娘字，让人些把妈喊做娘，你总该满意了吧！"[1]

故事结尾，是女娲闻言后笑着离开了。讲此故事的是个女性，30多岁，高中文化。出自该女子之口的这个故事，是传统讲述内容就如此，还是融入了她个人发挥，不得而知。不管怎么说，采自巴地民间的该故事耐人寻味，是仓颉造字故事系列中的地方性个案，故事背后蕴含的性别之争值得琢磨。立足性别研究或性别批评[2]，纵观汉字构造史，其中确有两性话题可以讨论。昔读张舜徽《清人笔记条辨》卷七，其中有关于

[1] 中国民间文学集成四川卷编辑委员会编：《中国民间故事集成·四川卷》上册，中国ISBN中心1998年，第81—82页。
[2] 关于作为文化批评的性别理论（gender theory），请参阅李祥林：《人类学·性别研究·文化批评》，《内蒙古艺术学院学报》，2017年第4期。

"奴"之字义的辨析颇有意思。清代赵绍祖《读书偶记》卷六"奴"条云："钱氏《养新录》曰：'妇人自称奴，始于宋时。朱翌《猗觉寮杂记》云：男曰奴，女曰婢。故耕当问奴，织当问婢。今则奴为妇人之美称。贵近之家，其女其妇，则又自称曰奴，是宋时妇女，以奴为美称。宋季二王航海，杨太后垂帘，对群臣犹称奴，此其证矣。'以余考之，则非也。《周礼·司厉》：'其奴，男子入于罪隶，女子入于春稿。'郑注：'男女同名。'《天官·酒人》：'女酒三十人。'郑注：'女奴晓酒者。'其他女浆、女笾、女醢、女祝、女史，注皆曰女奴。是则对言之，则男曰奴，女曰婢；通言之，则男女皆曰奴，自周、汉以来然矣。唐宫女名念奴，元微之诗：'内苑传呼唤念奴。'杨妃亦称玉奴，东坡诗：'玉奴弦索花奴手。'是唐妇人亦称奴矣。但奴是贱称，故妇人对人自谦则曰奴。而以为美称，则亦误矣。如钱所引杨太后称奴，亦是谦词。"张舜徽引此后进而指出："按古之所谓奴，即奴隶也。奴字从女，盖起于女隶，后因以为男隶之通称耳。远古奴隶易逃，奴字从又，所以拘执之也。此与奚字同意。上世驭制奴隶，至为残忍，恐其逃逸，恒用绳索拘系之，如今之驭牛马然。……奚，即女奴也。《周礼·春官·序官》：'奚四人。'郑注云：'奚，女奴也。'是已。古代奴隶主驭制女奴为尤严，可于奚、奴二文见之。奴既卑贱如此，故后世妇女用为谦称耳。"[1]由此梳理可见，"奴"从贱称到谦称的转换，其中有太多意味值得琢磨。

　　有人指出："中国关于文明创造的神话，多是晚周战国之际诸子之所创作。因此它们不同于自然形成的始祖神话，而具有着比较深刻的哲学和文化的自觉意识。"[2]从性别研究看，在"神话历史化"倾向明显的本土社会，包括造字的诸多文明创造神话中也被注入了男性主位时代的性别文化意识。1999年，笔者给上海的《咬文嚼字》写过

①　张舜徽：《清人笔记条辨》，中华书局，1986年，第258—259页。
②　何新：《论远古神话的文化意义与研究方法》，《学习与探索》，1986年第3期。

《"姓"的流变》《字词文化与性别歧视》两篇小文，指出："按照恩格斯的说法，人类社会自有阶级划分以来，男性对女性的压迫就已产生并持续久远。在造字文化上打下性别歧视烙印，乃跨地域跨民族的世界性现象。英语中，'female'（女性）和'woman'（女人）的构词，就直接系于'male'（男性）和'man'（男人），自后者派生而来。如同《圣经·创世纪》断言女人是由男人的一条肋骨所造成，如此构词方式，也表现出男权中心即西人所谓'菲勒斯中心'（phallocentrism）文化对女性持有的根本性偏见：女人终归不过是男人的派生物，是紧紧依附男人的一个旁枝末节，离开男人也就没有女人"，而在"汉语里，'男''女'二字从构造上看不出彼此有何直接瓜葛，却以别的方式表达了相同的意念。作为象形化符号，'女'之古体'⿰'指示给我们的似乎就是一个'跪着的人'，那数千年来直不起来的腰身，不就是父权本位社会中第二性们生存状态的直观写照么？文字学研究还提醒我们，中文里有好些个含贬义的字都是带着'女'旁的，诸如什么'奸''妒''奴''妖''妍''婊''妓''娼''嫌''婪''妄'等。以女子为'奴'，其性别歧视乃至压迫的含义俨然；'妒'成为女性专利，自是来自男权眼光的精神定罪；男女彼此间的不正当性关系，唯独冠以'女'字偏旁的'奸''妍'，亦把道德审判的板子仅仅打向女方。还有释为'贪'的'婪'、解成'乱'的'妄'、训作'害'的'妨'（《说文》），均少不了这紧箍头上的'从女'咒圈。"[①] 今读到巴县民间故事《字是怎样造出来的》，不免会心一笑。看来，在新社会成长的女性讲述者口中，指点仓颉造字的女娲也颇有现代性别意识。

常言道："四川人生得尖，认字认半边。"说的是四川民间百姓识字不多，他们常常根据复合字的半边音旁来判断该字如何读音，有时也按照复合字的半边意符来判断该字的意义。上述故事体现出这个特点，反

---

① 李祥林：《字词文化与性别歧视》，《咬文嚼字》，1999年第8期。

映了相关的语言民俗，如从"马"的字义而不是读音来判断"妈"是个不好的字。至于"好"字，追溯字义可知其不仅仅是民间所谓指女子（女儿、女性），"汉民族审美意识中表示美好的'好'字，甲骨文作'𡥀'，金文作'𗉙'，均像妇女携抱幼儿形象……《说文》以'美'释'好'，恰恰向我们暗示出'好'的审美意义是从原始女性生殖崇拜发展而来"[1]。如赵国华指出，汉字"美"的本意并非是"从羊从大"，而是"从羊从人"，即"羊人为美"，金文中"美"作"𗀾"形，"上部以羊角代'羊'，下部的'人'为全形，上肢摊开，两腿外撇，腆着圆圆的肚腹，宛如女子怀孕之状。这仿佛表示，似怀胎之羊的孕妇为美"[2]。上述故事还提及"妙"，该字在学理上也大有讲究。《说文》无"妙"字，古籍中"妙"与"眇"通，"眇，训小目，引伸为凡小之称"（《说文》段注），因此，"妙"字的组合不是"少（多少的少）、女"而是"小（大小的小）、女"，该字本义涉及"小女（少女）"之美，是个褒义词。唯其如此，如拙文所论述，"妙"才成为有本土特色的中华审美范畴之一[3]。

## 第二节　制谷：农耕中国的神话

大神女娲除了造人补天，也是文化发明者，诸如"置昏姻""制笙簧"等即是证明。农耕文化在泱泱华夏早熟且发达，号称"以农立国"，至今谈起中国社会发展也离不开"三农"话题。追溯历史，本土先民自新石器时代便选择了农业作为生存繁衍的主要依托，"大约在公元前5000年至公元前3000年左右，已有相当发达的定居农业生活在我中华大

---

① 李祥林：《对中国文化雌柔气质的发生学考察》，《东方丛刊》，2003年第3期。
② 赵国华：《生殖崇拜文化论》，中国社会科学出版社，1990年，第252页。
③ 李祥林：《中华审美范畴的"妙"及其性别人类学释义》，《南开学报》哲学社会科学版，2019年第4期。

地上出现，本土诸多新石器时代遗址即是明证"①；以南部中国长江流域稻作生产为例，距今7000年左右的河姆渡遗址出土了体量不小的稻谷堆积遗存，引起考古学界高度关注，"1999年，考古工作者在湖南南部道县又发掘出一万年前的碳化稻谷；在这之前，广西南宁地区已发现一万年前的稻谷加工工具"②。近年来，随着考古工作步步推进，又不时有新的农业考古遗存被发掘出来，给我们带来有关中华农耕文明的种种信息。大神女娲作为文化发明者也跟中华农耕神话有深刻的联系，相关传说也见于巴蜀民间口头，且不乏地方特色。1988年5月，民间文学调查者来到川南古蔺县丹桂乡，66岁不识字的农民王达道给大家讲述了一个故事，说的是稻谷的来历：

> 很久以前，没有五谷，人们都吃草头头、野果子。神农皇帝看了以后，可怜这些人们，就动手制造五谷。神农皇帝制谷子的时候，他先制了两块谷壳，但找不到啥子东西装在谷壳里头，就去找女娲圣母想办法。圣母也没有办法，想了一想才说："你看把我的奶水挤点来装在里头要得不？"神农皇帝说："要得，要得。"女娲圣母真的就把她的奶水挤来装进了谷壳里头，谷子就制成了。所以，现在谷壳里的米都是白色的，像奶汁一样。每当我们这个地方的人病了，就叫家里的人熬点米汤来喝，因为米汤是圣母的奶汁，最补人。③

以上神话题为《神农制谷子》，着眼内容，应该叫"神农、女娲共同制稻谷"才名副其实。故事中包含着深深的人类学寓意，因为在文献老早记载并且众口皆讲"神农制五谷"的主流叙事格局下，民间口头故

---

① 李祥林：《对中国文化雌柔气质的发生学考察》，《东方丛刊》，2003年第3期。
② 李祥林：《中华女娲神话信仰所在土壤的文化分析》，《内蒙古艺术学院学报》，2019年第1期。
③ 本书编委会编：《泸州民间文学集成》，四川人民出版社，1992年，第13页。

事中融入了女娲娘娘，强调女性作为造物者的不可替代的作用，由此折射出"大女神"的原型辐射力。长江、黄河自西向东横贯中国，是孕育中华文明的两条母亲河，南北地理差异决定了长江流域的稻谷种植自古发达。岷江古称"江源"，川西坝子自古产稻米，尤其是岷江流域都江堰水利工程建成后，灌溉面积多达1370万亩，农业生产得到保障，从此"水旱从人""时无荒年"（《华阳国志》），号称"天府之国"。据历史学家蒙文通考论，"在李冰守蜀开二江灌溉之前，蜀已大量产米"①。2019年春节，去川南兴文县古宋镇久庆村参加苗族花山节，我看见村里的祭祖堂上也供奉着"苗族第一位种水稻的女祖先"蒙叶。地处长江上游的合江与古蔺相邻，二县均属泸州市所辖，以上故事在合江有异文流传，细节不同，其题名便是《女娲挤奶成米》，直接彰显了大神女娲的作用。口头文学研究的表演理论提醒我们，除了重视所讲述故事的内容，还要关注故事的讲述者。从性别研究看，以上差异也许跟讲述者的性别不同有关，古蔺的故事出自男性之口，合江的故事出自女性之口，后者叫王庆明，是合江县胜利乡农民，73岁，亦不识字，故事采录于1988年11月：

> 　　神农皇帝开初种的谷子，都是空壳壳，壳壳一张开，里头只有几根须须。神农想不出主意，焦得瞌睡都睡不着，想找些神仙来商量一下。
>
> 　　有一天，他请女娲和其他几个神仙吃晌午。去请女娲时，女娲正在洗衣裳，说："我把衣裳晾起就来。"女娲晒好衣裳，就到神农那里去。她路过神农的田边，看见谷子尽都张起空壳壳。女娲想："这咋个要得？"就解开衣裳挤了些奶在那些壳壳头。从此，谷子里就长米了。

---

① 蒙文通：《巴蜀古史论述》，四川人民出版社，1981年，第64页。

女娲挤奶的时间是午时，所以谷子是午时扬花。①

"许多国家都有五谷妈妈"②，弗雷泽说。对初民信仰的人类学研究表明，大女神或大母神崇拜见于世界各地，"大女神在任何地方都是产生于大地的食物的统治者"③。归根结底，"圣母"女娲之能挤奶助成稻谷生长给人类带来粮食，盖在其原型本是地母——大地母亲（Earth Mother）。"地者，其卦曰坤，其德曰母，其神曰祇，亦曰媪。"（《初学记》卷五引《物理论》）女娲补天使用的材料是土、石、芦灰，女娲造人的最古老的神话亦是抟黄土造人，皆跟大地有密切关联。淮阳人祖庙有女娲观，如笔者所见，其门联云："补天育人无二氏，祭地有根第一观。"神话中女娲造人凭借的仅仅是黄土，而土所表征的就是大地。大地生长出植物，人类社会中母亲生养子女现象与之相似，在神话思维"类比律"和"互渗律"驱使下，如钱钟书所言，"以地为阴性名词，图像作女人身"并由此产生地母崇拜是跨地域和跨族群的世界性现象④。古罗马哲学家卢克莱修在《物性论》中写道："大地获得了/母亲这个称号，是完全恰当的。/因为一切东西都从大地产生出来。"⑤古希腊神话中的盖娅（Gaea），其名字在希腊语中即意为"地"，她作为大地女神甚至生养了天父。从跨文化角度看，汉语"生产"和英文"fertility"乃是"收割庄稼"和"妇女分娩"二义兼指，此非偶然。在汉语释义中，"社，土也"（《论衡·顺鼓》）；"社，地主也，从示、土"（《说文》）；"社，土地之主也。土地阔不可尽敬，故封土为社，以报功也"（《艺文类聚》卷

---

① 中国民间文学集成四川卷编辑委员会编：《中国民间故事集成·四川卷》上册，中国ISBN中心，1998年，第65页。
② ［英］詹姆斯·乔治·弗雷泽著，徐育新、汪培基等译：《金枝》，大众文艺出版社，1998年，第598页。
③ ［德］埃利希·诺伊曼著，李以洪译：《大母神——原型分析》，东方出版社，1998年，第270页。
④ 钱钟书：《管锥编》第1册，中华书局，1979年，第56页。
⑤ ［古罗马］卢克莱修著，方书春译：《物性论》，商务印书馆，1981年，第312页。

三十九引《孝经纬》）。民俗事象表明，国人自古祭"社"，大神女娲在吾国吾民观念中正是"地母"的原型。《论衡·顺鼓》记载汉代风俗"雨不霁，祭女娲"时写道，"《春秋》之义，大水，鼓用牲于社。说者曰：'鼓者，攻之也。'或曰：'胁之。'胁则攻矣。（阳）〔阴〕胜，攻社以救之"，因为"社者，众阴之长，故伐鼓使社知之"。也就是说，久

合江15号汉代石棺后档的女娲像（《四川泸州汉代画像石棺研究》）

雨造成水灾，阴盛而阳衰，应当在祭祀土地神的地方（社）击鼓献上牲畜，击鼓攻社献牲祭祀"圣者"女娲为的是"止雨"禳灾。"女娲，在古代传说，殆即能止雨的大神。"[①]《论衡·顺鼓》又云："俗图画女娲之象为妇人之形，又其号曰女，仲舒之意殆谓女娲古妇人帝王者也。男阳而女阴，阴气为害，故祭女娲求福佑也。"也就是说，"社"作为"众阴之长"的标志，实为古人祭地母祈生殖拜女神求福佑的对象。《礼记·郊特牲》："社，祭土而主阴气也。"一"阴"字道出社神原本是女性，又云："社，所以神地之道也……而国主社，示本也。"唯其如此，《淮南子·说山训》高诱注："江淮谓母为社。"《抱朴子·释滞》曰："女娲地出。"当今学界进而肯定，"女娲既是地出，就带着庄稼神兼土地神、泥土神的性质"[②]。既然如此，古老的"女娲抟土造人"神话的实质无非是告诉我们：女娲作为人类的大祖母仅仅依靠自身便生养出了人类，难怪《说文》

①　丁山：《中国古代宗教与神话考》，上海书店出版社，2011年，第254页。
②　萧兵：《楚辞与神话》，江苏古籍出版社，1986年，第364页。

释"娲"这位"古之神圣女"时直言其是"化万物者",是大地母亲在抟土造人。华夏号称"以农立国",追溯农耕中国的地母崇拜可知,"女娲抟土造人用黄土,是与中国大片的黄土地及土地崇拜密切相关。……'黄土造人'是农耕方式的产物,它将'人'与'土地'紧紧维系在一起"①。受原始思维支配,大地生长谷物和母亲生育子女可谓异质同构,农业崇拜和生育崇拜往往关联密切并通过女神崇拜体现出来。

农业生产与地母原型相联系也是世界性神话母题。丁山在谈到姜嫄及玄鸟神话时指出:"看商周两代的开国始祖的本事,都是从知母不知父的生殖女神叙起,直接可以说是原始农业生产的反映。原始农业,只知道谷物长成全靠土地,所谓简狄生契、姜嫄生后稷的故事,以现代神话学眼光看,只可证明中国原始宗教也曾经过'地母'大神的阶段,然后分化出来谷神以完成社稷一体的祀典"②;又说,"姜嫄当为周人所传原始地母神,亦即原始农神"③。哈维兰在《文化人类学》中谈到亲属制时说:"母系系统通常存在于园艺农业社会中,在那种社会,妇女们承担大部分的生产性劳动。因为人们认为妇女种植谷物的劳动对这个社会非常重要,所以母系继嗣便占优势地位。"④基辛以印第安村落的荷匹族为例,指出母系继嗣团体通常出现在这种社会结构中:其一,以农耕为主;其二,具有高度的农业生产力,足以容许大量人口定居;其三,有劳动分工制度,其中女人负责许多重要的农业生产工作⑤。农业起源跟以女性为主的原始采集有关,人类学研究表明,"种植的发明大抵是妇女的功劳"⑥。也就是说,"被视为女权制的社会和文化现象正是与妇女所完

① 马书田:《中国民间诸神》,团结出版社,1997年,第6页。
② 丁山:《中国古代宗教与神话考》,上海书店出版社,2011年,第13页。
③ 丁山:《古代神话与民族》,商务印书馆,2005年,第287页。
④ [美]威廉·A.哈维兰著,瞿铁鹏、张钰译:《文化人类学》(第十版),上海社会科学院出版社,2006年,第294页。
⑤ [美]R.M.基辛著,甘华明、陈芳、甘黎明译:《文化·社会·个人》,辽宁人民出版社,1988年,第226—227页。
⑥ 林惠祥:《文化人类学》,商务印书馆,1991年,第96页。

成的对农业的发现密切相关。因为正是妇女首先耕种栽培了农作物，所以，也正是妇女成了土地和庄稼的主人"①。所谓"女权制"，在此乃指原始时期以母系生殖崇拜为主的社会制度。在中国，云南佤族吃新谷仪式中，要由老年妇女首先尝新；台湾高山族有少女发明甘蔗的传说，"这些遗俗或传说，可能是人类对妇女发明农业的朦胧记忆"②。先民的信仰中，女性崇拜与农业崇拜往往发生重叠。"拉丁人把农神称为塞探（Saturn），这个词是从'塞提'（sati）派生的，意思就是'种过的地'。"③神话学家指出，"在农耕社会，神话特有的形式是庆祝播种和收获的季节仪典。其中女性象征居于突出地位，因为谷物的繁衍同妇女的生殖类似……农业共同体中呈现出许多母神、地神和谷神的现象，诸如埃及的伊西丝、希腊的得墨忒尔、罗马的塞丽斯、印度的迦梨（也是破坏力的形象）和阿兹特克人的科阿特利库埃"④。苏联学者也认为，"在发展的母权制下，宗教是沿着自然崇拜的路线发展的。……自然力和自然因素被赋与妇女的形象，它们的精灵也都有女性的称号。在农业发展的基础上，对于地母的崇拜特别突出"⑤。借助原型批评，结合性别研究，在跨文化视野中透视上述女娲挤奶使稻谷成熟的神话，也就容易理解。

亦人亦神的女娲是华夏口头文学中一大主角。口头文学或称民间文学是民众集体创造、共同享用的文学，它有自己的叙事理念和表述法则。有别于帝国王朝时期主流话语以男性帝王为农业发明者的神话，创造口头文学的民众也视女娲也为农耕神话的主角，其中体现的民间情感倾向值得注意。纵观神州大地，类似传说故事在民间除了上述《女娲

① ［罗马尼亚］米尔恰·伊利亚德著，王建光译：《神圣与世俗》，华夏出版社，2002年，第82页。
② 宋兆麟、黎家芳、杜耀西：《中国原始社会史》，文物出版社，1983年，第130—131页。
③ ［意］维科著，朱光潜译：《新科学》，人民文学出版社，1986年，第55页。
④ ［美］C. H. 朗著，王炽文译：《神话学》，载《民间文学理论译丛》第1集，中国民间文艺出版社，1986年，第87页。
⑤ ［苏联］柯斯文著，张锡彤译：《原始文化史纲》，三联书店，1955年，第181页。

挤奶成米》，还有20世纪80年代从浙江湖州乡下老人口中采录的《人皇女娲创世》，说的是女娲在造人之后又寻找稻谷来栽种，从此"有了人，有了稻谷，世界又热闹起来啦"[①]；河北涉县有民间故事《女娲造六畜》，则说女娲为人间造了鸡、犬、羊、猪等家畜之后，"让儿女们采集野果蔬菜时，注意它们的生长规律，把它们的果核和种籽弄回来栽种"，从此世间五谷丰登、六畜兴旺，人们总是感念"当初女娲造畜辨谷的辛苦"[②]，这又发挥了女娲作为农耕神话中创造者的含义；至于在河南西华民间流传的《女娲芪来历》，讲述的是中药黄芪的故事，实乃从女娲为所造人类觅得可食之草（芪）的传说中透露出跟农业发生有关的原始"采集"活动信息。凡此种种，都为我们从性别研究角度考察本土农耕神话中"大女神"的作用提供了生动例证。

## 第三节　治水：救难女神的故事

口头流传的民间文学总是富有想象力。巴蜀口头传说中，女娲不但参与了制谷、造字，也跟治水神话有瓜葛。历史上，名气最大的治水英雄是禹，大禹治水老早就见于文献记载，数千年来跨地域和跨族群广泛传播，形成的口头文学版本千姿百态，其在巴山蜀水民间口碑中也有种种投影。滚滚长江故事多，"巴东三峡巫峡长"，姿态婀娜的巫山神女形象尤其令人着迷，当年闻一多笔下对其即有浓墨重彩的考析和论述。在巴蜀父老乡亲的心目中，巫山神女不止有"旦为朝云，暮为行雨"的缠绵柔婉的情爱故事，流传在忠县民间的《神女的传说》，就把神女瑶姬

---

① 过伟：《中国女神》，广西教育出版社，2000年，第40页。
② 涉县女娲文化节丛书编委会编，史安昌主编：《涉县名胜》之"神话传说·女娲系列·造六畜"，1999年8月印（内部资料）。

同大禹治水联系起来，塑造了一个劈山开峡的救苦救难的女神形象[1]，由此体现出口头文学和民间叙事不无选择性的情感倾向。来到巫山，且听当地老者娓娓讲述：

> 瑶姬带着众仙女一路上看尽了人间的美景，一天又悠悠然来到了巫山。这时，在巫山上空有十二条蛟龙正在呼风唤雨，兴妖作怪，只见大地上洪水泛滥、树倒屋塌，人们都没得活路走了。瑶姬一气之下，带着众仙女把十二条孽龙团团围住了。她把云帚一扫，天摇地动，雷声滚滚，十二条孽龙一下被斩成了数段落到地上。
>
> 十二条孽龙的尸骨横七竖八地落在了巫山，变成了奇形怪状的山峰，把江水堵住了。水流不出去，成了汪洋大海。当时，大禹正在疏通岷江的水，听说长江下头被堵倒了，就心急火燎地赶到巫山。他看见遍地洪水被大山挡住了没得出路，就赶忙带领人们日夜不停地治水。哪晓得山大石头硬，一时很难疏通。大禹急倒了，他摇身一变，变成了一只穿山甲。"噗咚"跳进水里，潜到江底，拼命向东钻去！钻哪，钻哪，费尽了力气，好不容易才钻通了一个小洞洞儿。刚刚通了一点儿水，又被孽龙尸骨变成的大山压塌了。
>
> ⋯⋯⋯⋯⋯
>
> 大禹治水不得法，被瑶姬看在了眼里。她急忙派了仙女腾云驾雾，把三册天书送到了巫峡的青石，授给了大禹，叫他照书行事。瑶姬又派了六个大神来帮忙。为让人们早点儿脱难，瑶姬又回到天宫去借来劈山宝斧。"轰隆"一声，一座山峰被劈开了。瑶姬一连劈

---

[1] 袁珂指出，"从神女入楚怀王的梦，演变而为神女帮助大禹治水，可以看出人民对神话的选择和喜爱。人们不喜欢那淫奔的神女，而喜欢那为人民的事业贡献一份力量的神女。所以当后一种神话成为文字记录出现在世间时，很快就居于压倒性优势，以后诗文所颂和民间所传，都以此为主流"，而"前一种神话于是逐渐变得暗淡无光，只供少数文人去欣赏了"。换言之，是"人民创造了他们自己心目中理想的神女形象"（见其《中国神话史》，北京联合出版公司，2015年，第64、254页）。

开了十二座龙骨峰，开辟了长江三峡。大禹见大山被劈开了，赶紧领着人们搬石头排洪水，加上又有六个大神帮忙，硬是把滔滔洪水引向了东海。[①]

从此以后，人们在飞凤峰"授书台"上修建起神女庙，世世代代敬奉女神。该故事1980年3月采录于巫山县巫峡镇净坛街，讲述人是72岁居民朱奉天。故事中神女即"瑶姬"，其事迹见于《山海经·中次山经》以及《楚辞》中相关篇章。据范成大《吴船录》卷下记载，跟巫山十二峰隔江相对有神女庙，庙中石刻引古籍云："瑶姬，西王母之女，称云华妇人，助禹驱鬼神，斩石疏波，有功见纪，今封妙用真人。"五代蜀杜光庭《墉城集仙录》卷三有云华夫人，名瑶姬，王母第二十三女，过巫峡流连于风景，时大禹正在这里治水，便"拜而求助"于她，于是瑶姬"授禹策召百神之书"，从而"助禹斩石疏波，决塞导阨"，平息水患，以成其功，"禹拜而谢焉"。后来大禹又去拜见神女，但见"云楼玉台瑶宫琼阙森然"，再得其所授"上清宝文"等，从而成就了更大功业。陆游《入蜀记》卷六"过巫山凝真观"条亦载"庙后，山半有石坛，平旷。传云夏禹见神女，授符书于此"，并云："真人，即世所谓巫山神女也。"民间文学调查者发现，在这个故事的异文中，助成大禹治水的神女或女神究竟是谁还另有说法，如巫山县培石乡船工谭成玉讲述的《神女娘娘的传说》中，"神女是女娲娘娘的女儿，靠宝物钻山驹钻通了长江三峡和九河"[②]，最后她也没有化为石峰，而登龙、圣泉、望峡、朝云、

---

① 中国民间文学集成四川卷编辑委员会编：《中国民间故事集成·四川卷》上册，中国ISBN中心，1998年，第99页。

② 中国民间文学集成四川卷编辑委员会编：《中国民间故事集成·四川卷》上册，中国ISBN中心，1998年，第100页。不仅如此，在巫山谭姓船工的讲述中，"大禹则根本未出现"（见侯光、何祥录选编：《四川神话选》，四川民族出版社，1992年，第340页），下凡治水的神女作为女娲娘娘的女儿，乃是运起神力独立治理三峡水患的女神。该故事采录于1987年8月，讲述人谭成玉，73岁，读过私塾。

飞凤等巫山十二峰的名字，也是女娲娘娘亲自取的。神女究竟是不是女娲的女儿，这不重要，在此犯不着作铁板钉钉式的历史学考证，因为神话本是人类发挥想象解释天地万物以及征服自然障碍求得自身生存的产物，口碑本是艺术化的编码。按照神话思维的逻辑，将治水业绩亦不凡的神女指认为女娲的女儿，将长江三峡治水神话与女娲的女儿连接起来并不离谱，因为这女儿的妈妈（女娲）原本就是中华神话史上名声赫赫的治水女神。川北大木偶有剧目《巫山神女》（彭治安编剧），其中"身居仙界，心在神州"的神女瑶姬听说大禹来夔州治水被夔龙所困，欲助一臂之力，唱道："一任强项直里走，百折不回头。效女娲、精卫，扶华夏斜墙危楼。……助大禹，乘风下夔州。"说到这里，让人想起同是流传在三峡地区的另一则神话传说，这就是跟忠县石宝寨有关的《石印山》，其中有这么一段：

　　女娲斩除了无数妖怪毒兽，降伏了无数精灵孽龙，天下开始太平了。她飞腾在空中，巡视四部九州，看到四川一片汪洋，波涛滚滚中只剩下一座座孤岛，哀鸿遍野，十分凄凉。她感到非常奇怪：神女帮助大禹疏通九河，凿开了三峡，水流归了大海，怎么还会水满为患呢？原来，在忠州、万州之间，有一个海眼，水虽从三峡流出，但海水却从海眼涌进了四川，形成一片泽国。共工的大将相柳，是条生着九个脑袋的毒龙，既勇敢又凶残，它被祝融打败后，躲在海眼中，常出来兴妖作怪，荼毒生灵。女娲决心为民除掉此害。一天，相柳又钻出海眼，正在吞食人畜，女娲腾云驾雾，赶来诛杀相柳。相柳张牙舞爪，九个龙头一齐喷出毒雾，大雾弥漫，天昏地暗，飞沙走石，暴雨倾盆。女娲娘娘急取出玉印，抛向空中。玉印放射出万道光芒，顿时云开雾散，风停雨住，普天下一片光明。……相柳见势不妙，一头栽下水中，直奔海眼，妄图躲过杀身之祸，以后再复仇雪恨。女娲大喝一声："孽畜，哪里逃！"把玉印向它抛去，

"砰"的一声，落地生根，化为一座孤峰奇岩，镇住了相柳，塞住了海眼。从此以后，海水不再涌进四川，四川的洪水就消了，成为陆地。①

在此有关四川陆地来历的神话传说中，镇住相柳塞住海眼的"玉印"就是后来化作石宝寨玉印山者，它本是女娲所炼"三万六千五百块二十四丈见方的大石头"补天后遗留的那块神石，上面还写有蝌蚪文字："女娲之印，扶正祛邪，无才补天，志在除害。"在此故事中，女娲不是直接助力大禹治水，而是在大禹治水后为其补了一个缺，就是将前者尚未顾及的漏水的海眼填上了，从而使整个治水伟业得以完善。网上，该故事另有异文则讲述女娲在降服相柳塞住海眼之前直接帮助大禹治水，云："……地面上的洪水仍然凶猛横行。女娲娘娘又斩妖除孽，以固定大地。并帮助大禹疏通河道，使洪水归回大海。带领人们上岸居住，人们安居乐业，大地万物得以重生。"②若说前面的故事是让女娲的女儿（神女）助大禹治水，这里便是女娲本人登场了。结合古籍记载和民间传说来看，远古时期曾发生一场世界性大灾难，在那天塌地裂、洪水泛滥、猛兽横行、生民遭难之时，是大神女娲挺身而出，"炼五色石以补苍天，断鳌足以立四极，杀黑龙以济冀州，积芦灰以止淫水"，从此"苍天补，四极正，淫水涸，冀州平，狡虫死，颛民生"（《淮南子·览冥训》），天下太平。洪水神话是世界性母题，也在中国各民族口头文学中有丰富多彩的折射。透过神话看真相，归根结底，女娲补天的目的是在治水。2017年春节笔者去福建泉州、莆田等地考察女神信仰，在莆田市区供奉天后妈祖的文峰宫三代祠大殿木刻柱联上，看见有对联："闺中再

① 中国民间文艺研究会四川分会、中共忠县县委宣传部及文化馆编：《石宝寨的传说》，四川文艺出版社，1986年，第3—4页。
② 网文《石宝寨的传说》，http://www.360doc.com/content/15/1202/13/19096873_517378976.shtml，发布时间：2015–12–02。

毓娲皇圣，海内如歆大禹歌。"楹联漆水新亮系重刻，联文作者乃是清乾隆四十六年（1781）进士林炳彝，湄洲天后祖庙有多副对联亦由他撰文。供奉妈祖，流行于东南沿海一带；祭拜女娲，主要见于华夏内地。将妈祖与女娲并提，借后者赞誉前者，有何道理呢？笔者就此作了几点分析，其中之一就是："从神灵属性看，一般认为妈祖是海洋女神，有论者进而指出其'作为水神更合适'，因为'开始妈祖是跟着溪流走，很多山区也有妈祖'，而炼石补天的女娲也'杀黑龙''止淫水'（《淮南子·览冥训》），袁珂说'女娲补天，其目的无非治水'……日本学者白川静在《中国神话》里探讨洪水神话时将大禹、共工、伏羲、女娲等归为'水神'，这不无缘故。"[1]在巴蜀地区神话传说中，有关女娲是治理大洪水英雄的故事随处可见，如重庆巴县、四川绵竹等地民间流传的《女娲补天》就讲共工与颛顼争帝位把天整漏了，"搞得普天下洪水到处横流"，人类没法活了，是女娲娘娘砍鳌足撑起倾斜的天空西北部，再借来太上老君的八卦炉炼五色石补天，才止住了泛滥的洪水。总而言之，远古神话中"积芦灰以止淫水"拯救人世的女娲其实是比鲧、禹要早得多的治水英雄，她受到万世崇敬，其身影投射在后世传说故事中也很自然。

在巴蜀神话传说中，从治水上将大禹和女娲联系起来的不止见于上述，如1988年在重庆巴县采录的《巴子石》云：盘古初分天地时，天上到处是洞洞眼眼，天水漏个不停，玉皇大帝就派女娲去补天而派大禹去治水，大禹对女娲说："这地上的水，是天上漏下来的，你不把天补好，这洪水我是没得法治好。只有等你把天补好了，我才好治水。"[2]这完全是民间干活儿时二人既分工又合作的口吻在神话中的投射，两人在此都

---

① 李祥林：《行走闽地说娲媓——女娲神话及信仰在闽地的考察》，《内蒙古艺术学院学报》，2018年第2期。
② 本书编纂委员会编：《中国民间故事集成·重庆市卷》上册，科学技术文献出版社重庆分社，1990年。

被拉入了以玉皇为主的民间道教神灵谱系。又，流传在成都地区的《大禹治水》神话中，大禹带起天兵天将下凡治水，"在莫干山的东边，涂山氏有一女儿名叫娇，是个聪明又漂亮的姑娘，见大禹一心一意要把洪水制服，吃苦受累的，就同他结成了夫妇"，后来大禹治理三峡，女娇"化成了一块石头立在峰上"；流传在重庆巴县的《大禹治水》，则讲"大禹去治水的时候，刚同涂山氏结婚不到三天"[①]。神话异文中与大禹结婚者，或言涂山氏之女，或言涂山氏本人，那么，"涂山氏"究竟是何人呢？涂山以及大禹和涂山氏的神话，古籍多有记载，地方传说中亦多有折射，说法不尽一致。如《帝王世纪》："禹始纳涂山氏，曰女娲。"将涂山氏直接与女娲联系起来，颇为费解，许多人不接受。那么，该怎么理解此语呢？过伟认为，"这里说'涂山氏曰女娲'可理解为'女娲氏族'的人，或者'女娲类型'的人、'女娲式'的人物"[②]。即是说，"女娲"在此实为族群代称，未必是指女娲本人。这种解释较通达，可作参考。根据神话传说，来自擅长治水的"女娲族"的这位涂山氏也是协助大禹治水的得力干将，各地民间对其身世有不同的在地化叙事，川西北岷江上游羌地口头传说《大禹王的故事》中甚至把她化身为羌家女子，云：大禹治水，先要弄清水路，"老年人告诉他说：石纽山对门的涂山高，能看见很远的水流方向。大禹就翻过高山大岩，去涂山求人"。在山顶，遇见一位美丽的羌家姑娘，姑娘身边石头上放着一张羊皮地图，她自称已在此等大禹好几天了。"大禹觉得奇怪：'你等我做啥？'女子说：'天下大水成灾，百姓苦难重重，前几天，天神木比塔托梦给我说，石纽寨有个治水的英雄叫大禹，要来求问水流的方向，专门叫我在这等你，把我涂山祖传的三江九水的路图送给你。'说完双手捧起那样羊皮图。"姑娘告诉大禹说自己家住涂山，叫"涂山氏"，接下来，"俩人情

---

① 二则故事均见于侯光、何祥录编选：《四川神话选》，四川民族出版社，1992年版。
② 过伟：《中国女神》，广西教育出版社，2000年，第29页。

投意合，就拜天拜地拜涂山，结成了夫妇，一同治理大水"①。这个羌族化的故事从"石纽出世"到"古树吞碑"共有六个部分，此处所引见其中"涂山联姻"。

　　结合文献与田野，梳理本土神话史迹，会发现巴蜀民间故事在治水上将女娲与大禹联系起来并非无稽。长沙子弹库楚墓帛书记载的伏羲女娲神话就涉及此，那段文字据今人释读，意为：创世之初，天地混沌，风雨大水，伏羲娶女娲，"生四子，协助禹和契平水土（司堵，即司土，治水之官），其时风雨震晦，洪水泛滥（泷汩渊漫），九州不平，世界乱作，且尚未有日月，四子（四神）乃立四至（四极）以承天覆，并以步测时，其后又经过炎帝、祝融、帝夋、共工等人的多次整理，并为日月之行，有了四时之分，才最终完成了创世工作"②。来自田野的口头神话和见于古代的文献记载在冥冥中居然有跨时空契合，这也很神奇。

---

① 郑文泽编：《羌族民间故事集》，中国民间文艺出版社，1988年，第115—116页。
② 吕威：《楚地帛书敦煌残卷与佛教伪经中的伏羲女娲故事》，《文学遗产》，1996年第4期。

# 第六章

# 补天神话与人文胜迹

说罢出土文物，再来谈谈地方风物。女娲神话既有脉络悠久的流传又有空间广阔的播布，在中华大地上影响深且远，具有极其深厚的民间信仰根基。"炼石补天"是女娲神话的主题之一，巴山蜀水有不少人文胜迹都跟女娲神话中的补天故事及圣石意象发生勾连，生发出种种脍炙人口的在地性言说。立足民间，着眼口头文学，就此进行梳理和析说，有助于加深我们对巴蜀地域文化的理解和对中华女娲神话的认识。

## 第一节　三峡名胜石宝寨

来到山城重庆，从朝天门登船下三峡，忠县石宝寨绝对是途中一道亮眼的人文景观。笔者20多年前去过石宝寨，那印象至今鲜明。依山体而建的石宝寨，其构造和格局又总是让人联想到去河北涉县中皇山所见绝壁上的娲媓宫，二者在建造技艺上有异曲同工之妙。忠县古称忠州，"古巴国地，秦属巴郡，两汉因之，后汉末属永宁郡。……隋开皇初郡废，大业初州废，属巴东郡，义宁初复置宁州。唐初因之，贞观八年改曰忠州"，以其地有"巴臣蔓子及巴郡守严颜并著忠烈而名"；地理位置方面，"州东通巴峡，西达涪、渝，山险水深，介乎往来之冲，居然形要"，具体说来，"东至夔州府万县二百六十里，南至涪州彭水县五百九十里，西北至顺庆府广安州三百四十里"（《读史方舆纪要》卷六十九"四川四"）。该县位于重庆东部，距重庆主城区180公里，地处东经107° 3′ 至108° 14′、北纬30° 03′ 至30° 35′ 之间。被列入"巴渝新十二景"的石宝寨，如今是AAAA级旅游景区，全国重点文物保护单位，号称是世界八大奇异建筑之一。

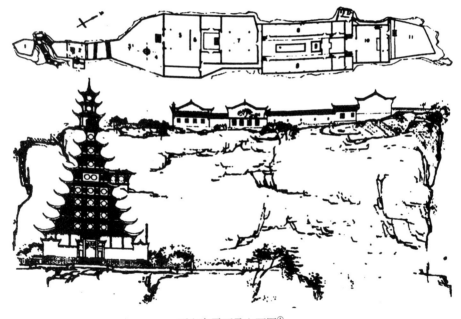

石宝寨平面及立面图①

石宝寨位于忠县城东北的长江北岸，西南距县城水程37千米，东北距万州水程51千米。整个石宝寨乃是依陡壁孤峰拔起的巨石所建，地势险要，巨石形如玉印，亦称"玉印山"。据当地民间故事，"忠县石宝

---

① 该图取自汪国瑜：《梯云之上，绀宇凌霄——记忠县石宝寨》，《建筑师》，1981年第6期。

寨，早些年叫玉印山或小蓬莱"，而"这玉印山是当年女娲娘娘炼石补天时留下的一坨宝石，方方正正，蛮大一礅"[①]。此山最早明确见载于文献是在宋代，《方舆胜览》卷六十一记载夔州路咸淳府山川有"石堡山，在临江县东五十里"。临江县指今忠县，石堡山即玉印山。清嘉庆《四川通志·舆地志·山川》卷二十一云："石堡山在州东五十里，一名玉印山。"清道光《忠州直隶州志》卷一"山川"云："玉印山在州东九十里大江之北，一名石宝山。"关于此山此寨，北京大学孙华教授有文考证[②]，可供参阅。山形易守难攻，明末谭宏起义，自称"武陵王"，曾据此为寨。依山而建的寨楼飞檐翘角，极为壮观。寨顶有古刹天子殿，还有文物陈列室和鸭子洞、流米洞、石宝姑娘、老鹰找路等景观。石宝寨始建于明中晚期，经清康熙、乾隆年间修建完善。目前，整个建筑由寨门、寨身、阁楼（寨顶石刹）组成，共12层，高56米，是我国现存最高和层数最多的穿斗式木结构建筑。寨楼原建9层，寨顶有古刹天子殿，隐含"九重天"之意。1956年，顶上2层方亭被改建为3层阁楼。2009年，历时3年多、耗资近1亿元人民币的抢救性保护工程完工，石宝寨重新对外开放。新亮相的石宝寨，在巨型围堤环绕中，宛如滚滚长江上的大型人造盆景，人称"长江小蓬莱"，是三峡旅游黄金线上的著名景区。

关于玉印山、石宝寨，除了历史考证，生动的口头传说也值得关注。2014年，在重庆市公布的第四批非物质文化遗产代表性项目名录中，有"石宝寨的传说"，列入民间文学类。其中，居首的便是跟女娲补天神话

---

① 中国民间文学集成四川卷编辑委员会编：《中国民间故事集成·四川卷》上册，中国ISBN中心，1998年，第318页。

② 孙华：《重庆忠县石宝寨考略——兼评石宝寨保护工程》，载重庆中国三峡博物馆、重庆博物馆编：《长江文明》第12辑，重庆出版社，2013年。关于寨楼建筑的层数，文中写道："1956年将山顶原两层方亭改建为三层的楼阁……从此原本九层寨楼加两层方亭的十一层单数就变成了加三层楼阁的十二层双数，与中国塔楼等高层建筑的层数不用双数的传统不尽相符。"

相联系的地名传说，且听《石宝惊天动地来》：

传说在远古时候，火神祝融同水神共工相斗，共工败阵下来后，便一头触向不周山（不周山是传说中的擎天柱）。霎时间天崩地裂，地动山摇，天河中的水倾泻而下，大地一片汪洋。

人们的呼救声和万物的哀号声，惨不忍听。哭声和哀声惊动了女娲娘娘。女娲见此景，便采集了五色石炼石补天。她用了三万六千四百九十九块石头，终于补好了天，天河里的水不再下泻。从此天空出现了星光璨灿、银河闪闪、五彩云霞绚丽壮观的景象。

但是，地面上的洪水仍然凶猛横行。女娲娘娘又斩妖除孽，以固定大地。并帮助大禹疏通河道，使洪水归回大海。带领人们上岸居住，人们安居乐业，大地万物得以重生。

然而，在九州四部中的四川，仍然是洪水泛涌不止。原来，在四川境内忠州附近有一个洞眼，与大海相通。洞内有共工的一员大将，名相柳，因不甘被打败，常从此洞出来兴风作浪，残害生灵。

闻得此消息，女娲决心除害，便取出随身带的玉印，将相柳擒拿，镇在洞内。用玉印塞住洞眼，海水不再涌出来了。玉印落地生根后便化作孤峰，峙立在洞眼上。

这块玉印原是一块五色石，是女娲补天后遗留下的一块五色石，它聚万石之精，藏天地之灵，因与补天无缘，被女娲缩变成印章般大小，女娲把它揣在怀中，上有"女娲之印，扶正祛邪，无材补天，志在除害"十六个字，让这块五色石为民镇害，保四方民众能安宁地生活。

人们怀念女娲娘娘，便把这座孤峰叫作"玉印山"。在岩壁边依岩建十二层阁楼，直上峰顶，在峰顶上修庙宇纪念女娲娘娘。曾有人赞曰：

危楼照朝暾，画阁迷夕烟。

巍然接云汉，气象雄万千。[①]

    有关石宝寨的传说故事主要流传在忠县境内，以及忠县周边的万县、梁平、石柱、丰都、垫江等地，其内容涉及石宝寨的神话起源、历史典故、名人轶事、风土人情等，见于《中国民间故事集成·四川卷》《石宝寨的传说》等书。这些传说故事与人文胜迹石宝寨紧密相连，有很强的地域性。当地这些口头故事，紧扣石宝寨主题，展示地方风物，伴随石宝寨的建造而产生，或曰流传至今有300多年了。及至民国时期，有民间说书人把诸多石宝寨的传说故事搬进茶馆书场，使这些洋溢着神异光辉的口头传说得以迅速发展和广泛流传。以上故事中，石宝的原型就是玉印，就是塞住海眼、镇住妖孽的"女娲之印"，就是女娲娘娘补天漏止洪水所使用的"聚万石之精，藏天地之灵"的五色石。神话传说凝聚着民间智慧和民众祈愿，总是富有超现实的想象力和创造力。在忠县当地，另有传说进而将灵石拟人化、具象化为"石宝姑娘"，她帮助人们修建了石宝寨，如《重修栈道山鹰解疑》：

    石宝山原有木栈道，供人们上下山使用，被恶人烧毁后，便无人能登上山顶了。后来，又有人在绝壁上凿洞重修栈道，供上香敬佛的人上下。但是，因山陡路险，常有人跌下摔死。

    人们想重修栈道的想法，得到当地贤绅邓举人支持，邓举人便

---

① 网文《石宝寨的传说》，http://www.360doc.com/content/15/1202/13/19096873_517378976.shtml，发布时间：2015-12-02。该故事在书籍《石宝寨的传说》(四川文艺出版社，1986年版)中题为《玉印山》，文字及内容要翔实得多，此网络重写版是大大地简化了，也更文人化了，但基本意思还在。《玉印山》讲述灾难发生时，"正在大荒山无稽崖下睡觉的女娲娘娘醒过来。这位善良美丽、神通广大的女神，看到这副惨状，又气愤又痛心，感到刻不容缓，立即动手，炼石补天"，她用青、白、红、黄、黑五色石炼成三万六千五百块二十四丈见方的大石头，其中一块五彩斑斓、方方正正的玉印便是后来的玉印山。《玉印山》由袁代奎搜集整理，1983年5月采录于忠县石宝镇，讲述人邓书德，70岁，乡村教师。

发动乡绅百姓有钱出钱、有力出力，募款重修栈道，请来著名匠人游天凤设计修建。但是，所设计的方案历经数次修订，均不能令人满意。大家为无好的方案施行而苦恼不堪。

一日，邓举人和游天凤的徒弟一道，重到连云山勘查，以便找寻适合地点重新设计方案建道。

邓举人一行到达连云山，正在山脚周围观察地形时，只见一岩鹰紧贴着连云山岩壁盘旋而上，直至山巅方才飞去。

遥望山鹰盘旋而去，大家迷惑不解。正在纷纷议论之时，匠人游天凤突然一拍拍头说道："有了。"原来，游天凤从山鹰飞行中得到启示，便开始重新设计图纸。经过反复多次修改，均无良图可解决栈道的安全、稳定性问题。

一日寐中，游天凤见一山鹰飞入卧室内，口中衔一卷纸，放在桌上，叫了几声，旋而飞去。游天凤拾起纸看，是一幅塔形阁楼图，高兴之至，便叫起来，原来是在梦中。

"十二楼阁耸江岸，山鹰盘旋解疑难。"梦中之景历历在目，他当即凭借回忆绘下梦中塔形阁楼图，又对外观进行美化，不久，新的塔形阁楼图就画好了，栈道就设立在阁楼内，依附山崖绝壁盘旋而上，共十二层，直上山顶。

大家一看称道不已，决定选址在临江面山崖处，按图重新施工。

忠州百姓数载艰辛，终于建成我们今日所见：面对浩浩大江、群山峻岭，十二楼阁巍峨耸立于江岸的宏伟壮丽景观。

有人说所碰到的山鹰盘旋山崖，就是石宝姑娘来到凡间，相助人们修建十二层阁楼的。大家感谢山鹰降临凡间，为忠州百姓解疑难，相助重修栈道，纷纷到山上朝拜石宝姑娘，为她添香祈祷。正是：

> 日照孤峰江岸立，古藤绝径白云依。
>
> 万川可掬大江近，明月凌霄河汉低。

十二层楼借崖驻，蓬莱仙岛任君题。

补天遗石逐杨柳，托梦山鹰解惑疑。①

放在网上的该故事也是再经润色的②。原题《游师傅修寨楼》，见《石宝寨的传说》收录，云"这修寨楼的掌墨师傅不是别人，正是石宝寨人游天凤"，他遇到难题时多亏"江边岩鹰石上飞出只大岩鹰"指点，得以成功，"十二层阁楼拔地而起，巍然入云，雄伟壮观"③。此故事最初是1981年10月在石宝镇搜集的，讲述人吴兴民，76岁，石宝镇山羊村人。这岩鹰使人联想到另一则故事中化身山鹰的"石宝姑娘"，而在有的故事版本中，修寨楼的木匠叫山海，"后来石宝姑娘跟山海成了亲，一直为乡亲们治伤看病"④。补天石—石宝寨—石宝姑娘，由此叙事脉络不难悟解女娲神话的置换变形和母题流变。今人收集了五则石宝寨传说放在网上，以上二则均在其中。尽管经收集者梳理后的文字有较明显的文人润色痕迹，但田野调查可证，诸如此类故事在当地民间有口皆碑并长久流传是客观事实。梳理的这五则故事中，有三则从原型研究角度看都跟神话传说中的"女超人"相关，除了以上二则，还有《何仙姑济世小蓬莱》。相传八仙之一的何仙姑在云游四方时来到玉印山，见此山矗立江中，险峻奇特，四周林木茂密，长藤倚壁，真是一处仙山，便在石壁上题写"小蓬莱"三字，并化长藤为栈道，建屋居留于此山。何仙姑在峰顶种草药，下山为百姓医治疾病，赠给药物不收取分文，深得百姓爱戴，百姓称她是"活仙姑"。后来，何仙姑救治了一个生病的小女孩，

---

① 网文《石宝寨的传说》，http://www.360doc.com/content/15/1202/13/19096873_517378976.shtml，发布时间：2015-12-02。

② 口头文学作品在文字记录及复述中被润色的问题，从民间文学三套集成以来，直到现在都很值得研究。

③ 李永年搜集整理：《游师傅修寨楼》，见中国民间文艺家协会四川分会、中共忠县县委宣传部及县文化馆编：《石宝寨的传说》，四川文艺出版社，1986年版。

④ 长航重庆分局旅行社编：《长江三峡名胜古迹介绍》，1980年2月印（内部资料），第14页。

并收养了她。小姑娘名叫"石宝"，父母双亡于瘟疫中。在何仙姑的传授指点下，石宝姑娘学会了种植药材。何仙姑又教石宝姑娘看病配药，带着姑娘走东家去西家，为周围百姓治病。有坏人趁仙姑外出，放火烧山，加害于石宝姑娘。石宝姑娘在大火中化身山鹰，成仙飞去。该故事在20世纪80年代编纂民间文学三套集成时便有收录，内容比网上梳理文字更详细，结尾是："后来，乡亲们怀念石宝姑娘，在山顶上修了一座庙，塑了她的像，一年四季香火不断。从此，人们把'玉印山'叫做'石宝'，也有的叫它'小蓬莱'。"[1]有如炼石补天、以石印塞海眼的女娲娘娘，化身山鹰的石宝姑娘也是神话叙事中替人类解忧除难的"女超人"。从女娲到何仙姑到石宝姑娘，有关石宝寨的三则女性（女神、女仙）故事均张扬了"女神救难"主题，归根结底，后二者都不妨看作是以大神女娲为代表的古老原型在后世口头文学中的翻版或回声。

## 第二节　仙山峨眉有天门

峨眉山是天下名山，登上峨眉金顶看日出，是每个游客都憧憬的。网上，有人为峨眉山概括了佛光、云海、圣灯等六大奇观，其三是日出，并以"女娲炼石补天之光"相称，云："传说，女娲是在峨眉山炼五彩石补天，至今，山中仍有女娲洞，而为女娲捡石的九位老人称为'九老'，居住在九老洞。女娲炼石补天，采集的火种便是来自峨眉山升起的第一缕阳光。"[2]九老洞是峨眉山著名景点，位于仙峰寺背后的九老峰

---

① 《忠县石宝寨》，讲述人吴永江，男，82岁，不识字，忠县石宝镇退休工人，采录时间1983年5月，见中国民间文学集成四川卷编辑委员会编：《中国民间故事集成·四川卷》上册，中国ISBN中心，1998年，第320页。

② 网文《佛家名山：峨眉山的六大奇观》，https://www.sohu.com/a/396512425_120211295，发布时间：2020-05-20 17：13。关于峨眉山"女娲洞"，《路史·后纪二》"女皇氏"条罗苹注引："常璩《华阳国志》等谓伏羲女娲之所常游。"（今之所见《华阳国志》无此，或为佚文）又见于《读史方舆纪要》等书。

下，海拔1752米，下临绝壁。洞口呈三角形，高约4米，全长1500多米，其下便相传是白蛇传故事中陪伴白娘子左右的青儿修道的地方。明朝末年，井研人胡世安三次游历此山，随后在《登峨山道里记》一文中写道："最奇者，莫如九老仙人洞。昔黄帝访广成子天皇真人游此，遇一叟洞外，询'有侣乎？'答以'九人'。今名以此。"近人林散之《九老洞》诗云："山雨不可晴，秋径没蒿莱。大坪何兀兀，九老尤奇哉。"网上又有文字称，"传说当年中华民族的祖先轩辕黄帝远道从黄河边来峨眉山访天皇真人问道，巧遇穴居此洞中的九位老人，名叫'天英、天任、天柱、天心、天禽、天辅、天冲、天芮、天蓬'，问及年龄，九位老神仙已记不清楚，只记得他们曾经在年轻时候为女娲娘娘炼石补天捡过石头。'九老洞'的得名源出于此"①。见于网上这两则关于云海及九老洞的故事，言及自然景观的人文寓意，从"中华民族的祖先"等提法来看，当代表述痕迹明显。

关于九老洞的传说在民间有多种，其中为人们熟知的是仙峰寺一个老和尚与两个徒弟的故事。一天，师徒三人诵完经之后，两个小和尚照例去捡柴，老相尚则出寺巡游。老和尚顺着山间小路而行，走到一个山洞前，看见两个白发苍苍的老头在下棋。老和尚站立旁边观战。过了一会儿，又从洞内走出七个银须白发的老头，也坐在石桌旁下棋。棋家有话说：下棋要成对。九个老人正好单了一人，便请老和尚来对弈。那老头见和尚棋艺不错，心里一阵高兴，便从袖内摸出一个鲜桃，分成两半，将一半递与老和尚。老和尚吃了这桃，心神清爽，十分自在，仿佛觉得年轻了。随后，老和尚又跟着老头入洞游玩。临行时，老人们送给老和尚一把雨伞和两个鲜桃，嘱咐他常来玩玩。"老和尚出得洞来，高高兴兴地往仙峰寺奔去。他想，这鲜挑拿回去分给两个徒弟，让他们分享今日的快乐。……老和尚回到寺里，没见到两个小徒弟，却看见两个

---

① 网文《九老洞》，https://www.tcmap.com.cn/landscape/9/jiulaodong.html

老和尚在堂前诵经。诵经的和尚见到他回来，忙站起来迎接。老和尚仔细一看，原来就是他的两个徒弟，感到十分惊奇。"[①]原来，洞中才一日，世间已过去几十年，和尚方才醒悟遇见神仙了。后来，人们把这山洞叫"九老洞"，又称"九老仙府"。九老洞中遇见仙人下棋及食桃，又有1987年5月搜集的《三年一盘棋》，说的是眉山县赵姓老头朝山的故事，但有如前者，均不见有什么替补天的女娲捡石头的编码。不过，当地人将知名景点九老洞与女娲神话联系起来亦非毫无来由，因为峨眉山本有"女娲洞""天门石"的故事[②]。在民间文学领域中，像这种将彼神话嫁接到此神话的例子有许多，十分常见，如1987年7月在仁寿县大联乡雀岩村65岁罗姓农民口中采录的《白蛇成仙》就把白蛇传故事跟女娲嫁接起来，说白蛇的法力大增是因为吃了女娲娘娘做的汤圆，并借佛祖之口道出真相后"白蛇晓得了她的师傅是女娲"[③]。查阅网上有关峨眉山的信息，有《女娲石》故事：

　　　　相传在上古时期女娲补天的时候一块石头从女娲炉子里掉出来，掉在了峨眉山上。这块石头又高又大直插云霄。因为这块石头直插天穹，所以它连接了天庭与人间，从此天上的神仙不用通过南天门来到人间，这块石头就相当于他们的后门，被命名为"天门石"。有神仙想到人间来玩了，便通过这块石头来到峨眉山，从此峨眉山

---

① 网文《揭秘峨眉山民间传说：九老洞》，https://baijiahao.baidu.com/s?id=1650102109432637359，发布时间：2019-11-13 23:46。

② 万历《四川总志》卷十五："伏羲洞、女娲洞，俱峨眉山。"《古今图书集成·方舆汇编·山川典·峨眉山部》第一百七十三卷："伏羲洞，女娲洞，鬼谷洞，俱在雷洞坪岩下。""天门寺，在天门石下，僧瑞峰建。石凡三折始达，山路丹青不能似也。"天门石在峨眉山太子坪南，其左有天门寺，因巨石相对如门，故名，石壁凿有大字"天开不二"。

③ 本书编辑委员会编：《中国民间文学三套集成·四川乐山市卷·故事卷》上册，1990年7月印（内部资料），第198—199页。

上有神仙。①

峨眉山高，"峨眉高出西极天"（李白诗），民间有峨眉山"离天三尺三"的口碑。登上峨眉山，当地人会指点你说距金顶不远处有两个大石头，彼此形状相似，相距不到一丈，石壁如刀削般陡峭，传说爬到上面就能摸到南天门，人称"天门石"。不仅如此，民间还相信这连通天宫与人间之灵石就是女娲娘娘补天时留下的。手边书中，《天门石》传说如此：

> 相传女娲氏炼石补天的时候，有一块石头从炉里掉了出来。那石头从天上唏里哗啦往下滚，一直落到峨眉山上。从此，峨眉山上就有了一块又高又大的石头，直插天穹。
>
> 在没有这块石头以前，从彩云缭绕的天宫到人间来，要出南天门，经过天梯。天梯旁有青鸾童儿看守，如果没有玉帝、王母的旨意，谁也别想过去。自从有了这块天门石以后，因为它上通南天门，下通峨眉山，所以想到人间就可跨出南天门，踏上天门石，不经过天梯，就能到峨眉山了。天宫里那些神兵、天将、彩女、云童，听说峨眉山上风光秀丽，就时常经过天门石，偷偷跑到峨眉山来游玩。②

---

① 网文《峨眉山的传说》，https://zhidao.baidu.com/question/75902272.html，发布时间：2019-09-23。"峨眉山民间传说故事"自20世纪80年代以来便多被有心人士收集，如今亦作为非物质文化遗产项目列入乐山市非遗代表作名录，其内容如《乐山市非物质文化遗产大观》所言："峨眉山民间传说故事内容丰富，峨眉山上的山水，每个地名，每座小桥都有一个美丽的传说。"（乐山市文化馆、乐山市非遗保护中心编，2017年10月印（内部资料），第11页）

② 张承业搜集整理：《峨眉山的传说》，中国民间文艺出版社，1982年，第22页。顺带说说，1988年5月在重庆巴县采录的《巴子石》，也讲女娲补天时最后一块石头是未经炼过的，结果那石头被雷震落下来，天漏了个洞，众神便瞒着玉皇大帝从那洞洞梭进梭出，不仅如此，"天有了漏洞，先先后后确实出了不少的事。像张四姐下凡找崔文正呀，张七姐私配董永呀，牛郎织女结亲呀，这些女娃儿都是从南天门那个洞洞偷跑到凡间来的"。从性别研究角度看此口头文学，也很有趣。

神话传说中的"天门石"本是一块，后来因王母娘娘发怒而被劈成了两半。话说三月三，天宫中王母娘娘要大办蟠桃会祝寿，叫太白金星带着仙女们去蟠桃园采摘蟠桃。太白金星召集仙女们时，发现少了守蟠桃园的两个仙女。一问，方知二仙女从天门石私自去了峨眉山，便将此情况禀告王母娘娘。王母恼怒天门石为那些凡念未消、不守仙规者搭了一道私下凡间的便桥，吩咐巨灵神前往峨眉山捉拿二仙女。在山上玩得正高兴的两位仙女忽见金盔金甲、手执大斧的巨灵神前来捉拿她们，吓得慌了手脚，时而变珙桐树，时而变画眉鸟，均被识破，最后变成枯叶蝶，"果然，巨灵神找遍了全山，也没有找到她们"。且听故事结尾：

> 巨灵神找不到二仙女，只好回天宫向王母娘娘复命。王母娘娘又对巨灵神说："二仙女私下凡间，又拒不回天庭，罪恶深重。现在我命你斩断天门石，断绝她们的归路，永远不准这两个孽障再回天宫。"巨灵神领旨后，驾着云头，来到天门石旁。他手举巨斧，对着天门石砍去。只听山崩地裂一声响，天门石被砍去了大半截。接着又是两斧，把巨石从当中劈开了。于是，天门石变成了两块，当中出现了一条道路。因为天门石被斩断，二仙女再也不能回返天庭，她们就永远变成了两只枯叶蝶，飞翔在峨眉山的翠树绿叶之中。①

从女娲补天留下圣石化作天门到王母娘娘下令斧劈巨石隔断仙凡，似乎透露出女神故事从远古原始时期走向后世王朝时代由于权力话语介入所发生的叙事变化，其中有值得研究者留意的文化信息。倘若从性别研究角度作不算离谱的推想，这是不是女娲神话在后世失落变形的例证之一呢？再结合神话流变史看华夏文化发展历程，古代中国有"绝地天通"传说，这是不是又一种被烙上后世叙事印迹的同类神话版本呢？当

---

① 张承业搜集整理：《峨眉山的传说》，中国民间文艺出版社，1982年，第24页。

然，回到巴蜀文化话题，这个地方性传说也为峨眉山的巨石奇观和自然物种赋予了充盈着神话想象力的生动解释。

## 第三节　紫石本是补天石

紫石关在天全县，天全地属雅安。据考，"官方文书和史籍上出现'天全'的称谓，最早在元代"①。《四川民间文化大典·古道关隘》收入"天全禁门关"，未见有紫石关。其实，紫石关亦是天全县出入二郎山的重要关口，《明史·地理志》有载。清顾祖禹《读史方舆纪要》卷七十二"平羌关"条云："又有紫石关，当嘉、眉两州分界处，山石皆赤，因名。"卷七十三"天全六番招讨司"之"禁门关"条曰："司治西禁山下。又紫石关在司西百里，仙人关，在司西六十里，俱雅州千户所官兵戍守。"历史上，紫石关与禁门关在有关川边治理的文献中常常并提："土司统治时期，曾在这里设碉紫百护所，后为官兵戍守驻地。从唐末至清雍正以前，紫石关一直是重要关隘。关隘总面积达八千多平方米。天全六番招讨司派有重兵把守"②。据《天全县志》，禁门关古称碉门，位于县城西1公里处大岗山、落溪山对峙的峡谷中，下临天全河，由于两山岩石壁立，状如碉楼，远望如门，故有此名。清光绪时贵州名士陈矩任州官，撰《禁门关铭》赞之，云："天全绕廓皆山，而落溪、大岗最峻拔……览之两山对峙，其状若石门。近临土蕃，远通藏卫……有川如带，险不可向。"③三国时诸葛亮曾至碉门，并派高翔驻守。唐初于碉门设和川兵镇，宋设碉门寨，北宋时于寨内辟茶马互易市场。南宋关

---

① 《天全县志》编纂委员会编：《天全县志》，四川科学技术出版社，1997年，第57页。
② 方兴：《见证天全》，中国三峡出版社，2004年，第75—76页。
③ 《天全县志》编纂委员会编：《天全县志》，四川科学技术出版社，1997年，第764页。

城被毁，元初重建。清雍正时，改碉门为禁门关①。所谓"碉紫"，即指的是碉门（禁门关）和紫石关。关于紫石关之紫石，当地茶马古道上流传着这样的故事：

> 传说古时天漏不止，水患无穷，民不聊生。女娲为解水患而炼五彩石补天。漏天补好之际，曾有一碎石掉于此地。因石头呈紫色，石上又隐约可见"紫石"二字，并且石头落下来后，雨就停了，天不再漏雨。
>
> 当地百姓便把此石看作神石，视为吉祥之物，并将此地取名为"紫石"。②

从雅安地区通往少数民族区域，川西茶马古道上的"三关"甚有知名度，除了紫石关和禁门关，还有位于芦山、天全、雅安三地交界处的飞仙关，此关被称为"川藏陆路第一咽喉"。从成都出发，经飞仙关到天全，向西翻越二郎山到泸定、康定，再经雅江、理塘、巴塘等，最终至西藏，这是田野考察者熟知的。"关口外为峡谷地段，世传大禹治水之地。宋代始建关城，名神禹漏阁。"③天全之名，据清代天全文人杨振业撰史实笔记《灵和乘略》介绍，"元易其名曰天全，则固其地在大小漏天之间，而雅所入之飞仙关，旧名漏阁，故易曰全"，《天全州志》又

---

① ［清］顾祖禹：《读史方舆纪要》卷七十四记载："碉门砦，县西北百五十里，即和川镇、雅州西通蛮路也。元至元初置碉门等处安抚司于此。二年安抚司高保四言：'碉门旧有城邑，中统初为宋所废，众依山为栅，去碉门半舍，欲筑戍故城，便于守佃。'敕秦蜀行省相度行止。明初亦设碉门百户所，有石城足以控御。盖州之灵关、碉门、始阳皆通番之道，而碉门最为要害，两山壁立，一水中通，特设禁门以限中外。碉门以外即天全境，所谓'万里干河直达碉门'者也……近天全招讨司界。"
② 网文《天全紫石关：传说女娲补天遗石之地》，https://www.beiww.com/zh/lyxw/201909/t20190901_839241.html，发布时间：2019-09-01 08:33:15，来源：雅安日报/北纬网。
③ 四川省文学艺术界联合会编：《四川民间文化大典》，四川辞书出版社，2020年，第86页。

云"治北四十里有天全山，州因此山而名也"[1]。在这条从内地通往边地的道路上，紫石关、飞仙关、禁门关三关并称，无论在经济上还是军事上均有着重要意义，向来是兵家必争之地。据前些年来天全实地调查者介绍，二郎山下二郎庙附近有彭姓老人能讲许多故事，年逾古稀的他曾是茶马道上背茶包的背夫。下面，是出自老人之口的飞仙关传说：

> 远古时期，天空中悬挂着九个太阳，经年暴晒，大地如同火炉，旱灾肆虐，民不聊生。为解民众劳苦，后羿举箭射日。与此同时，峨眉山上一个修炼了数千年的神猴为了求雨，沿着马桑树登上了天庭。玉皇大帝正欲洗脸休息，一听神猴禀报，忙叫仙童将盛好的洗脸盘水端到天边洒去。哪知那神猴本身脾气不好，一听玉帝这般小气，火气不打一处升起，他心想：玉帝太为小气，大地上早已江河断流，田地生烟，你不考虑我一条猴子不顾性命攀树上天，也该考虑黎民的艰苦。于是夺过金盘便扔，持水仙童还没醒过神来，那金盆早已扔在了天板上，天板被砸出一个窟窿。遗憾的是那神猴哪里知道"天上一滴水，地下万亩田"。顷刻间，倒在天板上的水顺势而下。至此后，地球上洪水泛滥，人类遭遇了灭顶之灾。天漏之处，人们便称之为"小漏天"（天全古称）。

原来，是好心的神猴在不知情的情况下犯了错误，导致天漏给人间带来洪水灾害。此时此刻，率先挺身而出为人类解除危难的是炼石补天的女娲娘娘。故事继续：

> 天一直漏着，广袤的大地上洪水泛滥成灾，黎民苍生痛苦万分。为了拯救黎民百姓，女娲"炼石补天"，好不艰辛天漏才被补

---

[1]　《天全县志》编纂委员会编：《天全县志》，四川科学技术出版社，1997年，第58页。

上。至此，"小漏天"便更名为"天全"。天虽补好了，但大地上依然是洪水成灾。为救百姓，大禹四处治水，但是，天全境内群峰毕立，沟壑纵深，水患难消。大禹想尽一切办法也难将天全境内的淤水排除，最后他只有组织百姓在山体较薄弱之处挖沟引渠，几年过去见效甚微。此时此刻，炎帝女儿在东海溺水淹死了，变成了一鸟名曰精卫，她终日衔石夹土，决心填平东海。二郎神深受感动，于是担着两座山以助精卫填海，途经天全正遇孽龙作祟，便丢山降龙，所丢之山便叫二郎山。历尽努力好不容易才将孽龙在灌县捉住，还来不及歇息，他便回头担山，正好目睹大禹在天全为疏通河道焦虑，于是决定开山破堰，以救百姓。二郎神起运神力，挥动三尖两刃刀，几刀下去，"飞仙关"便山开石破，淤水顺关而下，所以"飞仙关"山体呈现刀砍斧劈的模样。当时人们知道是二郎神所为，于是在飞仙关建"二郎庙"以示纪念。此地也名为"多功"，以为大禹、二郎神在此破山开河，劳苦功多，同时也示，老百姓在此开挖沟河费了许多功时。[①]

以上传说中提及"衔石夹土"填海的精卫，该神话角色见于《山海经·北山经》："又北二百里，曰发鸠之山，其上多柘木。有鸟焉，其状如乌，文首、白喙、赤足，名曰精卫，其鸣自詨。是炎帝之少女，名曰女娃。女娃游于东海，溺而不返，故为精卫，常衔西山之木石，以堙于东海。"国人熟知"精卫填海"神话，笔者对此从性别研究视角亦有论述[②]。文献记载精卫名"女娃"，多少会使人从读音上联想到女娲。丁山认为："这位填海的冤禽名女娃。郭注云，'娃，恶佳反，语误或作阶'，

---

① 以上两则见方兴：《见证天全》，中国三峡出版社，2004年，第9—11页，标点符号有所调整。

② 参见李祥林：《性别文化学视野中的东方戏曲》第五章第三节"不死的精卫"，天马图书有限公司，2001年。

山谓阶也、娃也，都是娲字的别写。女娃，当即女娲。"[1] 又有人从原型角度对读精卫填海和女娲补天神话，指出"精卫衔木石以埋东海，女娲炼五色石以补苍天，都体现了用土石克水的观念，具有相同的思维方式"，并推论二者均属"一场止雨的巫术仪式"[2]。再看文物，1986年4月发现的简阳鬼头山之东汉崖墓3号石棺图像亦有旁证。该棺足档有"图为伏羲，人首蛇身、头戴冠，一手高举，一手前伸，双手均未持物。右上方榜题'伏帝'，即伏羲。左为女娲，人首蛇身，背上生羽，双手斜上举，手中也未持物。右上方榜题'女絓'，即女娲，'女'字上部漫漶。伏羲、女娲左右相对，两尾部呈八字形。这种手中不持物的伏羲、女娲画像较为少见。伏羲、女娲两尾之间有一玄武……榜题'兹武'，'兹'当为'玄'的双写。女娲左侧有一站立的小鸟，昂首翘尾。榜题'九'，即鸠。古代认为鸠是一种瑞鸟，把它刻于棺上，显然是寓死者安息之意"[3]。较之他方所见同类石棺，该图像奇特处在于女娲尽管仍是人首蛇躯，但其背部长有羽翼，右下有鸟并题记"九"，为鸠鸟。有人联系《山海经》中记载的精卫（女娃）神话，指出："女娃溺死之后化为精卫，精卫即是一种文首、白喙、赤足的鸟，居于发鸠之山。这里，发鸠之山的'鸠'字值得特别注意，它可能正指女娃所化之精卫鸟"，既然如此，"《山海经》的记载则恰好为鬼头山石刻中女娲生翼，且女娲一侧绘出鸠鸟的主题作了注脚。不仅如此，鬼头山石刻题记将'女娲'写作

---

[1] 丁山：《中国古代宗教与神话考》，上海书店出版社，2011年，第254页。

[2] 刘占召：《精卫原型新探》，《东方丛刊》，2003年第4期。

[3] 内江市文管所、简阳县文管所《四川简阳县鬼头山东汉崖墓》，载《文物》1991年第3期。由于字迹不是十分清晰，图中榜题"女絓"亦未必不可以识读为"女蛙""女娃"，该字的音、形、义皆与女娲相通。又，"伏帝"的后一字除了识读为上文下巾的字形，是不是还可以识读为"希"或"蒂"字呢？须知，凿刻石棺的民间工匠不是文字学家，他们按日常习惯用易写的俗字、同音字取代较复杂也难辨认的"羲""娲"二字，不是什么奇怪的事情。诸如此类问题可再探讨，但不管怎么说，简阳鬼头山东汉崖墓3号石棺为学界辨识汉代诸多同类图像为伏羲、女娲造型提供了更直观的物的证据，这是得到公认的。

'女娃'，也正与《山海经》作女娃相一致"。该论者认为精卫与女娲当有神话性关联，"以上看似巧合的两点表明，精卫填海的神话可能是从女娲的事迹演变而来。除此之外，女娲补天神话中，女娲采用了'积芦灰以止淫水'的方法，这与精卫填海神话中，精卫鸟'衔西山之木石以堙于东海'的神话内核意蕴极为类似，即可能都与洪水记忆相关"①。当然，这种大胆推论最终是否成立有待更扎实的论证，但也不能说毫无道理。由此回过头来看，富有神话想象力的天全民间传说将女娲和精卫糅合在同一故事里，不能不说是意味深长的。

简阳鬼头山东汉崖墓有伏羲、女娲榜题的石棺②

二郎山下老背夫讲的故事还要长些，此处摘录主要段落。故事主题是大洪水及英雄治水，又结合川主信仰融入大禹、二郎神，比二者更早的治水英雄则是炼神石补天漏的女娲。天全有"小漏天"之称，从"天漏"到"天全"，根据神话叙事，首功要记在大神女娲头上。也就是说，

①　李公子渊默：《山海经：补天的女娲和填海的女娃名字如此相似，难道仅仅是巧合？》，https://jianshu.com/p/937aa1956949，发布时间：2019-09-28 15:13:39。
②　二图分别见网文《"简阳文物想说话"系列之东汉石棺》，https://new.qq.com/omn/20210325/20210325A09WQ900.html，来源：文化简阳，发布时间：2021-03-25；成都市文物考古研究所：《四川泸州汉代画像石棺研究》，文物出版社，2019年，第256页。

大禹治水不过是女娲治水（炼石补天防止漏水）的后续，他秉承着女娲为民救难精神，继续着女娲未竟之业。纵观天全民间故事，如果说紫石关传说只是猎奇式地讲述了跟女娲神话有关的一个地名、一个人文胜迹的由来，天全得名传说则是在由衷的民间赞美声中凸显、张扬了女娲替人类排除巨大灾难的盖世神功。如此这般，古老的女娲神话经过在地性陶冶和编码，成为蜀地民众精神生活中的有机组成部分，连具体地名也带着民间情感。

# 第七章

# 神石奇闻及审美想象

笔者行走国内各地就女娲神话及信仰做田野调查，在有女娲祭祀的庙观中屡屡看见神奇的"补天石"，以甘肃为例，典型者有天水伏羲庙和秦安女娲祠①。就笔者所见，巴蜀地区难觅专供女娲娘娘的祠庙，也鲜见刻意展示补天神石的例子，但着眼口头传说，川渝民间有关女娲神石的故事以及由此附会的遗迹、景观等并不缺乏，可以关注。本章从物件类、景观类、事象类三种传说故事入手对此考察，并结合民间心理、审美想象等就相关问题进行析说。

## 第一节　物件类传说故事

"官员有印，释比有鼓"，这是川西北羌族的一句老话。释比是羌民社会中不脱产的民间宗教人士，他们作为本民族文化的重要掌握者和传承者在尔玛人中享有崇高声望，羊皮鼓是他们手中请神驱邪必不可少的

---

① 有关情况，请参阅李祥林：《女娲神话及信仰的考察和研究》中相关篇章及图片，巴蜀书社，2018年。

法器，其重要有如汉官手中的大印。过去，帝国王朝时代，官府、官员在庶民百姓的心目中形象威严，高不可攀，因为他们掌握着代表高高的权力、赫赫的威势并能决定小民生死的大印。作为权势标志的官员大印在世人印象中如此，那掌管天下的皇帝老倌儿的大印（玉玺）就更不得了。犹如皇帝自诩为"天子"（天神的儿子）、过去王朝大肆宣扬"君权神授"而千百年来为天下百姓深信不疑一样，这赫赫大印在乡里民间循规蹈矩的顺势接受中，也被想象成是来自天上之物所化，是历朝历代皇帝执掌相传、号令天下的具有至上神圣性的物件。与此相应，乐山地区就有神话传说《女娲补天制印》，是1987年从井研县千佛乡永忠村65岁廖姓农民口头采录的，主要流传在峨眉山一带民间，故事云：

> 传说盘古王开了天地，女娲造了人以后，有两个妖怪打架，把天打了几个窟窿。天上哗啦哗啦地漏水，人没办法生活。女娲就在大海头捡了若干多的石头，棚起火炼五色石补天。
>
> 天补好了，剩下一砣五色石，女娲把它打磨得四四方方的，送了天下承头的人。承头的人为了统一天下，就把这块方石刻上字，当成发号施令的印章。
>
> 后来，这个印章一个皇帝传一个皇帝，一个朝代接一个朝代地往下传。①

该故事还有后续，见于寺庙僧众口碑，说的是这方玉印千年后传到康熙皇帝手中，自视为十八罗汉转世的康熙后来隐名埋姓上峨眉山当了和尚，不知他把印藏到山上什么地方了，从此玉印失传。王权神授，天命使然，这是过去王朝政治时代官方大传统引导民间小传统的主流话

---

① 本书编委会编：《中国民间文学三套集成·峨眉县资料集》，1987年12月印（内部资料），第1页，文字有所校订。

语。以上神话传说正是遵循传统话语的轨道，对此积极配合，作了顺势性发挥。不必讳言，官方主流观念制约下的传统社会使然，顺势化叙事在本土民间口头文学中有强势影响并普遍可见（诸如三纲五常之类），上述例子不可谓不典型。有时候，这种顺势化叙事在民间文学作品里还会很隐蔽，与其他声部的话语混合在一起，需要仔细辨析才能看出。如收入《四川风俗传说选》的《妇女为何包小脚》，讲述被荒淫的隋炀帝强征入宫

补天神石化玉印（《石宝寨的传说》插图）

的女子包脚是为了把刀子藏在脚下，但进宫后刺杀昏君时失了手，昏君没杀着，自己却被杀了。从此以后，"女人们感念大臣女儿的节义，个个都包起小脚来了"。从叙事方式和主题表达看，这个讲述缠足风俗来历的传说具有二重性。从表层叙事看，是在肯定节烈女子，否定无道昏君，给了缠足风俗起源一个非顺势性表达（违逆强权）；从深层叙事看，通过讲述节烈女子故事，又给了缠足风俗起源一个顺势性表达（纪念烈女）。也就是说，此处借英雄化的烈女故事，给了缠足风俗来历一个正面的肯定性解释，并不像四川地区有的同类风俗传说所采用的否定性妖孽化叙事。从福柯所讲的"话语权势"角度看，民间与官方从来不是地位对等的，前者牵制后者、引导后者，后者接受前者、顺应前者，乃是过去几千年来中国社会的常有状态，甚至被视为天经地义，犹如上

述故事表达。话虽如此，尽管民间社会受到主流话语的强力制约和强势影响，但仍须看到，民间毕竟是民间，民间文学在叙事上也常常流露出与主流观念、权力话语不相合拍的非顺势化倾向，比如乐山地区流传的《包尖尖脚的来历》（见下文）。

说到补天石化印章的传说，人们又会想到长江三峡地区那个宝石化玉印的神奇故事。与女娲神话相关的这个故事流传在川东也就是今属重庆市所辖的忠县，其中讲述远古时期火神祝融与水神共工打仗，后者兵败后头撞不周山导致山崩地塌、天裂洪灾，人间一片悲哀之声。正在大荒山无稽崖下睡觉的女娲娘娘被惊醒了，她立刻捡来五色石，炼石补天拯救人世，整整炼了九十九天，炼成三万六千五百块二十四丈见方的石头。补天之后，还余下一块五彩斑斓、方方正正的玉石，女娲娘娘盘算着一定要将此宝石用在紧要之处。故事讲述道：

> 女娲娘娘望了望天，长长地舒了口气，这才发觉那块五彩玉石还留在原处，不由叹息道："没用上它，就补好了天，真是枉炼了它一场，委屈了它，惜哉！惜哉！"谁知那块五彩玉石随声变小了。她大吃一惊，又觉得有趣，连声喊道："小，小，小！"那玉石竟缩成碗大一砣，形如印章，晶莹可爱。她拾起把玩，上面还有几行蝌蚪篆字："女娲之印，扶正祛邪，无才补天，志在除害。"她明白了，这玉印聚万石之精华，吸天地之灵气，是一个宝石，便满心欢喜地揣在身上。

不过，以上故事的最终指向并不在"玉印"这物件，而在石宝寨所在的"玉印山"。女娲完成了补天伟业，又有水怪施虐，她用"玉印"击毙了妖孽大乌龟，见四川依然一片汪洋，又用此镇住了常从海眼钻出来作怪的长着九个脑袋的毒龙相柳，再用"玉印"塞住海眼，海水不再涌入，四川成为陆地。上述故事是1983年5月从忠县石宝镇82岁不识字的吴姓退休老人口中采录的，题目叫《忠县石宝寨》，故事开篇就指出"这玉印山是女娲娘娘炼石补天留下的一坨宝石"。1986年由中国民间文艺家协会四川分会与忠县宣传文化部门共同整理、编辑、出版的《石宝寨的传说》，对山名"玉印"的由来叙述更详细，故事结尾如此：

> 这座孤峰奇岩，平地矗立，雄峙江边，四面如刀削斧劈一样，高耸数十丈。因它是女娲娘娘玉印化成的，人们就叫它"玉印山"了；又因它来历不凡，镇妖除害，法力无边，所以又叫它石宝。后来，人们在峰顶上修了庙宇，倚岩壁建了十二层漏阁，又为其增辉不少，成为万里长江上一课璀璨的明珠。①

从"玉印"到"玉印山"，可知跟女娲神话相连的《石宝寨的传说》，实乃一则景观类传说。下面，我们就接着谈巴蜀地区与女娲神话相关的景观类传说故事。

## 第二节　景观类传说故事

纵观巴蜀神话传说，将女娲补天神石与人间风景胜地联系起来，古今有见。大而言之，从游客心目中享有较高知名度的景点来看，忠县石宝寨、天全紫石关、峨眉天门石等可谓其中佼佼者。除了上述，再就地方景观及故事指说二三，其名声虽不那么响，但也颇有意思。

其一见于川南宜宾所辖高县，当地称有"女娲石"。该县沙河镇有

---

① 两段引文均见《石宝寨的传说》一书，四川文艺出版社，1986年版。故事《玉印山》，由袁代奎搜集整理。此外，据当地介绍，1940年4月在忠县万金乡两河村采录的《石宝寨的由来》（讲述人卢世昭，记录者王永明）则称女娲在长江上游发现一条从邛崃山下游来的没角的龙，便用补天剩下的五色石安在后者头上并叮嘱它留在这里，后来这条龙变成一道起伏的山梁，那宝石补就的龙角化成了巨石孤峰的石宝寨。蜀地之龙化身巴地之景，这个涉及女娲的地方传说又在奇妙的想象中将巴与蜀作了神话性的联系，耐人寻味。

个上古村，距宜宾市区约40公里车程，该村山坡上有许多圆形巨石，大者如篮球场，小者有房屋般体量，或形似拱地的肥猪，或状如飞天的火箭，奇形怪状，引人遐思。或曰这是女娲补天后遗落在上古村的。行走在村里，地面雕刻有精美云龙纹的建筑残件据说是"女娲庙"的遗存，一座三开间的老瓦房也说是"有上百年历史的女娲庙"（由土地庙改奉女娲）。村中路边有圆形巨石似桃，于是村旅游导览图旁立牌称之为"天降蟠桃"，曰："传说，每三千年举行一次的蟠桃会，除应邀各类神仙大快朵颐外，也有破例赏赐给人间帝王有功德者，以彰其德。"汉武帝寿辰，得食西王母所赐蟠桃，"欲得种植之法未果，后幸得女娲之女宓妃帮助，与东方朔从天而降，将天庭蟠桃种在了上古女娲山上，后世称这个硕大的仙桃为天降蟠桃"。西王母、东方朔、宓妃等在此被组合到了充满想象的神话式叙事中，该村有巨石群的山也被冠以"女娲山"之名。路口，为游客指路的牌子上写着"补天石"和"女娲湖"。2019年4月，该村还曾举办"中国·上古首届女娲文化研讨会"，意在挖掘上古女娲文化资源，展示上古淳朴民风。当今时代，神话资源在文旅融合、发展文旅的语境中被空前激活，在此成套的话语表述中，除了故事新编式的"天降蟠桃"等，上古村的水库亦被命名为"女娲湖"并有相应的故事编码。近些年，屡去川南，也多次去高县，当地有经我们评审后列入省级非遗代表性项目名录的"川南请春酒"，还有沙河镇申报的"沙河豆腐"，二者都有幸品尝。当地也有女娲神话流传，如1986年9月从沙河一带77岁农民口头搜集的《女娲补天造人》，其中既讲述女娲用黄泥巴造人，又说女娲采集各种石头炼成黑、白、红、黄、绿五色石补天，使天河水不再向下流。如今媒体多多宣扬的上古村女娲故事，从神话延展的角度看，不妨说是当地民间已有女娲神话的"接着讲"。当地对此的详细述说见于沙河镇编写的《中国上古女娲文化及景点简介》，云："这里是女娲补天圣地，有女娲补天余下的巨石、女娲炼石补天留下的大坑、女娲炼石后废弃的垒炉石，有民众祭祀的女娲庙，还有妩媚迷人的女娲湖……神秘而古老的上古村还蕴藏着无数女娲娘娘留下的宝贵遗产。"①为使读者有直观的印象，不妨转录一图：

上古村"女娲石"中的"天降蟠桃"（高县沙河镇政府提供）

其二见于泸州市纳溪区，是关于天仙硐景区鼓儿石的。"硐"指山洞、洞穴，此地"因前有九天玄女修行仙寓，后有夜郎古人岩居洞穴，故名天仙硐"②。天仙硐，如今是国家级AAAA风景区，位于天仙镇境内，距泸州市中心19公里，距纳溪区中心9公里，从泸州市城南蓝田客运站乘27路公交车即可前往。景区属典型的丹霞地貌，突兀的红色山石颇为显眼。鼓儿石位于前山，呈柱形孤峰，圆如鼓状，石高逾百米，顶部直径约20米，覆盖泥土并有树木生长，无路可登顶，石壁上有信众开凿的若干小石窟。远远望去，鼓儿石犹如大佛头像，因此又有以此相称的。

①　笔者手中这份来自沙河镇的资料未署编写时间，是2022年1月17日高县宣传部张春元先生觅得后将电子版发来，有文有图，感谢他的帮助。
②　网文：《纳溪天仙硐》，中国纳溪门户网，http://news.lzep.cn/content/2020-04/24/content_544506.html，发布时间：2020-04-24。

2014年6月6日,《华西都市报》在第4版刊登了一篇关于该区天仙硐、凤凰湖景区的报道,谈到此处风景美典故多,曰:

> 进入天仙硐景区,最先看到的是鼓儿石。鼓儿石有一个关于女娲的传说。"女娲补天,石头领先,掉下一块,落在天仙。"据说女娲补天成功后,在天仙击鼓庆贺,这鼓随后变成了鼓状的石头,女娲留下一偈言:"有能敲响这鼓者,必统领天庭。"孙悟空闻此,猴兴大发,用金箍棒敲打这石头,却发不出一点声音。孙悟空气极,将金箍棒掷下山崖。

有趣的是,西游故事在此竟与女娲神话嫁接起来,当地民间审美想象真是浪漫。关于鼓儿石的神话赋予,上述说法亦见于泸州新闻网,并且说山崖下那根石柱就是孙悟空的金箍棒所化。有了天造地设的自然景观,再加上人文内涵,该景点对游客更有吸引力,当地发展旅游的这份心思其实不言自明。就笔者所见,类似嫁接式故事在川北江油也有,那更见转弯抹角,跟哪吒传说挂起钩来。哪吒神话在中华大地广泛流传,好些地方都号称哪吒故里、哪吒之乡,四川就有川北江油和川南宜宾。在江油,人们敬奉哪吒,当地有哪吒庙、肉身坟、陈塘关、金光洞以及相关故事和习俗。尤其是乾元山金光洞,传说那是哪吒的师傅太乙真人修身炼丹和哪吒参师学道之地。2004年底,当地政协所编文史资料第十九集汇集相关文章,题为《哪吒故里江油》。书中,有多篇文章涉及本章所述话题,此处不妨摘录若干段落:

> 四川省江油市境内的乾元山(又名天仓山)金光洞(又名天仓洞、太乙洞),距市区七十华里,是川西北地区有着悠久历史的著名道教圣地,古来传说为太乙真人修炼的洞府。而《封神演义》所描写的哪吒闹海、莲花化身及太乙真人收石矶的故事,正是出自江

油人自古而来的世世代代的传说。……至今，江油境内尚有不少与传说相印证的地名或遗迹，金光洞左侧太极峰前石矶坡林中被降服的石矶原形——一块似被火烧过的怪石，翠屏山（又名火焚山或火烽山）哪吒庙及庙前李靖的拴马桩等……

——易可情《川西北道教圣地——乾元山金光洞》

　　石矶乃女娲所炼之顽石。据传，石矶本是一顽石所化。女娲练就三石，其一补天之东南一角；其二化为孙悟空；其三便是石矶。石矶比孙悟空少修炼五千年，根基浅薄，不识天时，三教共议伐纣，石矶却要助纣，当在必除之列，故有哪吒惹怒石矶，太乙真人以九龙神火罩收伏石矶，使之化为顽石之说。石矶所化顽石，呈烧焦状，百孔千疮，至今尚在乾元山下林中。

——何定泽《金光洞轶闻》

　　前文曾载于1995年8月18日《四川日报》、同年第3期《四川宗教》。后文作者是耄耋老人，自言从小就听父辈讲述金光洞传说，此处是在转述年过七旬耆宿李姓老者所讲故事。由此看来，与女娲神话连接起来的石矶传说以及相关景物在江油并非属于今天的发明，口碑在民间是很有些年头了。石矶又作石记，据《三教源流搜神大全》卷七，哪吒与之有关盖在他曾"上帝坛，手搭如来弓箭，射死石记娘娘之子，而石记兴兵，帅（哪吒后得封中坛元帅——引者）取父坛降魔杵，西战而戮之"。不过，小说《封神演义》则说是哪吒的师傅"太乙真人收石矶"，他用九龙神火罩烧出了石矶的"顽石"原形（第十三回）。到了江油口头传说中，又进而发挥民间想象将其附会成了当地山上一"百孔千疮"的嶙峋怪石。按照神话叙事，石矶的身世很古老，《封神演义》称"此石生于天地玄黄之外，经过地水火风，炼成精灵"，诗云："天然顽石得机先，结就灵胎已万年。吸月餐星探地窟，填离取坎伏天乾。"石矶究竟是怎样跟女娲神话发生联系的，前述二书中缺少信息。不管怎么说，在地方化的江油民间叙事中，石矶娘娘不但与女娲炼石补天勾连起来，而且被坐实为一道游客眼中的旅游景观。

> 远古时候，华胥国的仇夷山下（今阆中市七里坝），有个聪明美丽的姑娘，名叫华胥氏，长大后，嫁给一个勇士，生了一儿一女，儿子取名伏羲，女子取名女娲。伏羲兄妹刚长大成人，一日发生狂风暴雨，淹没了丘陵和田舍，大地成为一片沧海。大地上所有的人类都死光了，只有他兄妹俩躲进一个大葫芦里，存活了下来。
>
> 一年又一年，他兄妹俩都已长大成人，伏羲便想和妹妹女娲结婚……他俩结婚后，生了一儿一女，儿子取名咸鸟（后来咸鸟生乘厘，乘厘生后照，后照便成了巴人的始祖），女儿取名宓妃。宓妃长得非常美丽，不幸在洛水渡河淹死，就做了洛水的女神。宓妃死后不久，女娲又怀孕了……从此以后，世界上就有了人类，伏羲和女娲便成为再造人类的始祖。
>
> 有一天，水神共工和火神祝融打仗，共工被打败了，又羞又恼，觉得再没脸面活在世间了，就一头向西方的不周山撞去。……半边天空塌下来了……人类发生了可怕的灾祸。女娲看到她的孩子们受到这样惨烈的灾难，痛心极了，只得辛辛苦苦来修补残破的天地。她先在凌云山和大江中拣选了许多五色的石子，堆积在凌云山的一个平坦的山峰上，然后架起一堆火，将它们熔炼成胶糊状的液体，用它来补好天上的窟窿……女娲炼石补天的山峰，变成了火鸟朱雀的形状，便取名朱雀山；补天剩下的两滴灵石溶液，恰巧铸成了朱雀的一双眼睛，遗迹至今犹存。

这是第四个例子，见于南充市高坪区，出自当代文人笔下。"大江"

指嘉陵江，凌云山是高坪区的国家级4A景区①，朱雀山是该景区内一景点，有山石突出如鸟喙，又因看风水讲究"四象"（左青龙、右白虎、前朱雀、后玄武），故得此名。在此表述中，女娲成了生于四川长于四川的"四川人"（南充人，阆中人），凌云山景区的该景点亦因补天神话有了神奇身世。当然，由于书中没有提供此故事是何时何地采录、何人讲述、何人搜集这些民间文学调查的基本信息，让人难以查证，因此基本上可视为当今发展地方旅游诉求下的"故事新编"，但它频频亮相在媒体报道中，成为女娲神话元素被利用性激活后在当代语境中的某种话语表述。

## 第三节　事象类传说故事

流传在四川彭山一带的风俗传说《包尖尖脚的来历》，有别致的趣味，故事如此：殷纣王好色无道，在女娲庙上香时题诗亵渎神灵，惹怒女娲娘娘，后者派九尾狐狸精下凡迷惑昏君，扰乱殷朝天下。狐狸精变身美女入宫，备受纣王宠爱，但她周身都变了，就是脚上有毛变不了，便用布把脚裹起来，包成尖尖脚，从此以后妇女缠足成为习俗流传下来。故事是1987年采录的，讲述人是彭山县府河乡泉水村70岁不识字农民梁作成，其曰：

> 纣王好色无道。当时，宰相的女儿苏妲己长得很美，被纣王看上了，选入宫中。在进宫的路上，一天夜里，只听一声"妈呀"，

---

① 2010年元月上旬，应当地邀请，我们前往凌云山景区考察，听传说故事、读文献资料、观新老岩刻、闻三教信仰、睹结幡仪式，并了解当前规划，提供相关建议。在座谈会上，大家从整体上对挖掘文化资源发展当地旅游的努力表示理解和关注。当时，我有三点建议：1.寻找一个合理可行的思路并寻求一个能够整合各种资源的聚焦点；2.力求做大务必以力求做精为基础；3.利用当地民间宗教、民间信仰资源，需要重视的是文化而不仅仅是宗教，这在当今中国是务必明确的理念。

苏妲己就被九尾狐狸精吃了。狐狸精变成了苏妲己，啥子都变像了，就是脚上有毛。狐狸精怕漏了"黄"，就用布把脚包起来，裹成了尖尖脚。走起路来一拐一拐的。

以后妇女包小脚就成了一种习俗流传下来。[①]

口头讲述由于种种缘故难免带上个人色彩，但从民间文学整体看，终归还是积淀着群体性民间情感和民间意念，传递着不仅仅属于个体的声音。初见从乡间老人口头搜集的这个传说，有些不得要领，涉及旧时代女性风俗的该故事究竟要传递怎样的民间意念、表达怎样的民间声音呢？欲明乎此，不妨回顾回顾本土妇女裹小脚的历史。缠足缘起如何，史家有史家的考证，民间有民间的说法。尽管从小包裹尖尖脚对女性来说是伤筋动骨的残忍之事，但在过去时代主流话语倡导下，在士大夫的病态审美趣味中，对之竟肉麻地颂扬不绝，什么"一钩新月""步步金莲"，什么"莲品"之诗之文之书，甚至连宴席上也有以之代杯饮酒，实在是恶俗喧嚣，丑陋大张。即便如此，"小传统"（民间、百姓、乡村、边地）与"大传统"（官方、士人、城市、内地）未必合拍，清代学者赵翼考证缠足由来时写道："今俗裹足已遍天下，而两广之民惟省会效之，乡村则皆不裹，滇、黔之倮、苗、僰夷亦然。"以苏州为例，"城中女子以足小为贵，而城外乡妇皆赤脚种田，尚不缠裹，盖各随其风土，不可以一律论也"（《陔余丛考》卷三十一）。与陋俗针锋相对，近世有觉醒的知识阶层掀起"废缠足"浪潮，倡导"放足""天足"与妇女解放运动相伴随。相比之下，普通的庶民百姓没这么大的能量和动

---

① 四川省乐山市民间文学集成编辑委员会编：《中国民间文学集成·四川乐山市卷·故事卷》，1990年7月印（内部资料），第575页。1986年8月在三台县两河乡搜集的《妇女裹脚的来历》是同类故事，并进而讲述：裹脚后"苏妲己为了长期得到纣王宠爱，就在纣王面前鬼吹，要天下女人的脚都像她的这双脚一样可爱。果然，纣王听信了她的鬼话，下令全国女人裹小脚"。

静，但也通过口头文学表达出同样的批判态度，归根结底，该风俗传说
要表达的主题其实并不含糊，就是："包尖尖脚"后"走起路来一拐一
拐的"形态丑陋极不正常，盖在其源于妖孽所为，是非人道的习俗！这
里，借女娲神话衍生的传说故事，恰恰呈现为与传统社会观念相左的非
顺势化编码。与此表述视角和叙事态度相近，巴蜀地区尚有故事道出
此陋俗兴起是由于暴君听信妖言传旨天下要妇女缠足，"不缠者满门格
杀"，如《妇女为啥要缠脚》：

> 千年狐精变成了一个美女，名叫苏妲己。纣王选美把她选入宫中
> 陪自己。苏妲己美妙绝伦，备受纣王宠爱，只是一双狐脚又小又丑始
> 终变化不好，她怕露马脚，就用布把脚缠起；又对纣王说："而今天
> 下有你这圣明皇帝，妇女再用不着到田间干活，你干脆下圣旨叫天下
> 妇女都把脚缠小，专门在家服侍男的吧。"纣王从来就是对妲己百依
> 百顺，马上下圣旨，叫天下妇女开始缠小脚，不缠者满门格杀。
> 从此，旧时妇女就开始缠小脚。[①]

准此叙事，天下妇女缠足并非出于自愿，而是荒唐的暴君诏令天下
强行规定的产物，缠与不缠成了与女子乃至全家生命攸关的可怕事情。
这般叙事口吻，是褒是贬，态度不言自明。《包尖尖脚的来历》和《妇
女为啥要缠脚》，出自不同的讲述人之口，具体的故事内容也有明显差
异，但在主题指向上不谋而合，即对妇女缠足之俗持非肯定态度。再来
看看1986年在绵阳市区搜集的《包小足的来历》：

---

[①] 汪青玉编选：《四川风俗传说选》，四川民族出版社，1992年，第331—332页。甄碧玉讲
述，魏怀宇等记录。与此类似，1987年在广汉新平乡村搜集并载入当地民间文学集成资
料集的《女子为啥要缠脚》，则将缠脚风俗起源与孟姜女故事嫁接，说孟姜女哭垮了长
城，逮她又未逮到，气急败坏的暴君秦始皇"就下了一道圣旨，叫女娃子从小都要缠足，
免得他们出门乱跑"。

　　有一天，他（隋炀帝）看见一位大臣的女儿长得非常漂亮，就立即招她进宫。这个姑娘当时整死不答应，她父亲就说："女儿，你一定要去。你不单要去，而且要找机会把他杀了。你就是不去，杨广也不会放过你。"姑娘想，对，我一定要要把他杀了！也就答应了。那么，把刀子藏在哪里呢？她想来想去，最后把脚包小，把刀子藏在脚下，然后进宫。……由于姑娘心慌，没杀着杨广，自己却被杨广杀了。后来，杨广看见包小脚的女人就害怕。女人们为了不遭害，个个都包起小脚来了。

　　这就是包小脚的来历。①

　　该故事又收入《四川风俗传说选》，题作《妇女为何包小脚》，但末尾之语作"女人们感念大臣女儿的节义，个个都包起小脚来"②。说女人缠足是怕"遭害"，这符合民间心理；说缠足是缘起于纪念刺杀昏君的"节义"女子，则未免有道学家的酸腐气了。在中原地区，南阳民间《缠脚的故事》与此模板大致无二，但更详细，开篇云："过去，我国的女子，不论官宦小姐还是农家姑娘，从小就要用一根长长的布条把脚裹起来，裹得又尖又小，像莲花瓣一样，所以有'三寸金莲'之称。为什么要缠脚呢？这事还需从隋朝说起。"接着便是讲述隋炀帝选天下美女入宫供自己淫乐，结果遇见贞烈女子在裹脚布中藏刀去刺杀他，故事结尾云："从此以后，杨广接受了教训，挑选美女时，人样再好，裹脚者一律不选。打那时起，天下女子怕被杨广选去，都把脚裹了起来，时间长了，就形成了习惯。但这毕竟是一种陋习，随着社会的进步而破除了。"③此

---

① 绵阳市市中区民间文学三套集成编委会编：《中国民间文学三套集成·四川绵阳市卷》，1987年9月印（内部资料），第161—162页。这个故事是1986年7月在绵阳搜集的，讲述人和采录者都是67岁的刘亚军。
② 汪青玉选编：《四川风俗传说选》，四川民族出版社，1992年，第333页。
③ 吉星编：《中国民俗传说故事》，中国民间文艺出版社，1985年，第484、487页。

乐山水口乡石羊村出土的汉棺（麻浩崖墓博物馆，2022年10月拍摄）

处也说缠足成俗是女子怕被昏君选美而采用的逃避手段，末尾对缠足陋习的贬斥则反映出新时代思想在讲述者口头的投影。一般说来，民间文学讲述缠足风俗起源都会归结到不好起因（或狐精所为或昏君酷令），但在主题定位上则有差异。同类民俗事象在不同的口头作品中形成立场有别的叙事，对此应加辨析。结合上述关于妇女缠足的巴蜀口头作品，对比不同表述立场和话语指向，从历史和现实角度认识和分析叙事的两面性，在对社会主流、权势话语的顺势化与非顺势化叙事中动态、客观地把握口头神话、民间文学的审美特征，是必要的。

　　说罢人事，再看天象。仰观天象，日月星辰是人类从小就不陌生的，古今中外相关神话传说太多太多，伴随着每个人的童年成长。"星星扃屎"便是我们从小就熟听的童话版故事，其以日常的生活经验和质朴的庶民话语给幼稚的孩童解释了高不可及的自然天象，言语有些粗鄙但表述通俗易懂[①]。想想看，夏日乡村的夜晚，一家人坐在门前乘凉，一颗流星划过天空，孩子惊讶地望着，问爸爸妈妈这是什么，大人告诉他这是天上的星星在"屙屎"（排便）。哦，孩子明白了，原来天上的星星跟我们一样也会吃喝拉撒，不再有疑问。天上的星星会拉屎吗？星星排便究竟是怎么来的？对此，科学有科学的解释，神话有神话的解释。我们来看看后者。广汉流传的《女娲补天》，是1987年5月从擅长讲故事的花甲老人口中搜集的，说共工头撞不周山，把天上撞出许多大洞洞小眼眼，天河水顺着洞洞眼眼往下流，女娲娘娘连忙捡起石头去补大洞洞，"小眼眼咋个办呢？她又用了许多钢钉钉在天上，钉得密密麻麻的，这下把天补牢实了。晚上，你看到的满天的星星儿就是女娲钉的钉子。时间一长，钉子朽了、松了，往地下落这就是星星儿屙屎"[②]。哦，原来天上有许多星星是女娲娘娘补天漏产生的，由于铁钉难免生锈，"朽了，松了"，于是便出现了我们夜观天象时所见的"星星儿屙屎"，这想象很奇特，这表述也太质朴，但完完全全是民间的想象和民间的口吻，不是文人加工或创作的故事。前贤说神话是用想象力"征服世界"，固然有道理，但更多时候，神话是在用想象力"解释世界"。即便随着自然科学进步，人类对天象的解释已不满足于幼年熟知的神话，知道了"星星屙屎"不过是天上星体裂变、陨石坠落、流星飞过，但"万物有灵"的

---

① 钟敬文在谈到从民族志资料看女娲神话的表述特征时指出："这个新资料的学术史价值，还有绝不容忽视的一点，就是它没有像我们一般古文献中所见到的那种被硬加上的'异化'因素。它没有被历史化、被哲学化，没有被弄成油头粉面的模样——文学化。它依然保存着原始思维、想象和艺术的刚健、朴素的风貌"（《论民族志在古典神话研究上的作用——以〈女娲娘娘补天〉新资料为例证》，见田兵、陈立浩编：《中国少数民族神话论文集》，广西民族出版社，1984年，第114页）。此处说的"文学化"，指经作家之笔润色的书面文学化。

② 广汉市民间文学三套集成编委会编：《中国民间文学集成·广汉市资料集》，1988年10月印（内部资料），第1页。

神话解释仍在我们心中保存着诗意的光辉，因为神话中的大自然也同天天都吃喝拉撒睡的人类我们一样是有亲和力的生命体。正因为如此，在科学昌明、技术发达的当代社会，人们依然如稚气的孩童般期待"神话复活"，喜欢欣赏"神话意象"，因为那是我们性情童真、心灵活力的镜像。

# 第八章

# 艺术编码及话语表达

　　一般说来，艺术涵盖文学、歌舞、戏剧、美术等门类。女娲神话也影响巴蜀诸艺术门类，既出现在作家笔下，又活跃在民众口头；有民歌演唱，有美术创作，有戏班搬演；或尽情铺展，或拼接组合，不一而足。20余年前应日本爱知大学《中国21》集刊之约，笔者撰写了《女娲神话与华夏戏曲》[1]，结合"女祖崇拜和尊母情结""超人原型和英雄故事"母题述及女娲神话对梨园艺术的影响。本章继续拓展，结合巴蜀文艺就相关事象及问题进行论析。

## 第一节　剪纸、歌谣、影戏

　　"涪城剪纸"是由绵阳市申报而列入四川省非物质文化遗产名录的项目。前些年去安县（现安州区）参加雎水踩桥会，该项目传承人黄英送给笔者一幅艺术扑克。这套扑克将剪纸图像用作扑克画面，内容丰

---

① 李祥林:《女娲神話と華夏戲曲》，日本愛知大学現代中国学会《中国21》（日文版）第20辑，風媒社，2004年8月。

富，制作精美，意象生动，乡土情韵扑面而来。扑克选用的剪纸图像以川北绵阳地区神话传说、历史名人和民间风俗为题材，包括该艺人近期创作的《盐亭嫘祖》《川北婚俗》《川北栽秧》《江油李白》《生命图腾》以及《神秘文化》等56幅剪纸作品，将地方风情、审美价值和娱乐功用融为一体。从花色看，大、小王分别是炎黄二帝，方块系列是李白故事及农耕生产，梅花系列是嫘祖传说及大禹治水、精卫填海和后羿射日，红桃系列是川北婚姻、育婴民俗及祈福娃娃、送子娘娘，黑桃系列则是以"生命"为主题的生殖崇拜图像以及夸父追日、女娲补天和愚公移山神话。其中，黑桃Q为《女娲补天》，剪纸图像中人首蛇躯的大神女娲被设计为用多双手抱石、托石、举石补天的形象，地面山间有火山迸发、洪水泛滥、人类及各种动物。女娲托举石头的多双手由低到高呈动画片式连贯性展示，将时间性动作融入空间性图像中，出自艺人的审美创造和意象表达真是奇思妙想又自有逻辑，令人赞叹。

在巴蜀地区，将女娲神话融入剪纸图像并非今天才有，自贡剪纸作品就有《女娲造人》和《伏羲女娲》。前者以女娲居中，她蛇躯人身，

奇思妙想的剪纸图案印在扑克上（绵阳"涪城剪纸"）

面容清秀，长发飘飘，一手举树枝，一手托小人，身边布满十多个所造之人（皆剪出眼睛、鼻子、嘴巴），天上有祥云，地面有花树，图像制作细腻；后者借鉴汉画像砖石，人身蛇躯的伏羲和女娲作左右相对舞蹈状，构图粗犷，姿态生动，神韵盎然，身边亦有所造小人若干；二者手中没有执物，但脸颊贴近呈对吻状，造型与郫县新胜汉墓石棺图像有相近之处。自贡剪纸的开创者余曼白（1918—1968），本是湖北竹山人①，他酷爱民间艺术，擅长金石雕刻、书法绘画。20世纪40年代，余只身漂泊入川，落脚在自贡（直到去世），于茶馆门前设摊剪纸谋生，经过搜集、揣摩当地民艺，悉心创作，影响渐著，并带出了沈成林、胡德芳等一批剪纸艺人，使自贡剪纸焕发光彩。1962年四川人民出版社出版《四川民间剪纸》，有三分之二作品出自他手。据沈成林介绍，余擅长图案设计，1959年西秦会馆重新整修、美化，增设盐业历史博物馆，整个横梁、天花板的图案都是他设计的，他还参与过自贡灯会的设计。

文学是语言的艺术，民间文学包含神话、传说、故事、歌谣、民间说唱、民间小戏等样式。纵观巴蜀地区，女娲神话随着地方化叙事而有多样化艺术编码及话语表达，同样不乏精彩之处。如收入《中国民间文学大系》的民歌《唱古人》：

> 盘古王开天地留颗豌豆儿，
>
> 天皇大地皇二人皇幺爸儿。
>
> 燧人氏钻木头取个火豆儿，

---

① 竹山是著名的女娲神话流传地，有女娲山、女娲庙及各种传说故事，笔者曾去当地走访。请参阅李祥林:《女娲神话传说及信仰的考察和研究》第十二章第二节"竹山：补天奇石名绿松"，巴蜀书社，2018年。2019年底据沈成林介绍，"那时在湖北老师也会剪纸、会画画，他受了湖北剪纸的影响。……他到了自贡后发现自贡的民间艺术很丰富，有民间剪纸、帕染（扎染）、木雕、石雕等。他就特别喜欢自贡的民间剪纸，所以就去搜集资料搞研究、搞创新。1960年郭沫若到自贡，看到他的剪纸后还题词了，这个题词和盐业历史博物馆的题词是一起题的。郭沫若先生题词之后，自贡剪纸名声大震"，余曼白"是为自贡剪纸艺术付出心血和生命的"。

有巢氏架梁柱才有房房儿。

女娲氏炼顽石又炼瓦片儿，

伏羲爷治人伦才有娃娃儿。

…………

夏禹王疏九江打湿脚板儿，

到后来汤和夏敲过锤锤儿。

殷纣王他本是酒色皇帝儿，

苏妲己入了朝搞烂摊摊儿。

…………

此乃是十八扯一样有点儿，

乡亲们听过后解个闷闷儿。[①]

　　唱古人，讲古史，龙门阵，十八扯，样样说，门门通，俨然侃天侃地的说书人之口吻，俏皮、风趣、巴适、地地道道的方言土语，让人听得安逸。过去中国，有条件请先生上学堂认字读书的人毕竟少之又少，但箩筐大的字不识几个的中国老百姓跟你聊天，道古讲史，谈天说地，甚至出口成章，他们的知识来自哪里，来自田间地头的歌谣、街头市井的听书、乡村戏台的看戏。上述民歌近80句唱词，从三皇五帝、楚汉相争说到太平天国、省城新政，一口气道来，民间歌手的确厉害。该民歌是1986年9月从川北仪陇县碧泉乡搜集的，距今已近半个世纪。女娲炼石补天人人皆知，歌中又唱"炼瓦片"，将女娲同烧陶联系起来，看来巴蜀地区也流传这类神话[②]。攀西地区米易县民间婚俗歌《说花》（礼赞），先唱"一对金花亮晶晶，说起金花有原因：自从盘古开天地，三

---

① 中国民间文学大系出版工程编纂出版工作委员会总纂：《中国民间文学大系·歌谣·四川卷·汉族分卷》，中国文联出版社，2019年，第515页。
② 证诸华夏民俗，与烧窑有关的行业也奉女娲为行业神，请参阅李祥林：《女娲信仰与中国行业神崇拜》，《民族艺术研究》，2019年第6期。

皇五帝执乾坤；尧王一竿追大鹜，女娲炼石补天星；洪水滔天人烟尽，伏羲兄妹制人伦；制下男女少花戴，要问天上太白星"，继而说太白金星很忙，又去找李老君，"八卦炉中来锻炼，三朵金花齐炼成"，最后是拿来金花"恭贺新郎结新婚"①。古人与今事，神话与现实，现唱现挂，就图的是喜庆。再来看看巴蜀民间广泛流行的唱灯跳灯，有灯有歌有舞的川南古蔺花灯《踩财门》唱道：

> 锣沉沉来鼓沉沉，来与主家造财门。
> 自从盘古分天地，三皇五帝治乾坤。
> ……………
> 寅卯二年涨洪水，大水淹到南天门。
> 女娲炼石把天补，日月乾坤游天庭。
> ……………
> 只因纣王太无道，庙前题诗戏娲神。
> 女娲指使狐狸精，化成妲己乱朝廷。
> ……………
> 子牙背起封神榜，诸仙封神返天庭。
> 子牙封为左丞相，镇守齐国得太平。
> 所有神灵从此起，造踩财门有根生。②

民间皆知封神榜，没看过小说《封神演义》，也听过封神故事。过去巴蜀民间搬演目连戏有"四十八本"之说，"所谓'本'，是旧时迎神赛会演戏的说法。当时规矩，每天有早、午、正（中）、夜四台戏，叫

---

① 中国民间文学大系出版工程编纂出版工作委员会总纂：《中国民间文学大系·歌谣·四川卷·汉族分卷》，中国文联出版社，2019年，第173页。
② 古蔺县文物保护中心、古蔺县民间文艺家协会编：《古蔺花灯》，中国文化出版社，2021年，第91页。

做一台。蜀地风俗，早、夜不唱目连，戏码另点，目连叫正戏，放在午、正两台（也有只演一台的）"①。在此结构庞杂的"四十八本"中，目连正戏之外，也包括《封神》《西游》《东窗》等剧目。如《封神》本身就是连台本戏，前演殷纣王"至女娲庙题写淫诗，惹怒神明，遂降狐妖兴周灭纣"，后演"子牙兵围朝歌，妲己邀来雉鸡精、玉石琵琶精助战，结果被女娲娘娘以法宝擒获"②。小说开篇写女娲娘娘不满纣王题写淫诗而遣下妖精化身妲己等，迷惑昏君、扰乱朝纲，致使众叛亲离、商朝灭亡。"纣王无道反朝堂，西岐山上摆战场。"这是酉阳阳戏中"功曹开路"所唱。场上，由年、月、日、时四功曹扮演的方弼、方相、方斗、方文因纣王无道而反水到了姜子牙麾下辅周伐纣，其中方弼唱道："昔年有个殷纣君，女娲庙前把香焚。风吹珠帘现神圣，现出女娲圣母身。纣王一见他迷了性，粉壁上题诗戏弄神……"③该故事实际上涉及民间信仰中的女娲禁忌：女娲是人祖，在她面前不可胡作非为，否则会招来灾祸。类似叙事亦见于谴责"无道昏君乱淫性"并宣扬"惩恶扬善合天理"的旺苍端公戏《马元帅怒打苏妲己》，归根结底，此处仍表明的是跟大母神崇拜有关的习俗。又，川北剑阁杨村傩戏班子说古叙史，述及天旱求雨祈女娲的古老风俗，有如下唱段：

> 众位香主你倾听，社科渊源表分明：
> 自从盘古开天地，伏羲姊妹制人伦；
> 燧人钻石把火取，女娲补天天转晴；
> 神农皇帝尝百草，轩辕皇帝制衣巾。
> 唐尧六年遭大旱，拜天求雨把庙兴；

---

① 王跃：《川剧的四十八本目连戏》，见重庆市川剧研究所编：《四川目连戏资料论文集》，1990年印（内部资料），第18—19页。
② 胡天成主编：《民间祭礼与仪式戏剧》，贵州民族出版社，1999年，第864—868页。
③ 朱恒夫主编：《中国傩戏剧本集成·川渝阳戏》，上海大学出版社，2016年，第325页。

最初修的女娲宫，宫内塑有女娲神；

要问神像怎么塑，内是黄泥外是金；

尧王斋戒二三日，玉香三炷救万民。[①]

关于尧王求雨祭女娲的故事，不见于古代文献，或是民间戏班的发挥。清末民初《成都通览·成都之戏》中列有《女娲镜》，今《成都市志·川剧志》列举清代、民国、新中国成立后当地常演剧目亦有此，归入"古装戏"。《川剧剧目辞典》词条有《女娲神镜》，该剧声腔为胡琴，共十八场，讲述唐朝故事：高宗晏驾，武后登基，追杀太子李旦。李敬芝与两班文武保李旦在东都洛阳称帝，奉诏攻打长安。两军交战，三齐王武三思使出万箭如意火轮牌，大败敬芝的军队。要破此牌，须用女娲神镜，但此镜藏于绛州陶仁府中。上大夫李成之子李国奇与陶仁之女有婚约，为得此镜，李旦顶替国奇之名乔装去陶府入赘。在陶府，李旦巧遇卖身为奴的发妻胡凤蛟，二人盗出女娲神镜，打败武军。尽管这不是以女娲故事直接入戏，但从交战中以女娲镜对火轮牌的叙事看，也不乏神话色彩。就该剧题旨而论，武后登基，异姓主政，扰乱了李家的唐朝天下（犹如共工撞山后"天倾"），故假"女娲"之名借"神镜"之力以拯救之，由此可见编剧者内心深处有隐隐的"补天"意识在焉。这里依然透露出女娲神话的原型影响。川北皮影戏搬演封神题材，有《摘星楼》，说的是狐妖变身妲己迷惑纣王坏了殷朝江山的事。剧演姜子牙、二郎神前来捉拿狐妖，后者要跑，"这时，天空忽然飘出一面黄旗，铺天盖地，一下把妲己拦住——原来才是女娲娘娘带着碧童儿来了"。女娲叫碧童儿："快快拿出缚妖绳，把这个妖精给我捆了！"然后吩咐："把她交予杨戬，任由姜子牙发落！"姜子牙将妖精斩首，把头颅给纣王

---

① 剑阁县文化局编：《戏出先祖万般源》，大众文艺出版社，2012年，第7页。

送去，后者悔恨万般，自焚于摘星楼。该戏又名《苏妲妃请客》[1]，见于大型土皮影戏《武王伐纣》。川剧《斩三妖》（胡琴戏）中，亦见同类叙事。

"二月桃花喜洋洋，听我唱个女娲娘；女娲曾把顽石炼，炼个顽石把天镶。"（《十二皇帝》）三台县民间马马灯有此唱词。女娲补天神话对巴蜀作者至今有吸引力。前几年参与评审全省戏剧新作，几十个剧本中有《女娲传说与遐想》（标示"大型神话川剧或昆曲"），着眼点是雅安碧峰峡，创作目标是旅游剧，据作者自述："中国有多处女娲遗迹，本剧适合有女娲遗迹地区的剧团作为当地旅游景点宣传演出，现剧本介绍的是四川雅安碧峰峡，首演剧团可以将这部分内容按当地需求进行修改。此外，演唱声腔音乐都可以按当地声腔进行创作。"剧中也写到"水神共工，乃魔界领袖，与火神祝融水火不相容，互相搏杀数百年。女娲与火神结盟，惹怒了共工，女娲造人，更加为共工不容"，写到共工与女娲、火神斗，战败后怒撞不周山，"天柱撞断，天空破裂倾斜，大地失去平衡，引发巨大灾难……为了挽救人类，女娲决心炼石补天"，最后"天补好了，大地安稳了，独霸世界的妖魔消灭了。女娲给了人类一个美好祥和的世界，把自己的生命融入到人类的血脉中，长眠雅安，化身为碧峰峡"。写地方化的女娲题材，为地方文化做宣传，创作动机是好的，但客观地讲，作品在编剧上还需打磨、再下功夫。近年来还看过省团创编的舞剧《长风啸》，其中有女娲作为角色出现，但该剧主要是在发挥编导个人的想象，并非意在搬演女娲神话传说，且在艺术上不无可商榷处，兹不赘言。

---

[1]　四川省南充地区文化局编：《川北皮影戏》，四川文艺出版社，1989年，第18页。妲妃即妲己。

## 第二节　人、神之间说娲媓

像《摘星楼》之类封神戏在跑江湖的巴蜀皮影戏班多见，因为神仙道化题材本是皮影班子所擅长的，如艺人说的"人能演的皮影能演，人不能演的皮影也能演"。又如，"五袍四柱"是巴蜀影戏以及川戏对以"袍""柱"为名的代表性剧目之统称。"四柱"包括叙说共工争位败后怒触不周山故事的《撞天柱》、搬演封神榜中闻太师升天故事的《九龙柱》、讲述观音差韦陀收滥龙和水龙故事的《水晶柱》以及敷衍孙悟空大闹天宫故事的《五行柱》。其中，《撞天柱》又称《碰天柱》，有旧时戏班传下来的本子。据笔者所见手抄记录本，《碰天柱》所演故事是伏羲去世后，朝廷上下共同推举女娲氏执掌中土大政。然而，偏偏镇守北方统领冀族的共工氏不服，来争王位，兵戎相见。几番交战后，共工兵败行至不周山，遇见石柱当道，怒气冲天的他"使神威头把石柱碰"，结果身亡在天崩地裂中。中国神话史上，共工和颛顼争夺帝位而怒触不周山的故事见载于《淮南子》《博物志》等。笔者所见《碰天柱》剧本则转换了与共工氏相争的主角，把作为新主的女娲推向前台，对"女主坐位"作了刻意彰显，以艺术化编码表达出具有开明色彩的性别意识。《碰天柱》共有八场戏，包括"生反""受选""对阵""淹营""定计""碰柱"等。从神话来源看，该剧叙事亦非绝无所本。与共工相争者，古书的说法有多种，较杂乱。《路史·后纪二》有共工氏与女皇氏（女娲）相争的故事，称共工氏在太昊氏（伏羲）之后作乱，导致洪水灾害，女皇氏与共工氏战斗，胜了后者，于是天地平复。该书讲述如此："太昊氏衰，共工惟始作乱，振滔洪水，以祸天下。隳天纲，绝地纪，覆中冀，人不堪命。于是，女皇氏役其神力以与共工氏较，灭共工氏而迁之。然后四极正，冀州宁，地平天成，万民复生。炰娲乃立号曰女皇氏，治于中皇山之原。"①对此神话材料②，川剧《碰天柱》或有所汲取。剧中，当共工得知女娲登上中土王位，内心不服，唱道："听你一言气上涌，伏羲死了中土空……中土无主该我统，推选女娲理不公。她女儿之家有啥用？何功何德位居中？"剧中，共工氏及其部属相柳氏也屡屡讲道"女娲女子无有用""女子辈无谋无勇"，言语中流露出鄙视，其一心想的是夺取中土，"杀戮了女娲我把业统"（共工语）。相反，民众拥戴女娲"尊她为主"是重其"贤名"和人品，相信"只要她把中土统，我们不愁穿吃乐无穷"；上下齐心，辅佐朝政的柏皇氏、高辛氏的唱词亦云"众百姓早齐集闹闹哄哄，口声声齐言说有德主公""与众人来商议把大事推动，奉女娲掌中土人心皆同"。在此局势下，最后女娲氏亦自言："此乃民心荐我，我不敢推辞。"剧中人物在对待"女主"问题上的两种态度对比鲜明，该剧由此所要表达的主题也就昭然。《碰天柱》一剧，有名有姓的出场人物不少，以下是剧本人物表：

共工氏　相柳氏　冀族　四百姓　女娲氏　高辛氏　祝融氏柏皇氏　葛天氏　中央氏　昊英氏　尊芦氏　栗陆氏　大庭氏　四男童　四女童

---

① 关于《路史》作者将神话历史化的倾向，袁珂指出："在罗泌的眼光里，神话传说人物和历史人物是一视同仁被对待的。因而他做转化神话传说为历史的这种工作就相当方便了。他把许多神话传说材料，当做历史材料看待，'五纬百家'之书，'山经道书'之言，被他拿过来，加以整齐排比，去其和历史过于径庭的神话因素，代以比较雅驯的古典叙写，这就转化成功了。"如上述引文，"他把女娲补天、共工触山两段神话拼合起来，写成这么一段'共工振滔洪水'、女娲'役其神力''灭共工氏而迁之'的历史"。尽管如此，女娲、共工"虽被转化成了历史人物，身上的神性其实都蜕而未尽"，而"这类神话材料的马脚，杂糅在历史叙写中，是触处可见的"（《中国神话史》，北京联合出版公司，2015年，第348—349页）。

② 尽管《路史》有神话历史化倾向，但这段叙事仍是神话性质的。1939年，吕思勉撰《三皇五帝考》，第六节专论"女娲与共工"，指出汉代文献中《淮南子》一方面"言女娲治水而不及共工"，一方面"言共工致水患而不及女娲"，只是在《论衡》中才有联系二者之说。当然，他的考证眼光是史学的而不是文学的。

"女娲古妇人帝王者"，这是《论衡》里的话。将川剧《碰天柱》跟古籍记载的神话对读，可见作者在编写剧本时的取舍及发挥。先秦文献中，《楚辞》有关于女娲的记载，见《天问》"女娲有体，孰制匠之"，未言及补天；又提到不周山故事，见《离骚》"路不周以左转兮，指西海以为期"与《天问》"康回冯怒，地何故以东南倾"。把补天神话与撞山神话联系起来的，有《列子·汤问》："昔者女娲氏炼五色石以补其阙，断鳌之足以立四极。其后共工氏与颛顼争为帝，怒而触不周之山，折天柱，绝地维。故天倾西北，日月星辰就焉；地不满东南，故百川水潦归焉。"同类叙事亦见《淮南子》（鲁迅小说《补天》，原名《不周山》）。与之有别，《论衡·谈天》载女娲补天是在共工撞山之后："儒书言：共工与颛顼争为天子，不胜，怒而触不周之山，使天柱折，地维绝。女娲销炼五色石以补苍天，断鳌之足以立四极……"并称"此久远之文，世间是之言也"。三皇五帝中，颛顼名列五帝之一。上述《碰天柱》剧本，仅以共工氏战败撞柱身亡结局，无只言片语涉及女娲补苍天断鳌足事，出场人物中也不见有颛顼（掌管中土朝廷的女娲氏这边，出场者有高辛氏、祝融氏、柏皇氏、葛天氏、栗陆氏、中央氏、大庭氏等人[1]，而作为女娲一方的对立面，镇守北方的共工一方出场人物不多，角色明确的是相柳氏，另有冀将、冀兵）。又，据司马贞《史记索引》卷三十《补史记·三皇本纪》载："女娲亦木德，王盖宓牺之后，已经数世，金木轮环，周而复始，特举女娲，以其功高而充三皇，故频木王也。当其末年也，诸侯有共工氏，任智刑，以强霸而不王，以水乘木，乃与祝融战，不胜而怒，乃头触不周山，崩，天柱折，地维缺。女娲乃炼五色石以补天，断鳌足以立四极，聚芦灰以止滔水，以济冀州。于是，地平天成，不改旧物。"此亦言补天是在撞山之后，但跟共工交战者是祝融而非颛

---

[1] 这些人物，见于《太平御览》卷七八引《遁甲开山图》，其称"女娲氏没，大庭氏王有天下，五凤异色，次有柏皇氏、中兴氏、栗陆氏……凡十五代，皆袭庖牺之号"。当然，以上川剧艺人借助这些传说人物来演述碰天柱故事，有自己的认识、理解、发挥和创造。

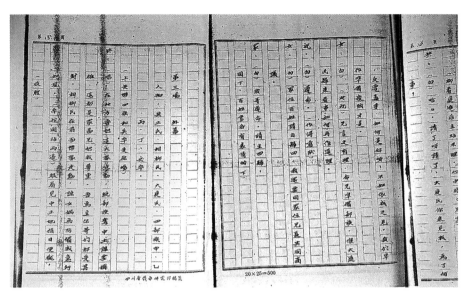

靠老艺人口口相传的《碰天柱》之记录本

项（1926年上海大东书局出版、吕安世辑《历朝史演义》第二回写伏羲
崩后女弟女娲氏立，"诸侯共工"作乱，女娲命祝融讨之，接下来便是
共工败后撞山、女娲炼石补天，亦基本循此故事路子），川戏本子或有
所取。

　　蜀地剧本《碰天柱》里，镇守南方的火神祝融氏乃是极重要角色，
与镇守北方的共工氏展开大战的主要是他，其神力赫赫。且听第二场祝
融氏所唱："众位休夸贼势猛，他的法力不及某。前次他把南方来侵弄，
偏偏败在我手中。劝女主休得来惊恐，须小事何得忧心中。我愿前去把
部族统，生擒康回献主公。"（康回乃共工之名）关于女娲形象定位，归
根结底，她既是神格化的人又是人格化的神，其故事演绎在人、神之
间。从剧本创作看，尽管川剧《碰天柱》在叙事上不乏历史化倾向，大
致可划归历史题材之类，但全剧的神话气息还是很浓。看看剧中共工以
飞刀杀人、祝融以神火取胜乃至涌海水、撞天柱等超现实情节渲染，不
难明白这点。剧中，共工氏一听见相柳氏提及祝融氏就火冒三丈，大声

167

唱道："相柳氏出言太惶恐，急得我这阵眼珠红。夸他强来减自勇，我有道书在心中。我有这桃木柳叶当兵器用，吾还有把山石化成剑戟锋。我能把大水来涌动，波浪滔天泛滥凶。仗着我头上法力重，我头上有触角道法通。使用时要把山石来操动，钻山破土行如风……"准此叙事，与其说此乃历史故事剧，毋宁说是神话传说剧，是女娲及相关神话传说入戏的不可多得的文本。下面，从《碰天柱》中选摘两段戏供读者欣赏（女乃女娲氏简称，高乃高辛氏简称）：

（上四百姓）

甲：（唱）【耍孩儿】伏羲死去归大梦，你我失去好主公。

乙：（唱）谁不把他来称颂，教我们敬上爱下如弟兄。

丙：（唱）画八卦阴阳来推动，分四时才有春夏秋冬。

丁：（唱）教我们编藤作网把鱼弄，养牲牧畜庖厨充。

甲：（唱）喂野兽当为家畜用，烹出味吃在口肉香又浓。

乙：（唱）好主子死去我心悲痛，犹如丧了老祖宗。

丙：（唱）且喜其妹女娲贤名重，办事尚能体其兄。

丁：（唱）大家推荐把她奉，尊她为主人心赞同。

甲：（唱）只要她把中土统，我们不愁穿吃乐无穷。

乙：（唱）今天吉日已抵拢，大家前去朝贺主公。

丙：（唱）远观土台高耸耸，呵哟！人多好似一窝蜂。

丁：（唱）耳听人声闹哄哄，人人欢笑喜融融，你我休延快走动，齐到土台拜主公。

女：（引）盘古初开天皇生，地皇治世日月明，人皇划分九州地，燧人氏钻木火能生，有巢氏构木把房造，吾兄画卦定乾坤，分为四方有中土，要学先主我万不能。

（白）吾，女娲氏，吾兄伏羲死去，众位推我掌中土大事，是吾对众人言讲我乃女子，实无能掌管中土之事，恐误吾兄教民之功，众位另选有德之人前来执掌。吾连推几次，百姓前来叩见荐吾掌管中土之事，此乃民心荐我，我不敢推辞。众位筑高台于郊野，吾今日受之。众位百姓与众位兄长（众声：女主），多蒙众位推我女娲执掌中土大事，你们休忘吾兄之所教。

百姓：（白）是。

女：（白）列位兄长。

众：（白）主子。

女：（白）高辛氏执掌中土，祝融氏镇南，柏皇氏镇东，葛天氏镇西，中央氏教民掘土采草作食，昊英氏教民构木造器，尊芦氏教民用武，粟陆氏掌管八卦。

高：（白）启禀我主得知，众百姓送有鲜果献与主子，候主收下。

女：（白）难得众百姓的美意，兄就传话下去将这些鲜果分给众位，今日吾与大家同乐。

高：（白）众位父老听着，女主传话分给众位，女主与你们同乐。（吹打）

众：（白）好呀！

梳理诸家资料，《碰天柱》昔在巴蜀舞台上的搬演路子似有不同。《川剧词典》介绍其剧情云："上古，共工与颛顼争帝，为颛顼所败，头触不周山，致使天柱断折，地为崩裂，天倾西北，地陷东南，后女娲炼石补之。"[1]类似文字亦见于后出的《川剧剧目辞典》。这是大家熟悉的共工神话，但是，此本跟笔者所见上述剧本内容有区别。当然，同一神话故事在具有不同抒怀写意情结的文人笔下，或者在跑江湖谋生的不同戏

---

[1] 胡度等编：《川剧词典》，中国戏剧出版社，1987年，第30页。

班子手中会形成不同搬演路子，这本是梨园寻常现象，只是工具书著录时对此情况应该有所说明。笔者所见以伏羲死后女娲"执掌中土"为主线的《碰天柱》，剧本来源是当年什邡县川剧团艺人提供的口述记录本，后来重庆方面整理编选川戏传统剧目时将其收入[1]，尽管此戏在今天舞台上已不见演出。如前所言，川西皮影传统剧目也有"五袍四柱"的说法，据行内人讲，"凡是川剧能演的戏，灯影戏都能演；而川剧不能演的戏，它也能演。特别是上演神仙道化戏，更属灯影戏的用武之地"[2]。四川和云南相邻，神话剧《碰天柱》在彩云之南的滇剧中亦见。地方戏中，滇剧和川剧皆属于融汇多种声腔的剧种，前者的声腔包括源于徽调的"胡琴"、来自早期秦腔的"丝弦"以及基于汉调襄阳河派的"襄阳"等。滇剧作为地方剧种形成于清道光年间，号称拥有上千个传统剧目，其类型有京路子、川路子、滇路子以及秦腔路子，从各种路子汲取借鉴不少。据《中国戏曲志·云南卷》介绍，滇剧的剧目也有"五袍四柱"之说。所谓"五袍"，指的是剧名带"袍"字的五个剧目，有《白袍记》《黄袍记》《绿袍记》《红袍记》和《青袍记》；至于带"柱"字剧名的"四柱"，则指的是《碰天柱》《炮烙柱》《水晶柱》和《五行柱》，其中《碰天柱》演述的是"共工触不周山"的神话故事[3]。中国西部，川、滇、

---

① 重庆选编本见《川剧传统剧目选集》（贵州人民出版社，2004年），跟笔者所见手抄口述本在故事情节及人物角色上大体相同，但也有不少差异。如第八场，重庆选编本叫"碰柱"，手抄口述本名"冲散"；又如第二场"受选"开头，重庆选编本的舞台说明仅云"四百姓上"，手抄口述本则先介绍"布景：野外的拜台，中有高台土坡，两边树木，左右有房"，再列出"人物：四百姓，甲、乙、丙、丁，女娲氏，高、祝、柏、葛、中、昊、尊、栗，四女童，四男童，大庭氏"，然后才是"上四百姓"。笔者所见川剧艺人口述本《碰天柱》，是用四川省戏曲研究所稿笺（方格，字数20×25＝500）以毛笔楷书繁体字抄写的，剧名下注明"根据什邡县川剧团王正林、钟琼瑶、郑宝成等口述本抄"，但未署再抄时间。四川省戏曲研究所设立于1958年11月，1962年3月并入省川剧学校，而口述本之再抄，当在此时段。从艺人口述情况来看，该戏之舞台呈现形态颇为成熟，应有不短的流传时间了，乃旧时跑江湖的戏班子常演的剧目。
② 魏力群：《中国皮影艺术史》，文物出版社，2007年，第181—182页。
③ 中国戏曲志编辑委员会、《中国戏曲志·云南卷》编辑委员会编：《中国戏曲志·云南卷》，中国ISBN中心，1994年，第59页。

黔相邻，川剧在云南、贵州也曾流播，由于地域相近和文化交流，同类型神话故事剧也出现在七彩云南的地方戏舞台上。

"一张牛皮刻出人神山水，半边人脸表尽喜怒哀乐"，过去川北地区的皮影班子行走四方，每到演出地会将此对联张挂在舞台两边。正是在"人"（历史）、"神"（神话）之间，江湖艺人演述着女娲故事，既烙印着"大传统"话语，也流露出"小传统"心声。关于《碰天柱》，蜀地还有不同说法。据《四川戏剧轶史》，"五袍四柱"包括九个大本连台故事戏，其中"四柱"为《周天柱》《九龙柱》《五行柱》和《擎天柱》，并介绍《周天柱》剧情云："表演开天辟地的神话故事，要出现用树叶做衣服的伏义（羲）、神农和诸天神怪。主题是祝融与共工交战，共工战败，在一怒之下，头触不周之山，这个山乃是支持天体的柱子，周山崩而天柱折，地维绝，进而天地混乱；后来女娲圣母出来，炼石以补天，又断鳌足以立地维，方才把天地安定下来，所以天倾西北，日月星辰聚焉，地陷东南，江河汇焉（其说出《淮南子》）。戏中穿插有伏义（羲）画卦，神农尝药，后羿射九日，常（嫦）娥奔月宫，大舜耕田，大禹治水和马头娘（蚕神）樊弧，三苗兄弟等故事，可算得中国古代神话传说的大杂烩。《嫦娥奔月》这折戏，至今还有人演，其余部分，咸同以后就失传了……"[1]该书由四川省戏剧家协会内部印制，文中有别字，可不论。据了解，该书作者名叫冯树丹，是南充人，毕业于金陵大学，曾任黄埔军校教官，书稿写成于1959年，几经周折，印出此书时他已是81岁的老人。如此说来，这位冯先生过去应是看过（至少是部分看过）此戏的，他讲述的剧情及结构跟笔者所见剧本和《川剧词典》所述，多有不同之处。关于川戏此"柱"，看来有待进而研究。

---

[1]　冯树丹：《四川戏剧轶史》，四川省戏剧家协会1992年10月编印（内部资料），第28—29页。

## 第三节　文人书写与民间表达

从远古走来的女娲神话传说，渗入地方叙事和文艺创作，既是文化遗产也是文化资源，给后世留下搬演不竭的题材，也留下解读无尽的研究课题。多年前在某次文学人类学研讨会上，笔者结合手中在研课题曾以"女娲神话传说的三种叙事"为题发言，指出女娲神话起源古老，在长期流传中受从主流到边缘的不同文化意识渗透，形成可能有交叉但更有区别的三种叙事形态。当时，结合文献与田野、历史和现实，从文学人类学切入对女娲神话传说进行简要梳理和析说，主要讲了三点：首先，是君主意识——"女帝"（第二性，女娲在历史化叙事中成为辅佐男性政治者）；其次，是士人情怀——"补天"（女超人，女娲故事在文人化书写中凸显救世精神）；第三，是民间表述——"奶奶"（大母神，女娲在平民化表述中突出生殖崇拜）。围绕女娲神话题材，从作家文学到民间文艺，从书面创作到口头表达，由于立场有别、观念不同、视角相异，古往今来形成的文艺作品形形色色，话语编码也多种多样。

鉴于神话对文学（书面文学、作家文学）的影响，袁珂在《中国神话史》末尾曾专设一章论述之，他指出："古代神话，曾经影响后世文学，这自然是毋庸置疑的事实。古代神话产生于原始社会，而原始社会的神话，却只凭口耳相传，没有文字的记录。比较大量记录古代神话的时期，在中国是封建社会初期，即战国时代。……所谓神话对文学的影响，主要是指汉代以后。从汉代的赋开始，就已经可以看出这种影响了。"[①]在谈到神话对戏曲创作的影响时，他以元明杂剧为例举出《关云长大破蚩尤》《二郎神锁齐天大圣》《二郎神射锁魔镜》等，又举出《沉香太子劈华山》《唐三藏西天取经》《楚襄王梦会巫娥女》《娥皇女英斑竹记》《铁拐李度金童玉女》《群仙庆赏蟠桃会》《猛烈哪吒三变

---

① 袁珂：《中国神话史》，北京联合出版公司，2015年，第433—434页。

化》《庆丰年五鬼闹钟馗》等，也许是因该书篇幅之囿，未具体涉及女娲神话。加拿大学者弗莱是原型批评的代表人物，原型批评又称"神话批评"。原型就是"典型的及反复出现的意象"，在弗莱看来，神话是最基本的文学原型，它体现了最基本的文学程式和结构原则，因此，神话在文学的诸种模式（悲剧的、喜剧的、浪漫的等）中是所有其他模式的原型，居于诸种模式相位的中心，其他模式归根结底都不过是"移位的神话"①，也就是神话的置换变形而已。弗莱提出回归原型或神话意象研究文学，意在提醒人们要从整体上把握文学本相。借鉴弗莱的理论，宁稼雨立足中国文学，从书面或作家文学角度考察了女娲神话的"文学移位"②，也就是女娲神话作为原型模式在各类文学样式中的呈现。着眼"补天""造人""女皇"这女娲神话的三大原型或母题，譬如，他指出首先将女娲神话移位到文学的是曹植的美文《女娲赞》、最早将女娲造人神话引入文学的是李白的诗歌《上云乐》、最早描写女娲补天题材的是江淹的骚赋《遂古篇》，此外，文天祥的《徐州道中》是描写女娲女皇之治的诗文作品中文学性最好的一篇。据这位研究者考察，女娲神话的三大原型或母题中，"女皇之治的文学移位过程最为滞涩"，相关作品亦少，此跟过去男性主位社会对女性参政的排斥态度有关（如对武则天），受到社会条件制约。

　　"未央称寿太上皇，巍然女娲帝中闱。终然富贵自有命，造物颠倒真小儿。"（文天祥《徐州道中》）文学史上吟咏女娲的诗词有很多，如咏补天——"谁为女娲手，补此天地裂"（苏辙《江州五咏·浪井》）、"女娲炼石补天处，石破天惊逗秋雨"（李贺《李凭箜篌引》）；如咏造人——"女娲戏黄土，团作愚下人"（李白《上云乐》）、"女娲掉绳索，絪泥成下人"（皮日休《偶书》）；又如咏女娲制笙簧——"笛从王晋弄，

---

① ［加］诺思洛普·弗莱著，陈慧、袁宪章、吴伟仁译：《批评的剖析》，百花文艺出版社，1998年，第33页。
② 宁稼雨：《女娲神话的文学移位》，《文学遗产》，2009年第3期。

笙是女娲编"（陈宓《和李艮瓮延平山泉韵》）、"孤松吟风细泠泠，独茧长缫女娲笙"（苏轼《瓶笙并引》），再如咏女娲石——"炼成女娲石，烈甚祖龙坑"（刘克庄《秋暑》）、"世无女娲空白石，磊磊满地如浮沤"（苏辙《息壤》），等等。相比之下，像"巍然女娲帝中闱"这类直言女皇之作在文学史上则少见，即便如此，如宁文指出，文天祥此诗"也只是把女娲的女皇符号稍加渲染而已，仍然缺乏文学的想象和创新的意境。而

关于《马元帅痛打苏妲己》（李祥林拍摄于端公戏艺人何元礼家中）

后来其他作品更是每况愈下了。后代凤毛麟角的几个文学意象的使用，不仅没有给女娲女皇之治神话的文学移位带来柳暗花明的繁荣气象，反过来却倒是其冷落萧条的证明。与女娲造人补天神话的文学移位繁荣景象相比，女娲女皇之治的文学移位实在是过于渺小和弱了"。明乎此，再来看剧作《碰天柱》，尽管也说女娲是继兄登上帝位，但剧中大肆渲染的是"大众愿推选女娲氏执掌中土之事"并强调此乃"民心"所向，这不能不说是可贵的。又如宁文指出，男权社会对女性坐皇位是排斥的，司马贞的《三皇本纪》"一方面，他不得不承认女娲有'神圣之德'。另一方面，他却为把女娲排除三皇之外寻找各种理由和根据。按照他的解释，自伏羲后金木水火土五德循环了一圈，所以轮到女娲无论是抟土造人，还是炼石补天，都显示出其土德的内质。所以女娲是'不

承五运'"。从《碰天柱》中我们看到，戏班子没那么纠结，他们演戏就渲染一个"民心"，也就是剧中人所唱"推选女娲众心拱，百姓个个都赞同"，尽管其中也唱到"且喜其妹女娲贤名重，办事尚能体其兄"。

从大、小传统的关系看，大传统的书面文学影响小传统的口头文艺是常有现象，上述民间小戏搬演纣王题诗女娲庙的故事，就跟小说《封神演义》的民间接受有瓜葛。即便如此，小传统对大传统的接受也不是照相式复制。旺苍端公戏《马元帅怒打苏妲己》①在搬演流行故事时就按照庶民理解加入了"马元帅"这一角色，通过艺术化编码强化了百姓憎恨妖孽的心理，更鲜明地传递出民间心声。该戏先唱"无道昏君乱淫性，色心挥毫写淫诗"，继唱"娘娘勃然生怒气，速遣三妖赴城池"，接下来是以沉痛的口吻讲述妖孽残害忠臣、荼毒平民等种种罪恶，妖孽搞得天怒人怨，最后是"斩将封神下山去""速派马面追妲己""斩妖除邪万民喜"。戏中的马面即马元帅，也就是民间信仰中驱邪除祟的马灵官。灵官马元帅见于《三教源流搜神大全》卷五，他是天神转世，"以五团火光投胎于马氏金母，面露三眼……生下三日能战斩东海龙王，以除水孽"，又"以盗紫薇大帝金枪而寄灵于火魔王，公主为儿手书左灵右耀，复名灵耀"，他"受业于太惠尽慈妙乐天尊，训以天书，凡风雷、龙蛇、蚍鬼、安民之术，靡取不精"，他的经历还有"入地狱，走海藏，步灵台，过酆都，入鬼洞，战哪吒，窃仙桃敌齐天大圣"等，不但神通大得很，而且"下民妻、财、子、禄之祝，百叩百应"，对老百姓又是很有亲和力之神。该戏中加入马元帅并非无缘故，在旺苍，民间以农历九月二十八为"五显灵官马元帅生日"②，当地端公戏《请神》中亦有"中六

---

① 剧本见杨荣生：《旺苍端公戏概论》，由戏班班主何元礼提供，中国文史出版社，2007年，第121页。
② 杨厚德主编：《旺苍神书录》，旺苍县非物质文化遗产保护中心，2018年秋印制（内部资料），第96页。

曹手执大刀关元帅，丈二长钱马元帅，看法施法尤元帅"①。走访三江镇何家班，笔者看见有端公戏介绍文字称当地山上曾发现该戏演出场面的岩画，学者李绍明亦赞其"这是难得的傩戏文化艺术精品"②。《马元怒打苏妲己》不但搬出马灵官，还通过唱念与表演对其手执狼牙棒、追到阴阳界等做了具象化情节铺展，这是民间艺人的创造发挥，非从小说中得来。在此神话题材的艺术编码中，巴蜀民间小戏搬出马元帅，添盐加醋的情节虽然逸出了小说《封神演义》的轨道（尽管该小戏之末尾亦唱"此乃一段封神志，历史经典莫忘遗"），但是颇符合民间信仰心理和民间叙事逻辑③。仔细辨析小戏《马元帅怒打苏妲己》，可读出其中包含的意思有两层，一是对昏君的否定，一是对妖孽的痛恨，二者并行不悖。小说最后是由女娲娘娘亲自出场收伏妖孽，这出小戏则是让民众日常信仰中熟悉的马灵官来办妥此事，也许在庶民百姓眼中，这事儿用不着至尊的大神女娲出面，无需劳娘娘的大驾，派个手下专事除妖的灵官马元帅即可。总而言之，神话题材尽管相同，但书面文学和口头文艺各自处理方式及话语编码有别，对其中异同，研究者不可不察。

---

① 杨厚德编：《旺苍端公戏》，旺苍县文化广播影视新闻出版局，2016年12月印制（内部资料），第207页。
② 2020年4月，李祥林走访旺苍端公戏，抄自三江镇何家班班主何元礼家中。
③ 后来，又有外来调查者整理这出小戏，将剧名改为《痛打苏妲己》，殊不知这一改不但使得唱词中的"马面"无着落，让人不知所云，更要紧的是将民间艺人搬演"封神志"故事时的发挥创造给遮蔽了，甚是可惜。

# 第九章

# 墓葬石刻与人祖图像

　　"人祖"在此指伏羲、女娲，巴蜀地区口头神话《伏羲女娲传人类》开篇即云："远古时候，地面上除了生在天地混沌中的伏羲氏和女娲氏兄妹俩外，再也没有人烟了。"[①]二者结合，繁衍人类。墓葬石刻指包括石棺、石函、碑阙、墓室等的石刻，其图像有线刻有浮雕。带图像的墓葬石刻以及汉画像石棺最受关注，美术考古一般将其归类为画像石，视为"早期的雕刻"，也有美术史论著将其归为"绘画艺术"，或综合二说称为"绘画与雕刻相结合的产物"[②]。诸如此类，本章以"墓葬石刻图像"统称。如学界指出，"汉代墓阙之存于今者，以川中独多"，着眼墓葬图像艺术，"四川汉墓之艺术作品，应以石刻为最精致，可与中原出品比美齐名"，又不失地域性特点[③]。下面，以"人祖"女娲、伏羲神话为焦点，结合汉代及后世美术考古，从分体图、连体图和对吻图三类入手考察巴蜀墓葬石刻及其造型程式、图像内涵。

---

① 四川省荣县民间文学三套集成办公室编:《中国民间文学集成·四川荣县卷》，1991年10月印（内部资料），第1页。
② 范小平:《四川崖墓艺术》，巴蜀书社，2006年，第98页。
③ 郑德坤:《四川古代文化史》，巴蜀书社，2004年，第178、218页。

## 第一节　女娲、伏羲分体图像

考察中国古代崖墓，研究汉代石棺图像，四川地区是重镇之一，数量多，成就高。一般认为，画像石棺源于商周，至汉代因厚葬之风使石棺造像艺术进入鼎盛期。两汉时期汉画像石分布广泛，覆盖面占大半个中国，主要集中在黄河、长江流域。四川是《中国大百科全书·考古卷》介绍汉画像石墓时所列四个中心区域之一，该地区的画像石墓均系有前、中、后3室的大型墓，墓室一般长12米左右。重庆合川、江北等地的画像石墓皆为石结构，画像主要见于门额和门柱，少数刻于中室内小龛中，内容有四神、双龙衔璧、仙人以及"完璧归赵""荆轲刺秦王"等历史故事，涉及墓主经历及生活的题材基本不见；成都附近此类汉墓全系砖石混合结构，往往画像石、砖并用，画像石主要见于墓门、中室和后室，前室多嵌装画像砖，内容涉及农田耕作、射猎、酿酒、墓主车骑出行、宴饮百乐和门吏、四神等。雕刻技法以浅浮雕为主，风格与南阳、鄂北地区画像石接近，但更细腻精美。从画像风格和随葬品特征看，其时代均属东汉晚期。此外，在成都平原和嘉陵江流域的东汉中、晚期崖墓中和同时期若干汉墓石棺上，风格相同的图像亦有见。从题材看，巴蜀汉代墓葬石刻图像大致可分八类，除了生产生活、历史故事、图案花纹等尚有神话故事类，造像多为东王公、西王母、伏羲、女娲和象征神仙世界的奇禽异兽等。巴蜀汉代墓葬美术中与女娲相关者，既有画像石也有画像砖还有绘画，本章主要论述石棺图像。巴蜀地区汉代石棺类墓葬图像多见于泸州、宜宾、乐山以及江津、璧山、荥经、彭山、新津、郫都、新都、中江、简阳等地，造型多样，不乏精品。如成都西南面的新津，历年来发现的汉画像石棺、石函就有40多具，出自汉代画像石棺的包括伏羲、女娲在内的种种图像符号也被借用在今天的街头和景区打造中。

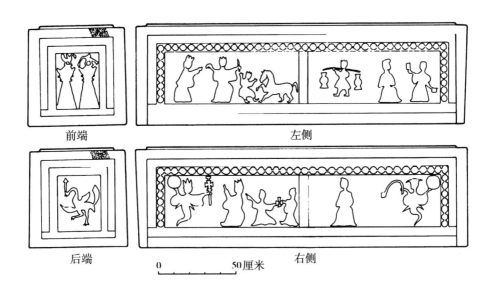

前端　　　　　　　　　　　左侧

后端　　　0　　　　　　50厘米　　　右侧

璧山水井湾石棺上人首蛇躯的伏羲、女娲分置两边①

在巴蜀地区汉代墓葬石刻图像中，人首蛇躯的女娲形象有单体出现的，也有与伏羲同图对称出现但不与之交尾连体的造型。如简阳鬼头山崖墓3号石棺，其足档右边刻人首蛇躯的人物，其旁刻写"伏帝（羲）"；左边亦刻人首蛇躯像，其旁刻写"女娃（娲）"，彼此身份明确，但身体各自独立，尾部并不相交，二者之间还有玄武图像；屏山县延福镇庙坝村斑竹林东汉房形石棺上，头档为子母阙，足档为伏羲、女娲侧身相对，分置左右；江津油溪镇盘古村砖室墓出土的汉代石棺上，棺身左侧为车马出行，右侧是人首蛇躯的女娲、伏羲，二者呈直立状左右分置，卷曲的尾部并不相连；璧山水井湾M1的1号石棺上，伏羲、女娲像见于棺身右侧，二者一左一右分置，中间隔着数人。江津是连接重庆和泸州的要道，伏羲、女娲图像多见于两地汉墓。1999年7月，泸州市合江县

---

① 范鹏、周后曦、李大地：《重庆市璧山县汉代石棺的发现与研究》，《四川文物》，2012年第6期。该文认为二者分置两边，"相对疏远，此时伏羲女娲更多的应是仙界象征"，中间数人拜二者等神灵"寓意着墓主为天国所接纳正式进入天国"。

城政协联建房工地出土董永侍父画像石棺（22号棺），该棺系青砂石质，四壁有剔地浅浮雕纹饰，右侧以车马出行形式表现董永侍父题材，头档为双阙也就是天门图像，足档是人首蛇躯的伏羲、女娲手执日、月的直立造型，二神着长袖衣袍，左右分体雕刻，彼此手、面相对呼应，有双足，但蛇尾呈正反"C"状相对，并不相交。泸州5号汉代石棺足档上有伏羲、女娲相对造像，各自的尾部虽成环状扭结造型，但彼此并不相交。当然，更典型的例子是将伏羲、女娲图像分别置于石棺之前、后档，如1997年5月在合江县白米乡碾子塝村大耳朵崖墓发现的15号石棺，头档为伏羲举日，侧面体态左向，蛇尾呈"C"形；足档为女娲托月，侧面体态右向，蛇尾呈"己"形。同类图像安排亦见于泸县、泸州等地汉棺。合江地处川南边陲，属于盆周山区县，始建于西汉元鼎二年（前115年），距今两千多年，历史文化底蕴深厚。再如宜宾地区，南溪长顺坡汉代砖室墓2号石棺人身蛇躯的伏羲女娲像，其后端图像以单阙天门居中，阙之左右分置女娲、伏羲，据考该墓时间大致为"东汉晚期，其下限也可能会晚到东汉末年"[1]；长宁古河镇七个洞1、6、7号崖墓墓门上，人首蛇躯的伏羲、女娲图像均是分置门框两侧的，"他们左右对称，分别高举日月"[2]。以上石棺、墓门图像中，均采用的是这种二神对塑却不连体的构图（类似造型亦见于蜀地汉画像砖，如成都土桥曾家包汉墓出土者）。最有趣的是泸州13号石棺头档，在伏羲、女娲交尾连体的下方，又有同样是人首蛇躯的男女分体图像[3]。

　　研究汉代墓葬石刻图像，石阙亦不可忽视。"阙，门观也"（《说文》），是中国古代城门及宫殿等前的一种高层建筑，左右相对而"中央

---

① 罗二虎：《四川南溪长顺坡汉墓石棺画像考释》，《四川文物》，2003年第6期。
② 牛天伟：《四川长宁"七个洞"崖墓画像考辨》，《考古》，2010年第11期。
③ 成都文物考古研究院、泸州市博物馆编著：《四川泸州汉代画像石棺研究》图版二五，文物出版社，2019年。图像下方这对尾部不相交的男女造像，是不是有别于交尾图的另一种伏羲、女娲表现形式，可再探讨。

阙然为道"(《释名·释宫阙》)。石阙由石筑，式样近于牌坊但无横梁，多立在宫庙、陵墓之前，用于铭记官爵、功绩或作为装饰，学界称其为"人仙两界交通的神学媒介"[①]。郦道元《水经注·济水二》:"南有汉荆州刺史李刚墓……有石阙，祠堂石室三间。"我国现存汉阙数十处，大多为墓、祠石阙，其中有20多处都在四川(仅川东渠县就有冯焕阙、沈府君阙等7处)。考察汉代石阙画像艺术，有人指出"这些石阙主要分布在四川盆地的巴属地域、蜀属地域及北方的齐鲁、中原地区"，作为南方的"巴属、蜀属地域风格基本相同"。据其列表统计，在涵盖巴、蜀的四川境内15尊石阙中(巴10，蜀5)，有"女娲捧月，伏羲举日"图像的仅见于重庆盘溪无名阙(无铭阙)，属于祈愿祈福题材，雕刻技法为减地平钑。纵观巴蜀地区汉代石阙，祈愿祈福题材"除了巴属、蜀属地域的三足鸟九尾狐以外，主要以常青树、二兽互咬尾及双鱼图、二猿攀爬图、射猴图、伏羲女娲图、金乌图、三鱼共首、人首蛇身像来表达"[②]。无铭阙位于江北盘溪香炉湾，2000年被列为重庆市级文物保护单位，民间称为"香炉石"，实乃东汉晚期石阙。此阙西向，由细黄砂石制作。左阙已塌毁，阙身残石由市博物馆收藏。右阙现存台基、阙身和楼部一部分，由六层石材构成，通高415厘米。无铭阙分置女娲、伏羲像，右阙内侧白虎衔璧、外侧女娲，左阙内侧青龙衔璧、外侧伏羲。在巴蜀地区诸阙中，盘溪无铭阙有其独特性。列入全国重点文物保护单位的渠县沈府君阙甚有名，杨利慧《女娲溯源》中列表说明女娲人首蛇身图像的分布时有"四川渠县沈君阙"，介绍其形象为"伏羲、女娲人首

---

① 姜生:《汉阙考》，《中山大学学报》社会科学版，1997年第1期。

② 陈绪春:《地域背景下汉代石阙画像艺术的比较研究》，《民族艺术研究》，2018年第6期。关于巴属地域，该文注云:"汉代时期巴郡作为巴属地域来进行汉代石阙的比较探讨。公元前314年秦置巴郡，汉承秦制，辖江州(今重庆主城区)、垫江(今重庆合川区)、阆中、江阳、宕渠(今四川渠县)、临江县(今重庆忠县)等11县，即将今四川渠县汉代石阙及重庆盘江石阙、重庆忠县石阙等归为巴属地域范围。"关于蜀属地域，该文注释:"公元前285年秦置蜀郡，但蜀郡所辖地域随时间不同所辖范围不同，本文将从雅安至成都至德阳至绵阳至梓潼一带的石阙归为蜀属地域进行探讨。"

蛇身，手托日月圆轮"①，并标明资料来源是《金陵学报》第8卷。沈府君阙是双阙，郑德坤《四川古代文化史》记述其图像：左阙"题文上刻朱雀，作飞腾姿势，下刻一兽首，形似虎而角，口衔环，爪缺；左旁与题文并排有画像一段，上刻一璧，上下结带；下刻飞龙，口衔璧之下带"，右阙"文上刻朱雀；下雕元武，今下刻已全泐；右旁与题文并排亦有龙璧浮雕。介石尚存浮雕二方，一作众鬼追逐图案，一作所谓'西王母宝座'，西王母居中，左龙右虎"②，不见提及伏羲、女娲。

泸州13号石棺前档有两组人首蛇躯的造像（《四川泸州汉代画像石棺研究》）

单体的女娲、伏羲造像或有更古老气息。先秦文献述及女娲多是独立言之，少与伏羲牵连。"女娲有体，孰制匠之？"（《天问》）屈原追问

---

① 杨利慧：《女娲溯源——女娲信仰起源地的再推测》，北京师范大学出版社，1999年，第68页。

② 郑德坤：《四川古代文化史》，巴蜀书社，2004年，第180页。该书最初出版于1946年7月。

女娲的由来，无涉伏羲；《楚辞·大招》或言屈原或言景差作，有"伏戏（伏羲）驾辩，楚劳商只"，无涉女娲。翻开《山海经》[①]，有关女娲的神话见于《大荒西经》，涉及伏羲的神话见于《海内经》，各言其事。自古以来，女娲造人神话存在多种叙事，或与诸神共同造人，如《淮南子·说林训》："黄帝生阴阳，上骈生耳目，桑林生臂手：此女娲所以七十化也。"（化指化育、化生，此谓女娲造人之际，诸神来帮忙）或是女娲独自造人，如《太平御览》卷七八引《风俗通》："俗说天地开辟，未有人民，女娲抟黄土作人，剧务，力不暇供，乃引绳于絚泥中，举以为人。"《中国神话大词典》"女娲"条引此二书，认为后说"见诸记载虽较晚，揆其起源，或更早于前说，可见原始社会母权制时期之影响"[②]。准此说法，女娲独自造人神话应比女娲与诸神合作造人神话有更古老的发生。俄罗斯学者李福清认为"从比较神话学来看，女娲形象应该比伏羲形成得早"，他推测："最古老神话中女娲大概是个孤独的人物，与伏羲没有什么关系……屈原只提女娲，未提及伏羲，长沙马王堆发现的迎神旗只有一个长蛇尾的女神，大概是女娲，也无伏羲。"[③]早期口头文学和造型艺术中多不将她与伏羲并举，不无缘故。女娲独自造人神话源远流长，尤其在民间广泛流传。在四川，德昌县不识字农民口述

---

① 据蒙文通考证，《山海经》中《海内东经》《海内南经》《海内西经》和《海内北经》四篇可能是蜀人作品，《大荒东经》《大荒南经》《大荒西经》《大荒北经》以及后面的《海内经》五篇是巴人的作品，时代在西周（见其《略论〈山海经〉的写作时代及其产生地域》，《巴蜀古史论述》，四川人民出版社，1981年）。四川出土汉代石棺甚多，或曰："从题材和氛围看，石棺图像更像是《山海经》的图画版。"（成都文物考古研究院、泸州市博物馆编著：《四川泸州汉代画像石棺研究》，文物出版社，2019年，第217页）

② 袁珂编：《中国神话大词典》，四川辞书出版社，1998年，第62页。

③ ［俄］李福清：《从比较神话学角度再论伏羲等几位神话人物》，见《古典小说与传说——李福清汉学论集》，中华书局，2003年，第176页。当然，具体情况需要具体分析，有些案例也因墓葬及构件形制等因素所致，如1937年在重庆沙坪坝发现并列石棺二具，大棺前档刻人首蛇躯举日轮的伏羲像，小棺前档刻人首蛇躯举月轮的女娲像，常任侠"以棺有大小之分，又以所刻亦象征一阴一阳，故疑其为一男一女合葬地下"（郑德坤：《四川古代文化史》，巴蜀书社，2004年，第182页）。此外，或以为石棺上刻伏羲、女娲不交尾图像意味着被葬之人属于生前未婚者，这是着眼现实寓意和墓葬实际的又一说法。

的神话说女娲是"照着水里自己的影子"用泥和水独自造人①。峨眉山一带流传的《女娲补天制印》开篇讲道:"传说盘古开了天地,女娲造了人以后,有两个妖怪打架,把天打了几个窟窿。天上哗啦哗啦地漏水,人没办法生活。女娲就在大海头捡了很多很多的石头,发起火炼五色石补天。"②该神话中与开天辟地的盘古并举的是造人补天的女娲,二者并不交叉,民间叙事中对诸神职责分工在此不含糊。准此表述,先造人再补天(替人类解决生存难题)的只有女娲一人,没有其他参与者(独尊女娲的类似神话叙事在川南高县流传的《女娲补天造人》中也表述得很明确)。从原型批评看,既然女娲独立造人补天神话更古韵悠然且长久流传,即使是在伏羲、女娲婚配交尾连体图像大量出现的汉代,女娲仍以独立或分体造型在墓葬石刻中出现,庶几折射着原始观念不灭的光辉。

## 第二节 女娲、伏羲连体图像

就目前出土的汉画像砖石看,尽管不能说所有人首蛇躯双神图像都是伏羲女娲,但仍以后者居多并在文献记载中得到识读,简阳鬼头山汉墓石棺榜题对二者身份的标示亦多得学界认可。在汉代墓葬石刻图像中,女娲与伏羲以人首蛇躯交尾连体的对偶神出场更常见。走进四川博物院,可见到高大的王孝渊碑,那是1996年出土于郫县犀浦镇二门桥的东汉石碑,其背面上方便以流畅的尾部造型雕刻着二尾相搭的伏羲、女娲像,他俩中间还有一小人(或为蟾蜍,直立状)。宜宾博物院藏屏山县斑竹林东汉石棺,是2011年岁末出土的,石棺完整,棺盖造型独特

---

① 中国民间文学集成四川卷编委会编:《中国民间故事集成·四川卷》上册,中国ISBN中心,1998年,第27页。讲述人刘廷香,男,87岁,德昌县热和乡田村人,采录时间:1986年6月。

② 四川省乐山市民间文学集成编辑委员会编:《中国民间文学三套集成·四川乐山市卷·故事卷》上册,1990年7月印(内部资料),第21页。讲述人:廖永祥,男,65岁,井研县千佛乡永忠村农民,采录时间:1987年5月。

且精美，棺身四周图像生动、丰富（如狩猎、六博、猿戏、秘戏、角抵戏、仙人启门、车马出行等），其头档图像为双阙，足档为人首蛇身的伏羲、女娲，二人侧身握手、尾部相交，伏羲居左执日轮，女娲居右执月轮。梳理汉代石棺上伏羲女娲图像流变，或根据二者是否出现在同一画面将其列为"分开"和"同组"二型[1]，前者如泸县1号、合江20号、泸州6号等石棺将伏羲、女娲分置前、后档；后者包括交尾和不交尾但彼此对视图像，此类例子多。又有论者指出："川渝地区出土的汉代石棺的伏羲女娲形象，经历了从东汉中期的不交尾到东汉中晚期的简单交尾形态，再到东汉晚期的复杂交尾（∞形交尾）形态。"[2]从不交尾到简单交尾再到复杂交尾，着眼类型学分析相关图像，亦可见审美图式逐步精细化。

　　"伏羲鳞身，女娲蛇躯"（王延寿《鲁灵光殿赋》），汉代墓葬石刻图像中二者造型常见人首蛇躯，有原始生殖崇拜色彩。"最早的汉画像石中女娲图像很少见。南阳唐河针织厂画像石墓，北主室北壁刻有伏羲女娲图像，女娲与伏羲作人面蛇身形。同一地区发掘的新莽时期的南阳唐河电厂画像石墓，南壁西侧柱刻有伏羲女娲图像……这对人面蛇身神呈交尾状，这是一个很大的变化，表明汉人已经明确地将伏羲引入了女娲造人的情节。"较之他方，"四川画像石棺上的女娲很有地方特征，因为石棺的葬具特点，女娲多与伏羲相对完成构图，而很少有中原地区普遍存在的与西王母的共同构图"[3]。较之"女娲本是伏羲妇"（卢全《与马异结交诗》）的文献记载，石棺提供了直观的图像证据。人首蛇躯的伏

---

① 成都文物考古研究院、泸州市博物馆编著：《四川泸州汉代画像石棺研究》，文物出版社，2019年，第196页。按照该书分类，与A型相对的B型下面又划分若干亚型。
② 徐新：《川渝地区汉代石棺画像伏羲女娲交尾类型研究》，《美与时代（中）》，2019年第5期。
③ 汪小洋：《汉画像石中的女娲》，《文史知识》，2007年第4期。有趣的是，巴蜀民间对"女娲蛇躯"的理解还有说法如此："人造好后，女娲也累死了。她死后，就变成蛇的脑壳、人的身子了，不晓得是咋个搞的。"见于1986年9月在川南高县沙河区老农民口头搜集的《女娲补天造人》。

羲、女娲成对造像出现在巴蜀地区汉画像砖石上案例甚多，如合江东汉羿求药画像石棺，其左侧是羿向西王母求长生不老药图，右侧是青龙白虎戏璧图，前档为双阙天门图，后档即是分别手托日、月的伏羲女娲交尾图，对称造型，图像生动。该石棺定为合江东汉1号棺，1984年出土于县城张家沟。又如1987年在合江镇锻造厂出土的东海太守良中李少君画像石棺（2号棺），头档是双阙天门图，足档亦为伏羲、女娲交尾连体图，但造型更有艺术性。1995年张家沟出土的车马巡行画像石棺（5号棺），足档上人首蛇躯的伏羲、女娲交尾造型，身体又呈现更具审美性的舞蹈化动态。合江县今建有汉代画像石棺博物馆，收藏了当地出土且占全国三分之一的汉画像石棺，有较高的历史、文化、艺术、民俗价值。巴蜀地区汉代石棺上伏羲、女娲造型不乏交尾连体图像，而且从20世纪到21世纪初一直有出土，如2003年乐山市中区水口乡出土的石棺上，连体交尾的伏羲女娲各举日月，连日月中的金乌、蟾蜍也以线刻清晰呈现。从地域关联和宗教影响看，或以为："汉代伏羲女娲交尾画像在今天考古发掘的文物中司空见惯，尤其是在汉代画像石的图像中屡见不鲜，无论是在汉代画像石大量出现的河南南阳，还是在山东、江苏、四川等地，均有一定的数量，其中河南南阳和四川地区尤为普遍。这与东汉'日出于宛而没于蜀'的历史有关，同时还与两地的思想信仰有密切关系。比如，河南南阳出土的汉代画像石的图像内容深受楚国巫风的影响，尤其是楚国原始道教的影响，而四川出土的汉代画像石的内容则受到汉代晚期风靡于蜀中的张道陵倡导的五斗米教思想的影响"；又，"汉代伏羲女娲交尾画像与汉代道教房中术有着密切的关系"[①]。此说可供参考。

早期古籍对女娲神话的记载，见《山海经·大荒西经》："有神十人，

---

① 卜友常：《汉代伏羲女娲交尾像浅议》，《郑州轻工业学院学报》社会科学版，2012年第5期。

名曰女娲之肠，化为神，处栗广之野，横道而处。"晋代郭璞注："女娲，古神女而帝者，人面蛇身，一日中七十变。其腹化为此神。"《楚辞·天问》："女娲有体，孰制匠之？"东汉王逸注："女娲，人头蛇身。"1942年，湖南长沙子弹库战国楚墓出土帛书有可辨识的古文字960多个，其中乙篇记载"乃取虘䖒口子之子，曰女娵，是生子四"，有人识读为："（伏羲）于是娶了虘䖒氏的女子叫作女娵（娲），生了四个儿子。"①此若可靠，则伏羲女娲婚配故事在战国中晚期楚地已流传。敦煌遗书《天地开辟以来帝王纪》中，有二者兄妹婚传说的记载：大洪水后，"人民死尽，唯伏羲、女娲兄妹二人，衣龙上天，得存其命，恐绝人种，即为夫妇"；又云其"天遣和合，亦尔相知。伏羲用树叶覆面，女娲用芦花遮面，共为夫妻"，等等。有研究者谈到敦煌残卷中的伏羲女娲故事时，指出可注意点如下："二人于洪水中能够存命，还因为他们曾穿着龙衣到天上避难，这样就理性地解释了汉代关于二人龙身蛇躯的传说。"②民间故事中将二者与昆仑山的华胥氏联系起来，说后者是脚踩巨大足印后生下了伏羲和女娲，则是古老神话经多级编码在后世的延伸。前述屏山县斑竹林东汉石棺，除了足档的伏羲女娲交尾像，棺身雕刻图像中，在狩猎图下方有二人戴冠赤身交合的"秘戏图"，发掘报告称此图表现"人们希望通过秘戏图来达到长生不老、死后重生或成仙"③，棺盖足端还有阴线刻的"鸟啄鱼"图（刚好位于后档伏羲女娲交尾图上方），亦从"性"的张扬中强化着这种生殖崇拜意味。此外，女娲、伏羲交尾连

---

① 网文《楚墓出土帛书，颠覆了关于伏羲、女娲的认识！学者：史前发生洪水》，http://www.yidianzixun.com/article/0NmfPyVS，发布时间：2019-11-14。李零指出：楚帛书"乙篇主要是讲神话"，其中提到的传说人物有伏羲和女娲，"他们在帛书中被描绘成一对起于渔猎时代的男女祖先，当他们所在之时，一切尚处于昏蒙未化的状态"。又注曰："'女霙'，多以为女娲，但释字均有未安，李文怀疑非女娲。"（见李零：《楚帛书研究（十一种）》，中西书局，2013年，第30、138页）
② 吕威：《楚地帛书敦煌残卷与佛教伪经中的伏羲女娲故事》，《文学遗产》，1996年第4期。
③ 四川省文物考古研究院、宜宾市博物院、屏山县文物管理所：《四川屏山县斑竹林遗址M1汉代画像石棺墓发掘简报》，《四川文物》，2012年第5期。

体图像在巴蜀地区还有一种
变体，如璧山县广普乡蛮洞
坡崖墓群出土的画像石棺。
2021年6月中旬，去重庆博
物馆，笔者看见展出的两具
汉代画像石棺之一乃此，题
名"乐舞百戏画像石棺"。
其实，该棺图像在全国同类
石棺中尤其值得注意的未必
在于乐舞百戏，而是伏羲、
女娲。石棺头档为双阙，足
档上伏羲、女娲以对偶神构
图出现，他俩手中分别托着
日、月，身体结构基本是人
形亦不相交，身着紧袖短服，

璧山小河坝汉代石棺上的女娲、伏羲像（三峡博物馆，2021年6月拍摄）

但在二者的两腿内侧，有躯体相交的两条蛇，两蛇头分别对着二神的私
处，"交媾的寓意明确无误"①，其生殖崇拜语义昭然。有论者称此为"特
殊交尾"，认为"此种刻绘方式在表情达意上似与人首蛇身交尾的寓意
无异，但就其完全人首人身的形式来看，似乎是在赋予二者更多的人
性，从而与传统观念中的伏羲女娲形象略作区别"②。不过，在笔者看来，
该造像手法更见质朴原始而富有民间色彩，如此神话式编码的特殊造型
与其说是为了强化人之意味，不如说是在以更大胆的象征方式从彰显

---

① 罗二虎：《四川南溪长顺坡汉墓石棺画像考释》，《四川文物》，2003年第6期。自20世纪
80年代以来，璧山县境内发现的汉代石棺总数达18具。这些画像石棺，或为与墓室相连
的崖棺，或为独立的整石石棺，后者表面多见精美的图像，内容主要是伏羲女娲、双阙、
朱雀、羽人、武士、杂伎等形象，艺术价值甚高。
② 徐新：《川渝地区汉代石棺画像伏羲女娲交尾类型研究》，《美与时代》（中），2019年第
5期。

"性"中凸显生殖崇拜，这种寓意原本也关联着当时的社会风习。

从性别研究角度分析，以女娲、伏羲婚配神话为基础的连体图像出现，折射出女娲地位在男性居主社会的降低。有论者说："影响女娲地位提高的因素还有一个，这就是她与伏羲的结合。在秦汉以前的古籍中，女娲与伏羲没有什么联系，女娲造人、炼五彩石补天、化生人类、制笙簧等贡献，都是她一个人完成的，并没有伏羲的参与。再看伏羲，《太平御览》引《诗含神雾》记他的身世是：'大迹出雷泽，华胥履之，生伏牺。'《淮南子·时则训》记他的地位是：'东方之极，自碣石山，过朝鲜，贯大人之国，东至日出之次、榑木之地、青土树木之野，太皞、句芒之所司者万二千里。'高诱注：'太皞，伏羲氏，东方木德之帝也；句芒，木神。'伏羲作为东方之帝，是'五帝'之一，在这个排序中并没有与女娲有什么联系。不过，'三皇'的排序中，许多说法中有一种是伏羲、神农和女娲，这个排序联系了伏羲女娲，但他们是并列的关系。伏羲早期也有许多贡献，与当时的女娲一样也是他一人所为。《周易·系辞传下》记：'包牺氏……始作八卦，以通神明之德，以类万物之情。'王充《潜夫论·五德志》记：'（伏羲）结绳为网以渔。'在伏羲和女娲他们各自单独工作时，他们的贡献都是巨大的，而且如其他大神一样，是很全面的。但是，当伏羲和女娲结合在一起后，他们的主要工作就只与生育有关了，即使有一些其他的贡献，也是由生育信仰而引申得到的。相对于女娲的其他生育传说，伏羲女娲结合孕育人类是最为流行的传说，她是以与伏羲共同、并且是列于第二位而获得这个知名度的，其地位自然不能与以往造人的女娲同日而语。"[①]实际上，从"三皇五帝"来看，将"天由她补、地由她修、人由她造"而实为"开天辟地的人物"[②]的女娲

---

① 汪小洋：《汉画像石中的女娲》，《文史知识》，2007年第4期。称"秦汉以前的古籍中，女娲与伏羲没有什么联系"是流行说法，而据近年来学术界对出土楚帛书的研究，伏羲、女娲结为夫妇的文字记载在战国时代已见，请参见本书相关章节。

② 顾颉刚：《顾颉刚古史论文集》第三册，中华书局，1996年，第131页。

纳入后世帝国王朝的叙事体系，从表面看列之入"帝王"行列是抬高了她的地位，但实质上又是将其降低在"辅佐"男性君主的助手层面，诸如"女娲，阴帝，佐虑戏（伏羲）治者也"（《淮南子·览冥训》高诱注）、"女娲，伏羲之妹"（《风俗通》）等表述所透露的性别倾向未必不明显，伏羲、女娲以对偶神形式出现并被共尊为"人祖"亦折射出男性居主社会的话语权势，因为"造人"专利已不仅仅属于作为人类大祖母"抟土造人"的女神①。

在墓葬石刻伏羲女娲连体图像中，除了日、月，二者手中另外所执物件通常被笼统地解释为规、矩，但有论者认为有的应是乐器排箫和鼗鼓，那表征着伏羲、女娲作为"乐器发明神"或"音乐神"的身份。该论者就八件四川出土的画像砖石进行图像分析，通过与河南同类形态画像石作异同比较后肯定"伏羲女娲执乐器的画像在四川汉画中发现最多，且呈现出典型的地域文化特征"②。合江出土的汉代石棺有30多具，其中雕刻伏羲、女娲图像的有近20幅，二者除了手中托举的日、月，既有手举规、矩的，也有手举排箫、鼗鼓的。这两种乐器在成都永陵五代棺床四周石刻二十四乐伎手中犹可见。中华神话里，"女娲作笙簧"（《世本·作篇》）提醒我们女娲不仅仅是造人补天的开辟大神，也是文化发明的创始者或"文化英雄"。根据神话传说，结合汉代时兴的乐舞，巴蜀地区墓葬图像制作工匠又将其转化成不乏现实色彩的艺术造型，为考古领域留下了有地域性的文化遗产和有意味的审美对象。

①　关于人类生殖崇拜史上从"女性独体生殖"到"双性对偶生殖"的原型流变，请参阅李祥林：《女娲神话的女权文化解读》（载《民族艺术》，1997年第4期）、《"伯禹腹鲧"：孤雌生殖神话的换位阐释》（载《东方丛刊》，1999年第4期）。
②　朱天伟、何莉：《四川"伏羲女娲"画像略考》，《成都文物》，2006年第3期。

## 第三节　女娲、伏羲对吻图像

如上所述，女娲、伏羲在巴蜀地区汉代墓葬石刻中有三种基本图像，就是单体造型、同时出现、彼此交尾（若是再简化之，亦可谓只有单体出现和同时出现两种类型）。从造型程式看，以女娲、伏羲交尾连体的墓葬石刻图像最常见，世人熟知，学界亦多论述。其中细分，尚有一种不多见的图像是二人面对面接吻，下面结合汉代及后世例子谈谈。

2021年5月下旬，笔者去了雅安，考察新老女娲塑像，随后来到市博物馆。行内人知道，雅安地区最值得看的文物就是汉代墓葬石刻。走进以"汉嘉神韵——汉代精品石刻展"为主题的大厅，一座座造型浑厚、风格大气又不乏精美的石羊上石兽、杨君石兽等首先吸引你的眼球，如前言所述："雅安是我国现存汉代大型石兽最多的地区，其中的带翼神兽——天禄、辟邪等具有浓厚的中西文化交流的色彩，它们既保存着古代传统石刻艺术的精粹，又吸收了外来文明的诸多因素，成为秦汉以来我国石刻艺术的瑰宝，也是中国西南汉代对外文化交流的重要例证。"馆中值得仔细玩味的，除了石兽，还有石棺，后者上面雕刻精美、内容丰富的图像令人赞赏不已。石棺是汉代墓葬的典型葬具，在巴蜀地区多有发现，其材质或为青石或为红砂石，以浮雕呈现的内容有神话传说、历史故事、道家题材、日常生活等。从当地考古看，早期石棺雕刻以表现历史故事、神话传说及日常生活为主，题材有伏羲女娲、车马出行、宴乐等；晚期石棺雕刻则主要体现道家思想。"汉代人们相信神仙世界的存在，由居住在昆仑仙界的西王母主宰，他们期待死后能飞升天国，因此在地下世界的营造中大量充斥着对天国仙界的丰富想象。这类文物中尤以雅安荥经、芦山等地发现的石棺图像最为精美，石棺上的画像以墓主死后飞升天国为主题，四面分别装饰有四神、门阙等象征天庭的图案，雕刻手法采用了浅浮雕、半圆雕、减地平铄等多种技法，具有很高的艺术价值。"①如标名为"东汉高浮雕秘戏图纹石棺",该棺1969年在荥经县出土,棺盖已毁,仅存棺身。石棺系红砂石制作,长230厘米,宽79厘米,高78厘米,前档雕刻双阙,足档雕刻单腿站立、引颈振翅作欲飞状的朱雀,棺身一侧刻四柱、立斗,画面中部刻仆童半开之门,门左右各雕刻有一朱雀,右边图像是头上戴胜的西王母正坐于案前,左边是男女二人席地而坐、互拥接吻的图像。该石棺被定名为"秘戏图",就是因为左边这对男女面对面接吻之像。如今,该图像还被放大制作成宽2.8米、长5.6米的雕塑,作为城市景观放在雅安大桥北桥头的雅客园,题名"中华第一吻"。在有"女娲补天"塑像附近的青衣江大桥的汉白玉桥栏上,也有取象于此的雕刻。

纵观国内或者说巴蜀地区的汉代画像砖石,就会发现,如此造型也出现在伏羲、女娲图像中。四川博物院收藏有六具东汉画像石棺,其中图像最精美的要数一青岩石棺,高121.5厘米,长237厘米,宽72厘米,石棺足档雕刻的伏羲女娲,伏羲戴山形冠,女娲梳高髻,托举日月,人首蛇身,无下肢,互拥对吻交尾,其尾部挽结成从大到小的三环状,表达着阴阳交合、化生万物的生命主题。《中国女神》引此图像,云其"表明伏羲、女娲是造人类、掌婚姻、司生育的生命之神"②。该画像石棺是1972年在郫县新胜公社(原名竹瓦铺)二大队三小队发现的东汉砖石墓(1号墓)出土的③。关于这类石棺图像的含义,大而言之,如论者指出:"二神的蛇尾相交,右边的伏羲左手持日,日中有三足乌;左边的女娲右手举月,月中有蟾蜍。这无疑是日月为易、阴阳观念的象征,其拥抱交尾的符号特征象征着阴阳交合,化育万物的宇宙创生过程。"④小而

① 《汉代石棺·魂飞昆仑·东汉高浮雕秘戏图纹石棺》介绍,2021年5月30日李祥林抄自雅安博物馆。
② 过伟:《中国女神》,广西教育出版社,2000年,第90页。
③ 李复华、郭子游:《郫县出土东汉画象石棺图象略说》,《文物》,1975年第8期。
④ 朱存明:《四川石棺画像的象征模式》,《艺术探索》,2004年第4期。

言之，表现的实乃以墓主为主位
考虑的"向死而生"也就是祈求
"长生"的民俗寓意。如在合江
汉代石棺博物馆所见，其中伏羲、
女娲对偶神图式造像多与西王母
出现在一个石棺上，强化的依然
是"长生"这汉代人孜孜追求的
主题。总之，在体现"死"之事
象的墓葬中纳入表现"生"的主
题图像，其意义与其说是哲学上
的观念，毋宁说是民俗上的诉求；
或者，二者兼具。关于石棺图像
中这种人物造型的"秘戏图"之
说，有论者看法不同，认为"将

郫县新胜汉墓石棺伏羲女娲对吻图（2021年10月拍摄）

四川汉代性题材画像两性亲吻内容的作品释为'秘戏'的认识是值得商
榷的"，指出，"学术界习惯于将四川汉代性题材画像两性亲吻内容释为
汉代某种'秘戏'场景的表现，并将'秘戏'与'燕婉'混同。'秘戏'
与'燕婉'在内涵上并不相同。《汉书·周仁传》载：'（周仁）以是得
幸，入卧内，于后宫秘戏。'此言周仁于后宫观景帝'秘戏'，并言'仁
常在旁，终无所言'。……所谓'秘戏'当男女之性行为，因不能为外
人所见，故称秘戏。张衡《同声歌》'衣解巾纷御，列图陈枕张。素女
为我师，仪表盈万方'的描写，论者以为：'盖即汉志所言房中也。玉房
秘诀黄帝问素女玄女采女阴阳之事。'这可能就属于秘戏的范畴，也牵
涉到'房中术'的内容"。与之有别，"'燕婉'当指男女亲密的关系或
行为。……'燕婉'亦指夫妇亲密恩爱的行为或情感，虽然从广义上看
也属于一种'性'的行为，但与夫妻或男女之间特定的'交合行为'是

截然不同的"①。据其所言，伏羲、女娲对吻图应归入"燕婉"类型。此说不无道理，但从对吻的伏羲、女娲以蛇躯交尾连体的阴阳和合形式出现来看，其对表达生殖崇拜意识的"性"的象征性展示还是明显的。

美术考古可证，这种图像实为汉代墓葬中一种程式化造型。1941年5月，由中研院史语所、营造学社等联合组成的川康古迹考察团从宜宾乘船溯江而上，沿岷江到达彭山江口，对当地崖墓进行发掘。文物中有石雕裸体男女亲密拥抱接吻像，"考古队刚发现这个文物时，称其为'秘戏石刻'。后来郭沫若见到这件文物后十分欣赏，就给它取了一个非常浪漫的名字：'天下第一吻。'因为这件石雕的造型比较露骨，在出土时还经历过一场风波。考古队为了保护这件文物，不得不将其紧急切割下来，送到中央博物院（现南京博物院）筹备处库房保存"②。江口崖墓涉及的年号有"建初""永元"等，时代上限为西汉晚期，下限不晚于三国时期。"天下第一吻"雕像出土于塞子山半山腰的夫妻合葬墓，崖墓编号为550号。横向看，泸州市龙马潭区安宁乡出土的一具汉代石棺上，也有这种作拥吻状的男女人物。纵向看，这种程式化造型直到清代墓葬雕刻犹见。友人罗晓欢近年致力于墓葬建筑美术研究，聊天中笔者问："在你走访所见明清以来墓葬雕刻中，有没有涉及伏羲女娲题材的呢？"答曰："我没有发现过。都是后世流行的八仙、二十四孝、文武天官、戏曲故事等，至明清，上古传说故事难以引起关注了。"有身份人家的墓葬石刻中上古神话题材失落，也许跟明清以来道德理性话语日益强大的社会背景有关，尽管如笔者在考察女娲神话及信仰过程中所

---

① 李立：《汉画像的叙述——汉画像的图像叙事学研究》，中国社会科学出版社，2016年，第127—128页。

② 网文《80年前，彭山汉崖古墓出土的男女石像，因过于露骨被紧急切割保存》，https://www.sohu.com/a/460448216_120965974，发布时间：2021-04-13 09：42；《汉代男女亲密石雕，因过于亲密被切割易地，文物勿以保守眼光看待》，https://baijiahao.baidu.com/s?id=1722535229518350441&wfr=spider&for=pc，发布时间：2022-01-22 11：19；记者梁波、李庆报道：《"天下第一吻"石雕出土74年后首现故宫》，《华西都市报》，2015年10月10日。当然，所谓"露骨"不过是今人的观念。

见，"人祖奶奶""人祖姑娘"女娲在民间尚有未衰竭的影响力，但毕竟是在下层尤其是乡村。从微信朋友圈得知，2020年5月以来这位朋友在"简文牍库"推文以每周二、五连载《访碑：川渝明清墓葬建筑田野日志》，其第40篇为《"拥吻图"和"布局放大"的表现手法》，文中写道：2013年8月29日，课题组来到万源市曾家乡覃家坝村寻访覃步富墓，看见："顶部方形柱头上的一幅图像竟然是一对男女'亲吻'的戏曲人物组合，男子头顶双翎子，身着铠甲，一手搂住女子的肩膀，拥到身前亲吻，女子一手搂男子肩上，一手放在男子胸前，这样的画面出现在墓碑上，而且是墓碑中柱柱头上——如此显眼的位置！不知这是什么题材，也不知墓主如此大胆是何用意，难道是为了表达夫妻之间深厚的感情？但是在传统观念中，这种近乎'情色'的亲昵的举止不是有违道德伦常吗？真是令人大跌眼镜。"[1]该墓为夫妻合葬墓，明间右方碑板侧壁竖刻文字："皇亲待诰公讳步富覃老大人一位之墓，大清同治十二年癸酉清和月上旬穀立。"中柱在两个明间之间，既分隔了左右开间，同时也是支撑顶檐的重要结构，其造型大致分为三段，"拥吻图"见于顶部。尽管在今天的道德化解读中，此图让人觉得意外，但纵观本土墓葬雕刻史上诸如此类程式化图像，了解其中内涵，也就不足为奇。

不仅如此，尚有同类造型的陶俑，如合江石棺博物馆收藏的"秘戏俑"。该俑系泥质红陶，高10厘米，男左女右并排而坐，相拥亲吻，面带微笑，是见于汉代崖墓的随葬品。纵观古代墓葬图像中这种程式化造型，无论是墓主生前生活场景再现，还是戏文故事搬用，以及古老神

---

[1] 罗晓欢：《访碑（40）｜"拥吻图"和"布局放大"的表现手法》，https://mp.weixin.qq.com/s?src=11&timestamp=1622990391&ver=3114&signature=Fhf*JzdhJmwFBW−Fi1oltY5tu93ToKev*5vC9a5UlG2S3b4xJdonB7mSIhTiytPyByjx*3EfwAlSmcqIRzn4IzdC09YNNjSSEEb8mbQNR−SqMjgNwHOGjLRfyvWXGe2d&new=1，发布时间：2020-09-25。从该墓葬建筑上多有戏文故事来看，此图像我觉得似乎是三国题材戏曲《戏貂》（吕布戏貂蝉）的场景。2021年8月21日，这位友人通过微信将此图像考察及解读文字发来后，读到笔者的《三国戏中的貂蝉故事及其性别文化透视》一文时留言："难怪民间戏曲雕刻中多见吕布与貂蝉'拥吻'图像。"

话题材借取，其所要突出的主题实乃同一，就是表达对"生"的向往。2013年秋天去河南省西华县思都岗女娲城，在入口牌坊前村民出售祭品的摊位上，笔者看见彩印冥钞上也有造人补天的女娲娘娘神像。仔细想来，这种信仰民俗跟汉代墓葬画像砖石中屡见的伏羲女娲造像在精神上是息息相通的，其中寄寓着的正是以"生"克"死"或以"生"超越"死"的文化人类学主题。即使是古籍记载的"女娲作笙簧"的神话以及汉代石棺图像中女娲手执乐器造型，其深层语义仍然是"取象于人类的滋生繁衍"①。也就是说，女娲、伏羲被奉为生育神是普遍信念，其出现在墓葬美术中"是为了祈求庇护、暗示吉祥，亡灵在墓中可以一步登天，同样也寓意着子孙旺盛，家族繁荣康宁"②。着眼程式化男女拥吻图像，若是单单就墓葬美术图像所表现的审美意象言，恐怕没有比神话历史叙事中的"人祖"伏羲、女娲更古老者，他俩交尾对吻图像才真正堪称是洋溢着生命气息的"中华第一吻"或"天下第一吻"。

---

① 杨利慧：《女娲的神话与信仰》，中国社会科学出版社，1997年，第66页。
② 本书编委会编：《合江汉代画像石棺》，中国戏剧出版社，2020年，第67页。

# 第十章

# 女娲信仰与端公文化

2021年6月，旺苍端公戏和昭通端公戏同时列入第五批国家级非物质文化遗产代表性项目名录之传统戏剧类，以"端公戏"为项目总名，前者属四川，后者属云南。作为文化遗产，"在巴蜀，端公戏比比皆是。从分类上讲，凡巫觋庆坛、祈禳、酬神、驱疫均属端公戏类"①。从流行巴蜀地区的端公文化看女娲神话及信仰对民间社会的影响，此乃本章的着眼点。

## 第一节　端公戏中说女娲

西人说，"祭祀仪式的艺术是形象化的神学"，这种艺术"也可在戏剧和舞蹈中见到"②；国人说，"歌舞之兴"而"始于古之巫"，盖在"古代之巫，实以歌舞为职，以乐神人者"（王国维《宋元戏曲考》）。端公戏属于中华傩戏范畴，起源古老、遗存丰厚的"傩"在今天受到艺术

---

① 于一：《巴蜀傩戏》，大众文艺出版社，1996年，第46页。
② ［美］斯特伦著，金泽、何其敏译：《人与神——宗教生活的理解》，上海人民出版社，1991年，第237—238页。

学、民俗学、人类学等学科广泛关注①。立足巴蜀，着眼中国西部多元文化交流融汇的民族迁徙大走廊，考察民间仪式戏剧和傩坛神灵信仰，不难发现，在巫傩文化资源深厚的湘、赣、黔、滇、川、陕等地，民间端公唱词中多唱及伏羲、女娲，端公戏表演中也不乏相关事象，人们又往往将伏羲、女娲奉为傩坛主神。

"旺苍端公戏是位于川陕交界处旺苍地区的以端公戏为主的表现形式。是由端公根据不同的法事和娱人娱神的节目内容来头戴不同面具演出。主要通过班坛组织进行演出活动。坛场分正坛戏与耍坛戏两个部分。正坛戏即法事活动，耍坛戏即唱灯等娱人演出。"②旺苍端公戏申报非遗代表作名录，是以三江镇何家班为主体的，1949年元月出生的该班班主何元礼乃第十代传人，也是省级非物质文化遗产代表性传承人。"上世纪初开始，巴中、苍溪、旺苍、南江一带只要提到唱傩戏，人们都知道旺苍三江有个'何家班'。"③2005年，四川电视台《今晚十分》对该端公戏班做过专门报道；2007年，何家班还去甘肃永靖参加过全国傩艺汇演。从剧目看，在何家班保存的剧本《洪水记》中，有"五月初三壬子破，洪水上涨淹山岭""伏羲兄妹来商议，葫芦里面去藏身"等唱段，述及洪水后"为了人间有烟火"而伏羲兄妹成婚再生人类的神话。这个故事，在四川乃至全国都有广泛流行，只不过川北端公班子将其戏

---

① 当今中国，傩文化研究主要兴起于20世纪80年代改革开放时期，有关情况请参阅李祥林：《中国戏曲的多维审视和当代思考》第六章第三节"傩戏的价值发现"，巴蜀书社，2010年。

② 国家级非物质文化遗产代表性项目推荐申报书《旺苍端公戏》，旺苍县文化馆制作，2019年7月。旺苍端公戏以三江镇何家班为代表，其他民间班子还有原麻英乡白家班、原枣林乡胥公坛、国华镇任公坛、双汇镇杜公班、英萃镇史家班、原九龙乡张公班、原干河乡谭家班、五权镇李氏班坛等。据非遗名录申报书言，旺苍端公戏主要是"通过做法事来为主家祈福还愿、消灾解难、禳巫纳吉等，宣扬'仁义礼智信''孝道'等儒学思想和'因果报应'的佛家信仰。表演时还常伴有神秘的巫技演出，深受农村人喜欢"。2021年5月去世的何家班班主何元礼与笔者熟悉，文化部门给他做省级非遗代表性传承人抢救性记录时，笔者应邀担任学术专员。在其家中，不止一次听他讲端公的意思就是"端正公道"，他常用此语教诲徒弟。

③ 王强：《"活化石"出山急救川北傩戏》，《华西都市报》，2006年7月31日。

剧化了。此外，三江何家班保存有剧本《马元帅怒打苏妲己》，相传是
"由其明代祖先传承下来"①，剧情说的是涉及女娲信仰的"一段封神志"。
该戏班向来视此为看家戏，"留给端公唱灯戏，提醒世人休执迷"，意在
借这个与昏君不敬女娲遭到朝纲乱江山失之报应故事相关的民间小戏告
诫世人、劝导人心。剧中唱道：

> 昔年三月二十二，天妃娘娘庆生日。
>
> 纣王降香见女娲，娇姿艳色美之极。
>
> 无道浑君乱淫性，色心挥毫写淫诗。
>
> 娘娘勃然生怒气，速遣三妖赴城池。
>
> 九尾狐狸三姊妹，玉石琵琶和雉鸡。
>
> 子牙先除琵琶精，火焚轩辕坟内鸡。
>
> 九尾狐狸逆天意，混进朝歌充妲己。
>
> 万盆炮烙制刑器，挖眼掏心件件齐。
>
> 刮腹取髓毒无比，杀子烹蒸姬昌吃。
>
> 若不灭纣除妲己，万里江山危旦夕。
>
> 斩将封神下山去，九尾狐狸无踪迹。
>
> 速派马面追妲己，阴阳界畔难逃离。

---

① 杨荣生：《旺苍端公戏概论》，中国文史出版社，2007年，第121页。据著者言，1987年
他参加全省文物普查工作，在县城西郊山上"巴人洞"内外发现多幅明代岩画，"其中，
有两幅岩画是傩戏题材及旺苍端公戏岩画。这两幅岩画为人物画。洞内石壁上的这幅岩
画，刻的是天神马元帅（马灵官）。画面上的马元帅，头戴马头面具、高举狼牙大棒，
居高临下痛打'九尾狐狸苏妲己'。这幅岩画，刻的是旺苍端公戏历史剧目《马元帅痛
打苏妲己》的演出场面。洞外巨大石壁上所刻的人物是傩戏岩画'文昌帝君'。……据
笔者考证，这两幅岩画是旺苍端公戏岩画，出自明代崇祯十五年旺苍端公戏艺人（端
公）奉海宇之手"，而"又听人说，这两个山洞叫'端公洞'，是明朝的旺苍端公凿造
的，用来藏身、躲避兵祸"。书中附有相关图片，著者还设专章对比分析了《马元帅怒
打苏妲己》之剧本与岩画，认为"实质上岩画《马元帅怒打苏妲己》的画面，定格在端
公戏《马元帅怒打苏妲己》结尾，就是用绘画的艺术手法再现了端公戏《马元帅怒打苏
妲己》"（《旺苍端公戏概论》，第106、110、119页）。

手执狼牙九尺几，打现原形是狐狸。

三魂渺渺青烟逝，永不超生速消失。

惩恶扬善合天理，斩妖除邪万民喜。

......

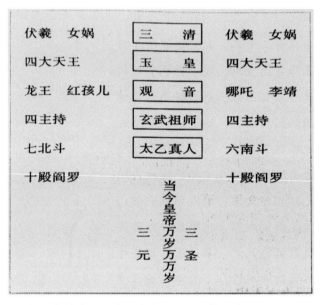

梁平师道戏"三清总真神图"上所供诸神之图示（选自
《四川傩戏志》）

　　"端公之名，见于元典，其称古矣。"①顾名思义，主持祭神驱邪仪式
的端公是端公戏的表演主体。端公戏是中华傩戏体系里一个大类，在中
国西部从北到南有跨省分布，四川有（如成都端公戏、旺苍端公戏），
陕西有（如宁强端公戏），云南有（如昭通端公戏）。从唱词、表演、祭
仪等看，端公戏也与人祖伏羲、女娲结缘。"解放前川东一带端公（巫

---

① 民国十六年《简阳县志》"信仰民俗"之"跳端公"条，见丁世良、赵放主编：《中国地
　方志民俗资料汇编·西南卷》，书目文献出版社，1991年，第140页。

师）中也还有伏羲姊妹结婚的唱词，可以和古神话中伏羲兄妹或女娲兄妹结婚的神话互相印证"，词曰："哥哥在梁山修磨子，妹妹还在那擒林行……两层那磨子合到了，妹妹那就成亲得为婚。"[1]重庆彭水民间"跳大牙巴"（傩戏），所演节目中也有表现洪水后伏羲、女娲婚配故事的。川西平原成都民间有端公戏，20世纪90年代我们编纂《四川傩戏志》即以之为四川端公戏的代表予以收录，云："成都端公戏是流布于成都所辖州、府、县及乡镇村落的一种驱邪祈吉、还愿酬神、超度荐亡的民间傩戏。因此种戏剧均为端公及'火居道人'事神禳傩活动，故以成都端公戏名之。"[2]大致说来，端公戏班表演的内容分"坛目"和"戏目"二类，前者是文（内）坛掌坛师主持的祭祀仪式（傩仪）的各种法事，如书符画水、丢刀卜卦、驱鬼祛邪、请神降神等，亦有唱腔（祭歌）、念白（赞文），仪式性为主；后者即演戏，由武（外）坛的掌坛师主持表演，有戏剧人物、故事情节和戏剧的矛盾冲突，唱、念、做、打皆备，可看性更强。其中，有以董仲舒为主角的《发碟》，戏中主使神是董仲舒，听差神是上天四大功曹和督察人间的矮神土地，董吩咐诸神前往星祖殿、东皇殿、城隍殿等分头递送文书，六神角色均由端公扮演。历史上赫赫有名的大儒董仲舒到了民间亦成为道门中的神话人物，如旺苍端公戏咒语中有《董仲咒》，云"三十三天董仲神，火山顶上放光明，茅山学法你为主，三宝坛前你为尊"[3]。按照规定情境，董仲舒在端公戏《发碟》中是董永和七仙姑的儿子，他"不恋红尘半点，一心修道成仙"，称"董真人"，其上场有唱段如此：

盘古开天年程远，三皇五帝掌乾坤。

---

① 袁珂：《古神话选释》，北京联合出版公司，2017年，第30页。
② 严福昌主编：《四川傩戏志》，四川文艺出版社，2004年，第60页。
③ 杨厚德：《旺苍端公戏》，旺苍县文化广播影视新闻出版局，2016年12月印（内部资料），第68—69页。

> 神农尝把百草炼，轩辕皇帝制衣衫。
>
> 女娲炼石补天眼，禹王疏通九河滩。
>
> 老君曾把八卦验，震离兑坎朝四边。
>
> 拨开云头朝下看，法坛就在眼面前。①

"要吃白米川西坝，要做法事端公家。"②重庆地区民间傩坛有此唱词。除了以成都为首的川西坝子，川北山区与北川羌族自治县相邻的平武县有汉、藏、羌等多民族共居，当地如清漪江流域羌族聚居的乡镇也有端公戏，民间习俗"有立'泰山石敢当'或用吞口石来镇邪，请端公跳神念经、打保福、走阴、出梅山等"③，信端公法事的氛围亦浓。以下端公唱词叫《洪水齐天》，讲述大洪水后伏羲、女娲结成良缘再生人类故事，是当年做民间文学三套集成时从大印镇76岁不识字的老端公李定全（羌族）口头采录的，曰：

> 三皇五帝年辰远，女娲治水洪不传。
>
> 混沌初开天地暗，一看洪水要齐天。
>
> 一对姊妹无处钻，葫芦里面把身安。
>
> 涨了七日并七晚，普平天下无人烟。
>
> 要想天下人烟转，除非姊妹效良缘。
>
> 姊妹结配三年满，生下肉团地平川。

---

① 赵冰：《成都巫傩文化》，成都市文化局，1995年6月编印（内部资料），第118页。

② 胡天成主编：《民间祭礼与仪式戏剧》，贵州民族出版社，1999年，第308页。

③ 《平武县志》编纂委员会编：《平武县志（1991—2005）》，电子科技大学出版社，2019年，第925页。又据该志书介绍，平武县向为少数民族栖居地，境内主体少数民族为羌、藏（白马）、回。"自古以来，清漪江流域的豆叩、平通、大印、锁江、平南、徐塘和水田、旧堡等乡镇是羌族的祖先（史称'白草番人'）生存、活动的中心区地区。这里与北川羌族自治县、阿坝藏族羌族自治州松潘县白羊乡山水相连。至2005年底，县境内建有锁江、平南、徐塘等3个羌族乡，外有大印、豆叩、平通等3个羌族聚居镇，水田、旧堡2个羌族聚居乡，总面积996平方公里，有羌族55533人。"（第108页）

一无头来二无眼，三无鼻子和脸面。

兄弟一看是个怪，用刀划破气冲天。

架起五雷真火炼，普平天下有人烟。①

对女娲的唱颂之所以出现在端公口头，盖在相关的人王故事及神灵信仰原本在巴蜀民间流传。如旺苍县，当地长篇民歌《十里坪》从古到今唱史叙事聊神话，开篇有道："自从盘古天地分，三皇五帝制乾坤。女娲炼石把天补，伏羲姊妹制人伦。神农皇帝尝百草，轩辕皇帝制衣襟。尧王舜夫掌国运，丹朱不肖国难兴。舜王岐子莫微性，防回朝廷坐龙庭。大位传与夏侯君，后制朝歌套九鼎……前朝君王难表尽，一代君王一朝臣。前贫后富吕蒙正，富贵贫贱命生成。各位老乡请雅静，听我唱段十里坪……"②当地端公庆坛剧目《收月石》中，石妖精自述身世古老也说："吾乃月石是也，非是人形，因女娲圣母炼石补天，王母娘娘梳妆打扮，丢失玉簪一支，坠落西门河坝，受得精华，能吐人言……"与旺苍相邻的梓潼，民间阳戏《上祖师》中唱道："叹盘古开天地分出混沌，前三皇后五帝制就乾坤。伏羲爷制人马才有百姓，神农皇治留下五谷丰登，轩辕皇制衣服黎民不冷，宇王母炼顽石补过天心……殷纣王登了基可算君正，他不该女娲庙去把香焚。粉壁墙题诗戏耍神圣，女娲母见淫诗大怒大恨……"③总的说来，不同地区的端公戏唱颂大神女娲事迹，言词有异同，也各具特点。

---

① 周晓钟搜集整理：《平武羌族民间故事集》，平武县民族宗教事务局2002年11月印（内部资料），第113页，标点符号有所调整。

② 杨厚德编：《旺苍民歌集》，旺苍县文化广播影视新闻出版局2016年12月印（内部资料），第131—132页文字有订正。

③ 黄道德、于一主编：《梓潼阳戏》，绵阳市文化局、中国戏曲志四川卷编辑部、梓潼县文化局1991年9月印（内部资料），第87页。此处炼石补天的"宇王母"，结合上下文看，当为"女娲母"之音讹。

## 第二节　伏羲女娲坐法坛

梳理文献，"傩公""傩母"之称在晚唐李淖《秦中岁时记》有见，曰："岁除日进傩，皆作鬼神状，内二老儿为傩公傩母。"或以为，"傩公傩母的出现，是唐代傩仪世俗化的表现"①。此记秦地长安风俗。陕西省宁强县位于汉水源头，汉水南接巴蜀，东连荆楚，在端公戏流行的秦巴山区，向来巫傩气息浓厚。陕南端公戏由端公庆坛跳神、唱神歌演化而来，其在仪式表演中要设坛场，张挂神图，供奉各路神灵。如笔者所知②，端公戏过去在当地遍及十来个乡镇，至今犹存若干。当地人著《陕南羌族》中有伏羲、女娲故事："宁强民间羌族口碑相传：'洪水滔天'时期，在洪水退尽后，人间只剩伏羲女娲兄妹，为繁衍人类，兄妹决定成婚……他们成婚了，生下一个无手无脚的肉团，这就是混沌。他们将肉团砍成小块遍挂于树上，第二天凡挂肉块的地方都有了人家，从此人类开始繁衍。"该故事亦涉及端公之来历，曰："为纪念伏羲女娲，人类把他们的形象刻成雕像，供奉膜拜。这就是最初的祭祀活动，专门负责祭祀活动的人，就是端公。"③各地民间关于端公说法有别，如《四川风俗传说选》（1992年）所载《端公的来历》和《苗族端公的来历》，前者称皇帝欲给为太后治病的叫花子封官，见其"治病既不诊脉，也不开药方，端自一个人跳唱便治好了太后的病，就封他为端公好了"，由此沿袭下来；后者讲苗族男子得牛魔王所赠鸡嘴卦、小铜锣，给人治病便丢卦敲锣，"最后端一个竹编的盘（花盘），送出去烧掉，表示把鬼送走"，人们便因"端盘送鬼"称之为"端公"。陕南民间关于端公文化与伏羲

---

① 萧放：《春节习俗与岁时通过仪式》，《北京师范大学学报》社会科学版，2006年第6期。

② 宁强古称"宁羌"，是古羌人迁徙之地。有关情况，请参阅李祥林：《城镇村寨和民俗符号——羌文化走访笔记》之"秦巴山区古羌州"，巴蜀书社，2014年。

③ 程文徽：《陕南羌族》，陕西人民出版社，2012年，第58—59页。2017年羌年期间，笔者去茂县走访释比肖永庆及其弟子，他们便说其头上法冠右侧第一位女神是女娲娘娘。

女娲信仰之关联的讲述，体现出"地方性知识"特征。

端公奉伏羲、女娲为傩公、傩母多见于巴蜀及相邻地区，民国十年《合川县志》"信仰民俗"记述"跳端公"时引《田居蚕室录》："……教所奉之神制二鬼头，一赤面长须，曰'师爷'，一女面，曰'师娘'，谓是伏羲、女娲。"[1]巴蜀傩坛称傩公傩婆为伏羲女娲，或以为此信仰中或有苗族因素[2]。据《四川傩戏志》，师道戏有梁平正一派虚皇坛，是以斋醮为业的"火居道士"

屏山县斑竹林东汉石棺（宜宾市博物院，2021年10月拍摄）

班，尊奉太虚玉皇和三宝天尊，其坛场总真图（神案）最上层（共六层）以"三清"居中，左右便是伏羲、女娲[3]。类似情况见于重庆地区土家族傩仪，如梯玛（巫师）所用神图中有"造桥迎神"，在天河上绘一座桥，桥的右端绘有两位怀抱小孩上桥的土家族始祖神，"一说是傩公、傩母，一说是伏羲、女娲，一说是绕巴涅、惹巴涅或巴沙婆婆夫妻俩"。1991年在湖南吉首举行的中国少数民族傩戏国际学术研讨会上，来自该地的学者向昌卿（土家族）提交论文《还天王愿神像画的结构和功能》，

① 丁世良、赵放主编：《中国地方志民俗资料汇编·西南卷》，书目文献出版社，1991年，第215页。
② 李绍明：《巴蜀傩戏中的少数民族神祇》，《云南社会科学》，1997年第6期。
③ 严福昌主编：《四川傩戏志》，四川文艺出版社，2004年，第61、313页。

对此作了介绍。2018年9月，我们去湖南沅陵七甲坪观看"辰州傩戏"，当地所奉傩公、傩母即是大洪水后繁衍人类的兄妹，"这对兄妹，不同地方不同民族，有不同的名字，如土家族中有的称这对兄妹为伏羲和女娲"[①]。土家族是湖南人口最多的少数民族，辰州傩又称土家傩，七甲坪是多民族共居之镇，以土、汉、苗、白族为主，其中土家族占80%以上[②]。川、黔、滇相邻，2014年10月在靠近重庆的贵州道真县民族博物馆，笔者看见展览中有当地傩坛主奉神头"二帝双皇"（木雕），男红脸长须，女挽发净面，乃"指人类始祖伏羲、女娲"[③]。云南昭通端公戏由做法事和演正戏组成，文场超度死者不出戏，武场为活人而须出戏，有其成套表演体系。昭通"端公戏以人祖伏羲、女娲为'傩头'"[④]，亦奉二者为傩公、傩母。一般说来，西南地区端公戏表演要戴面具，在谈到剑门山区民间傩戏时，其面具来历也有人"推测"跟伏羲女娲兄妹婚神话有关（《戏出先祖万般源》）：

> ……女娲和伏羲将要真正成为夫妻了，但是，当伏羲提出要与之交欢行乐时，女娲却因羞耻而拒绝了他。就在第二天，女娲爬上了西山之岭，采来山中香草，藏在洞里自己过去的居室中，编织着可掩面的饰物。……就在当天晚上，女娲主动请伏羲到了她的睡房，并且用此物戴在脸上，尽情地和兄长伏羲交欢行乐，成就了宇宙间第一次阴阳交合的佳话，开始了人类生殖繁衍的伟大历史。
>
> ……从此，那件床头上的饰物，便成了人类先祖人伦的象征、道德的产物，更是由神变人，再由人臆化至神的精神的结晶。图腾

---

① 刘冰清、王文明、金承乾：《辰州傩歌》，中国文史出版社，2006年，第5、229页。
② 孙文辉：《草根——湖南民族民间文化解读》，岳麓书社，2009年，第220页。
③ 本书组委会编：《道真人文——中国贵州道真首届仡佬族傩文化艺术节暨国际傩文化学术研讨会会议手册》，2014年9月，第85页。
④ 王胜华：《云南民间戏神崇拜与演出仪式》，《民族艺术研究》，2002年第4期。

崇拜的时代，从这里开始，将臆化的图腾，作为面具的创造应运而生。人和神的相隔相融，开始存在于一面具之间。

以跳端公为主的傩堂戏（又称傩坛戏、傩愿戏）在贵州见于黔东、南、北的土家族、布依族、仡佬族、苗族、侗族和汉族中。通常在事主家的堂屋或院坝演出，神龛正面和两侧悬挂三清图、师坛图、八庙图等，龛前神案上供奉傩公（东山圣公）、傩母（南山圣母）的木雕神像。"傩公、傩母是司傩大神，又被称为'人皇'或'二帝君王'，在傩坛教义中他们被附会为伏羲和女娲。伏羲、女娲原为西南少数民族传说中再造人类的始祖，怎么会成为傩堂祭祀的司傩大神呢？对此，傩坛巫书《三元和会》作了详细叙述：远古时洪水泛滥，大水一直淹上天空，太白星君为救伏羲、女娲兄妹，赠给他们一颗葫芦籽。女娲将种籽窖在花园内，种下不久就结了个巨大的葫芦，上面还开着一扇门。伏羲、女娲爬进去看，一阵狂风把葫芦卷进急浪里。葫芦漂了七天七夜，洪水消退后，伏羲、女娲从葫芦中爬出来，见世上的人都淹死了。伏羲为使人烟不致断绝，提出和女娲结婚。"人类得以延续。"后世的人们为纪念伏羲、女娲再造人类的功绩，演傩堂戏时把他们的像供在神案上，伏羲被封为东山圣公，又称傩公，女娲被封为南山圣母，又称傩母。"①《三元和会》搜集于德江县稳坪乡傩班，全称《新集三元和会科式》，其"《中元和会》是唱伏羲、女娲之事"②。据该乡傩班端公张月福讲述，大洪水后伏羲女娲结合繁衍了人类，"'舡神'主要是祭祀人王之祖，纪念伏羲和女娲"③。挽手诀、踩九州是傩坛法师的功夫，从黔地搜集的《思州傩

---

① 叶涛:《傩堂戏与宗教》，见顾朴光等编:《中国傩文化论文选》，贵州民族出版社，1989年，第126—127页。
② 庹修明:《巫傩文化与仪式戏剧研究》，贵州民族出版社，2009年，第29页。
③ 网文《与神共舞：走进土家人的傩堂戏》，http://www.tujiazu.org.cn/contant.asp?channelid=2&classid=10&id=2858。

堂手诀百图解》中有"姊妹团兵诀",属于"祖先神灵类",其含义为:"请伏羲女娲过傩堂姊妹,同心协力镇守傩堂,统一调兵,战胜妖魔鬼怪。"[1]有苗族学人指出,"'傩'在黔东北地区的苗语中是'始祖神'的意思,苗语称男女配偶型始祖神为'Ned nuox、Bad nuox',汉语音译为'奶傩、巴傩',意即'始祖母、始祖公'";寻诸民俗,"在黔、湘、鄂、渝等省市的广大地区,苗、土家、仡佬、瑶、侗等民族以伏羲女娲为傩神"[2]。与此印证,道真某苗族傩班应事主家邀请做"平安傩"法事,"在第12个场次'抛傩'中,巫师们表演了伏羲女娲在洪水毁灭人类后,重新繁衍人类的傩戏"[3]。

长江流域,川楚相连,文化相通,史家言"巴处蜀东南,与楚为邻"而"与楚关系最深"[4],清道光《隆昌县志·风俗》亦曰:"蜀楚接壤,俗亦近似。"加之四川号称移民大省,明清以来"湖广填四川"人人皆知,端公文化流传在巴蜀地区不无缘故。有人考证,"傩仪中的端公源自湖北",源自南宋时期湖北随州地方的端公信仰,端公代巫师施行巫仪最早于明天启年间在湖北出现,"傩仪中端公称谓出现在明末清初是可以肯定的",该信仰后来随流民、移民的足迹在长江流域及黄河流域传播,清代"长江流域的端公戏为16例,黄河流域只有2例(如算上安徽1例,则为3例),这说明长江流域是端公戏传播与盛行的主要地区";同时又应看到,"端公传播从来都不是单向的,而是多向的。如四川、

---

[1] 庹修明:《手舞足蹈话傩坛——贵州德江、岑巩傩坛罡步手诀述要》,台北《民俗曲艺》,1994年第3期。

[2] 吴国瑜:《傩的解析》,中国戏剧出版社,2011年,第6、18页。另有湘西苗族文化研究者亦指出:"'傩公傩母'湘西东部方言苗语称为'奶傩芭傩'(译音),'奶'苗语意为母,'芭'意为公,'傩'意为神圣,全译意为'圣公圣母'。傩公傩母就是人类洪荒时期繁衍人类的兄妹。也就是伏羲女娲。苗族对始祖神'傩公傩母'的崇拜,是苗族社会一种极为普遍的现象。大都在每年的秋后农历九、十月举行祭祀活动。"(陆群:《湘西原始宗教艺术研究》,民族出版社,2012年,第307页)

[3] 陈玉平:《论傩公傩母信仰与传说》,《怀化学院学报》,2007年第12期。

[4] 郑德坤:《四川古代文化史》,巴蜀书社,2004年,第25页。

贵州端公戏之一部是由陕晋端公戏传入——'翻越巴山，入川，又分为各种巫戏。端公戏再南下……至贵州'。据此，传到陕晋的端公戏一支从北部传入四川，然后至贵州。这表明源于湖北的端公戏向北传到黄河流域中上游后，又折而南下；而沿长江流域西传云南的端公戏折而向北，就构成了端公戏流布的大致线路"①。在西南地区，昭通地处云、贵、川三省接合部，据称此乃云南保留外来文化最多之地。追溯昭通端公戏来源，"远在明朝初年，端公戏就由江西、湖广等地的汉族移民传入，延续至今已有600多年的历史"②，其有生、旦、净、丑划分，在昭通可谓是"外来土生"剧种。巴蜀民间端公班不乏祖上来自湖广者，20世纪90年代初，重庆江北68岁端公余万盛对采访者就言其"远祖还是从湖广填四川来的"③；泸州合江白鹿乡权家班，其班主权春林也祖籍湖北麻城而在"清康熙年间移民入川"④，当地非遗项目申报材料称"合江县的巫风之盛，还与'湖广填四川'移民入川有关"⑤；在成都大邑端公戏《书符》中，董仲舒也唱"东自湖广西至川，南自那南海普陀山"⑥。此外，如笔者所见，旺苍端公戏何家班剧本《洪水记》中，讲述洪水神话时有"流了七日并七夜，落在麻城孝感村"之语，使人想到"湖广填川"的后代多讲述老家在湖北麻城孝感，在神话编码中折射出溯江而上的移民群体的历史记忆。

---

① 刘怀堂：《"戏剧"与仪式："端公戏"考辨》，《文化遗产》，2016年第5期。
② 王勇：《昭通端公戏：神奇的"戏剧活化石"》，https://www.ztnews.net/ article/show-337439. html，来源：昭通新闻网，发布时间：2019-03-09 22：56。
③ 跳跃前行：《重庆民间端公文化调查（口述实录）》，http://bbs.tianya.cn/post-248-42708-1. shtml，发布时间：2018-06-05 19：53：44。
④ 严福昌主编：《四川傩戏志》，四川文艺出版社，2004年，第343页。
⑤ 泸州市第三批非物质文化遗产名录项目申报书：《白鹿傩戏》，合江县文化馆制作，2010年4月。
⑥ 严福昌主编：《四川傩戏志》，四川文艺出版社，2004年，第265页。

## 第三节　仪式表演和女娲神话

　　清康熙时彭阤《江油竹枝词》："药苗遍地未知名，疾病年年春夏生。多不信医偏信鬼，端公打鼓闹三更。"自注："俗呼巫为端公。"的确，"蜀人之事神也，必冯（凭）巫，谓巫为端公"（《潜书·抑尊》）。在巴蜀地区，操此职业者男称端公而女称师娘（据清同治《芦山县志》，"州属多男巫，其女巫则谓之师娘子"）。清道光时黄勤业《蜀游日记》卷八载蜀地风俗曰"抱病之家不事医药，请人祈神，祈者衣饰诡异，绝似鲍老登场，名跳端公"，嘉庆时定晋岩樵叟《成都竹枝词》亦云"当年后主信神巫术，今日端公即是徒"。法事场上，祭神驱邪，"巫觋伐鼓歌舞，自暮达旦，大似优伶演戏"①，端公所行仪式戏剧性色彩浓郁（似鲍老登场），如清光绪《叙永永宁厅县合志·风俗》载："周礼方相氏掌之傩，必用巫，其来最古而其事实荒诞。蜀语谓男巫曰端公，叙永信者亦众，乡间尤甚。""每岁仲春，各署部官祠均设醮庆坛。……惟庆坛，则用巫觋装演百神，扬戈执盾，歌舞一堂，棘矢桃弧，被除邪祟。其事虽近于戏，而流传已久，相习成风。月令所谓国有大傩，孔子朝服立阼阶，圣犹从众，盖亦无可厚非也。"今《四川傩戏志》引清末《成都通览》云："凡病重请巫者，三更后必有《打梅山》一剧。……巫者画脸，现怪相，助以打火，大声疾呼，在病人室中大肆搜索。开门驱鬼，出外而返。"现代作家周文亦云，在其家乡，每年演出一次，"那完全是端公（即巫人）和一些乡下人唱的。搭起台子，借些庙子里菩萨的衣服就演唱起来"（《谈四川戏》）。检索巴蜀地方志书，诸如"巫觋装演百神""庆坛浑如戏剧"之类记载屡见。

　　"似鲍老登场"的成都端公戏，其仪式性表演有"踩九州"，属于

---

①　民国二十三年《乐山县志》之"信仰民俗"，见丁世良、赵放主编：《中国地方志民俗资料汇编·西南卷》，书目文献出版社，1991年，第175页。

"歌舞祀神"的巫舞性质步法。"踩九州"又叫"步九州"，就是端公踏着"禹步"，按照九宫八卦的方位、路线，依次踏歌步舞。"踩九州"前面有一大段讲白和唱腔，从开天辟地、伏羲女娲"造人"及女娲炼石补天等，一直说到鲁班师傅建造九州城。20世纪90年代前期，文化主管部门组织人员就成都周边都江堰市、郫县、大邑、邛崃、金堂等地所存端公戏进行调查，留下珍贵资料。据邛崃端公戏老艺人雍国荣讲述，轩辕皇帝有九个儿子，长子叫轩昂，镇守冀州，居"坎"位；次子叫轩良，镇守荆州，居"坤"位；三子叫轩玉，镇守青州，居"震"位；四子叫轩成，镇守徐州，居"巽"位；五子叫轩宗，镇守豫州，居中宫太极位；六子叫轩麟，镇守雍州，居"乾"位；七子叫轩邦，镇守梁州，居"兑"位；八子叫轩珍，镇守幽州，居"艮"位；九子叫轩夷，镇守扬州，居"离"位。此所谓"轩辕九子镇九宫"。端公"踩九州"的方位、路线，就是逐一经过九子镇守的"九宫八卦"，且每进一州皆有七言八句的唱段（口诀）。表演时，坛前地面铺上席子，四角四方压上纸钱，表示八卦的乾、坎、艮、震、巽、离、坤、兑八个方位，端公行走的线路如唱词所道："先进九州第一'坎'，再往'离'州过南阳。左脚'震'青州，右脚'兑'西梁，'乾'管雍州土，'坤'落荆州界，'巽'入徐州乡，'艮'把燕山当。"端公戏艺人按此顺序踏完九宫八卦，才算把"九州"进位走完，但这还不是全部，此后还须按照八卦的倒序作退步九州，才宣告坛事结束。与端公舞步相关的"八卦舞谱"，据研究者介绍有"先天八卦"（伏羲八卦，以"坤"居首）和"后天八卦"（文王八卦，以"坎"居首）两种图式，以"坎"卦为起点的端公戏"踩九州"当属于"后天八卦"[1]。值得注意的是，这种以"踏九州来步九州，行九州来踩九州，进九州来退九州"为表演程式的"踩九州"，是起于"坎"位（进

---

[1]　两种踩卦舞步，卦位不同，次序有别，请参阅周冰：《巫·舞·八卦》，新华出版社，1993年，第92—95页。

九州）并终于"坎"位（退九
州）的。为何有此讲究呢？据
端公戏艺人讲，"这涉及'炼石
补天'的传说。女娲氏尝'炼
五色石以补苍天，断鳌足以立
四极，杀黑龙以济冀州，积芦
灰以止淫水'（见《淮南子》）。
是以'济冀州'之事为起点，
冀州又属'坎'卦方位，所以
'踩九州'要从'坎'卦的冀州
开始起步进九州，踩到第九州
'进位'方向才完。少顷，又开
始作退九州的踏步，即从第九
州起一直退步到第一州，最后

走访民间端公戏（旺苍）

踏住太极中宫定势"，并且唱道："河南战国属大梁，燕国领兵下较场。
梁州师爷招兵马，九讨中原在洛阳……勒马回头把荆州望，山西北坎冀
州乡。"①如此说来，端公戏表演跟女娲神话有奇妙的关联。

　　"巫步多禹"（《法言·重黎》），端公在法坛上所踩仪式性舞步称
"禹步"。九州作为上古中华地理区划，一般认为是大禹治水后所分，据
《尚书·禹贡》为：冀、兖、青、徐、扬、荆、豫、梁、雍。不过，州
名未有定说，他书对此的记载有出入，《周礼》有幽州、并州无徐州、
梁州，《尔雅》有幽州、营州，无青州、梁州，等等，这也使得后世民
间端公班子对九州说法不一。不管哪种说法，"禹分九州"（《尚书》），
冀州为大禹所分九州之首，排序在第一位，诸家对此无异议。端公"踩
九州"，八卦的卦名分别与各州对应，加上中宫太极所对应的州，即为

---

① 赵冰：《成都巫傩文化》，成都市文化局编印（内部资料），1995年6月，第85页。

九州，如口诀所道："一拜冀州第一坎，二拜九离到南京；三拜卯上震青州，四拜酉兑过西梁；五拜亥乾雍州地，六拜巳巽徐州乡；七拜申坤荆州界，八拜寅艮兖州城。行坛弟子入中宫，困住马，团住兵，调兵遣将捉邪精。"[1]在巴蜀地区傩坛上，"踩九州"因剧种有别而各有特色。如川西雅安地区芦山庆坛踩九州，是按照十二节气歌和八卦图形踩十二个图步，口诀有云："乾为天、坤为地，先到扬州广西地（离），坎管人类江东一座城，巽管福建贵州地，兑管四川西蜀地，未入牛羊在东京（震），艮管辽国一座城，来到陕西采深情。"[2]又如川南泸州端公戏表演"踩九州"，是在一张草席上画上九方，端公着道袍、执长剑依次踩踏，然后将席子烧成灰，弃于野外，表示疫鬼已除，四季平安；宜宾珙县民间将踩九州和送茅人组成一出，表演时将九个土碗反扣在八仙桌上，端公作唐僧式僧人打扮，手执宝剑，身背茅人，依口诀在碗上踩踏，口诀如："先行九州第一坎，第二离州过南阳，左脚震青州，右脚兑西梁，乾踩雍州地，巽踩徐州乡，坤踩荆州地，艮八一心当。八方归来归坎位，还从巽上说庚申。"[3]再如川北，旺苍端公庆坛"踩九州"则说掌管九州的是"当初五娘生九子"（如"太子朝中为宰相，二子冀州管万民，三子扬州住师位，四子徐州统雄兵"），其开头亦唱"先行九州第一坎，第二离州过南阳"，随后又唱"八卦回来归坎位，原从坎上入中宫"[4]。重庆地区民间仪式戏剧养牲坛，仍以九州为轩辕皇帝九个儿子驻守管辖地，由于坛界的神将神兵曾为保卫轩辕社稷立下汗马功劳，踩九州便是坛界主帅统兵圣母带领坛界兵马行游九州，以其神威震慑魔怪邪祟，从而为事

---

① 周冰：《巫·舞·八卦》，新华出版社，1993年，第94—95页。
② 严福昌主编：《四川傩戏志》，四川文艺出版社，2004年，第230页。
③ 于一：《巴蜀傩戏》，大众文艺出版社，1996年，第48页。
④ 杨厚德：《庆坛全宗》，旺苍县文化广播影视新闻出版局印（内部资料），2016年12月，第102页。据著者言，庆坛又称爨坛、爨老爷，是民间朝阳庆贺一种庆典仪式，属于端公戏的重要组成部分，表演形式为一至三人同坛献艺，有花旦、小生、老旦、丑角等，头戴面具，手执棍杖，有说有唱，随着鼓乐伴奏，载歌载舞。

主护家镇宅，保佑康泰平安、五谷丰登、六畜兴旺。说来说去，不管哪种"踩九州"，端公的起步（"先行九州第一坎"）和收步（"八方回来归坎位"）都不离女娲神话中"杀黑龙以济冀州"的"冀州"①，这是由端公戏班子的信仰习俗约定俗成的。

在神话传说中，女娲断鳌足"立四极"和杀黑龙"济冀州"的原因是"四极废，九州裂"（《淮南子·览冥训》），陆思贤认为"此言女娲时代已有九州，知九州说之古老"②，女神补天治水使"冀州平"的业绩实质上表明她是更早的"九州"治理者。端公按八卦"踩九州"始于冀州又终于冀州，与女娲从冀州入手治理九州的行为正好形成默契和对应。弄清这点，可知端公将"踩九州"与女娲补天神话联系起来其实并不荒唐，他们通过将法术与神话联姻给自己的行为赋予了更高的神圣性，从而更能取信于事主。结合八卦理论，从卦位及顺序看，端公戏艺人"踩九州"所遵循的线路属于"文王八卦"（后天八卦）而不是"伏羲八卦"（先天八卦）。学界通常认为"伏羲八卦"早于"文王八卦"而有先、后之别，但有研究者发觉"现传伏羲八卦出现应在前，而所述内容却是在后来发生；文王八卦的出现应在后，而内容却是很古老"，其中明显存在着矛盾，这当如何理解呢？该论者经过辨析后指出："我们怀疑现传伏羲八卦，是周人改装之后用上伏羲八卦之名，其目的在于托古以宣扬周之代殷，实为天命所归。而现传的文王八卦可能是商末周初的八卦之一，可能属于未改装过的八卦"③。古有"三易"之说，夏有夏易曰《连山》，商有商易曰《归藏》，周亦有《周易》。三易之卦位，排序有差异。三代时期，周继商而兴，有别于商易《归藏》以"坤"开

---

① 端公行禹步踩九州以"冀"为起点和终点，亦跟古籍记载禹即帝位居此州有关。《竹书纪年》载帝禹夏后氏："元年壬子，帝即位，居冀，颁夏时于邦国。"《尚书·禹贡》："冀州，既载壶口，治梁及岐……"

② 陆思贤：《神话考古》，文物出版社，1995年，第50页。

③ 郭扬：《易经求正解》，广西人民出版社，1990年，第167页。

篇,《周易》则以"乾"为首,"不同的卦序排列当有其产生的不同社会背景"①。所谓"改装",乃指周朝在易学上以"乾先坤后"取代了商朝的"坤先乾后",再给自家学说冠上"伏羲"之名,无非是为了图个名正言顺。以上析说若无疑义,后世端公"踩九州"以"坎"卦起步应蕴含着极古远的文化基因,民间艺人将其与古老的女娲神话攀上亲缘关系倒也不奇怪。结合文王八卦、女娲神话以及传统的天下观念来审视端公戏艺人"踩九州",有几点可注意:从排序看,端公所踩"坎"卦和女娲及大禹治水的冀州都在各自系列居首位;从地位看,九州之"正中冀州曰中土"(《淮南子》),而"冀州,帝都也"(《读史方舆纪要》卷一引孔颖达语)即禹登帝位在此州,"举冀州即以代表四海以内之地"(袁珂语),此乃涂染着政治地理意识的方位观内的重镇;从属性看,"坎"卦属水(《易传·说卦》:"坎者,水也,正北方之卦"),冀州亦是水神共工②所据之地……既然如此,民间将"踩九州"与女娲神话黏合起来,不无缘故。总之,在与女娲"治九州"神话的对读中,"踩九州"的端公戏向我们透露出神秘、古老的文化信息。

① 李祥林:《〈归藏〉及其性别文化解读》,《民族艺术》,2007年第2期。
② 关于水神共工,古籍多有记载,如《左传·昭公十七年》:"共工氏以水纪,故为水师而水名。"《管子·揆度》:"共工之王,水处什之七,陆处什之三,乘天势以隘制天下。"《淮南子·兵略训》:"夫兵者,所以禁暴讨乱也。……共工为水害,故颛顼诛之。"20世纪在重庆巴县采录的神话《女娲补天》,亦讲共工是"洪水之神"。

# 第十一章

# "圣姥灵娘"及民间认同

考察中国西南傩戏，地接鄂、黔的巴渝文化圈不可忽视。所谓"圣姥灵娘"，指的是女娲娘娘，乃巴渝民间傩坛对女娲的尊称。一般说来，"傩坛供奉的主神是傩公傩母。傩公也称'东山圣公'，傩母也称'南山圣母'，传说是远古洪荒之后再造人烟的始祖伏羲与女娲，是人间始祖和保佑神。傩坛祭祀首先要布置傩坛，供奉傩公傩母神像"①。华夏大地，江河流域，东西南北中，关于傩公、傩母不排除有其他说法，但此说最流行。乡民社会供奉傩公、傩母，通常是并尊二者，但在巴山蜀水有的地方，民间对二者未必等量齐观，所持态度也不尽一致，其中对圣母女娲崇敬有加，从性别选择中表现出对"大女神"的高度认同。

## 第一节　巴渝民间请"圣姥灵娘"

有当地学者写道："重庆驱凶纳吉的傩愿祭仪统称为'跳端公'，即演端公戏。端公戏主要包括阳戏、庆坛、延生三大类。……重庆地区的

---

① 2013年8月29日李祥林抄录于铜仁市"贵州傩文化博物馆"。

延生祭仪，主要分为太平延生和急救延生两大类。"①重庆地区民间傩戏"延生"又叫"打延生"（在四川方言中，"打"有做的意思），《四川傩戏志》释义为"人们祈求神明佑福纳吉，以实现消灾除病、延年益寿愿望所举行的祭祀活动"②，属于端公戏范畴。20世纪90年代后期，四川傩戏学界编纂这部专志，在剧种部分收录了重庆地区的太平延生和急救延生，二者均属仪式场上的民俗戏剧。急救延生又包括解结延生、梅山延生、翻案延生等类型。在重庆巴县，民间急救延生"接驾"中有众法师迎请傩娘仪式，祈求傩娘怜悯众生打救信人，请傩娘护持弟子作法给弟子指点迷津，唱词有道："丢下流年说太岁，小臣对你说真情。信人家中一不为天干求下雨，二不为春雷打邪精。但为信人身有难，修醮冲禳请众神。信人反手梳头得一梦，梦见灵山一对活佛神。信人登门请弟子，弟子今日请傩娘。傩娘立在法坛上，犹如擎天柱一根。"③据调查者介绍，傩娘系木雕神头以竹竿为体并身着衣裳，法师迎请主神傩娘入坛，要按照打扮动身、进门入坛、亮开神光、游傩安位、屯兵扎营五个步骤进行。法师手持傩娘一边跨进大门一边唱"左脚进门生贵子，右脚进门贵子生"，然后依次从进了主家一重门唱起，一直唱到十重门，在堂屋内转来转去，"一转转进法坛门"。点燃蜡烛为傩娘开了神光后，又拿着傩娘五方游行，此乃游傩。最后，将傩娘安放在堂屋正中，也就是法桌旁所设七星台上，接着往下做法事。

作为卜问吉凶的仪式活动，打延生的戏剧表演色彩较浓，在当地民间信众广泛。据民国时期向楚主编《巴县志》卷五"礼俗"记载："《蜀语》：'男巫曰端公。'《怀仁志》：'凡人有疾病，多不信医药，属巫诅焉，曰跳端公。'尚鬼信巫，巴俗至今犹然也……今民间或疾或祟，即

---

① 胡天成：《德江冲寿傩与重庆接寿延生》，见曲六乙、陈达新主编：《傩苑——中国梵净山傩文化研讨会论文集》，中国戏剧出版社，2004年，第252—253页。
② 严福昌主编：《四川傩戏志》，四川文艺出版社，2004年，第91页。
③ 胡天成主编：《民间祭礼与仪式戏剧》，贵州民族出版社，1999年，第1308—1309页。

招巫祈赛驱逐之，曰禳傩。其傩必以夜。其术名师娘教。所奉之神，制二鬼头。一赤面长须，曰师爷；一女面，曰师娘，谓是伏羲、女娲。临事，各以一竹承其颈，竹上下两篾圈，衣以衣，倚于案左右，上承以大碗。其右设一小案，上供神曰五猖，亦有小像。巫党椎锣击鼓于此。巫或男装或女装，男者衣红裙，戴观音七佛冠，以次登坛歌舞。右执者曰牌带，左执牛角，或吹、或歌、或舞，抑扬拜跪以娱神。曼声徐引，若恋若慕，电旋风转，裙口舒圆，散烧纸钱，盘而灰去。听神弦者，盖如堵墙也。"[1]作为仪式戏剧，渝地民间打延生使用的神像，雕刻类有两种，一是借用室外供奉的现成石雕神像，一是根据仪式所需专门雕刻的木质神像，傩母女娲属于后者。当地称傩母为"圣姥灵娘"，其神像是用圆木雕制头形，细刻眼、耳、口、鼻等，以细砂打磨后上棕色，最后勾绘五官，涂上光油或清漆，面容端庄慈祥。头像成形后再固定在一根短竹竿上，披上衣服，头顶披扎两条红色飘带，用于法事中。据调查者介绍，"延生民俗戏剧中的傩神，就是以一段竹竿上承木雕神头，上身着衣，下部便以竹竿撑之，此与人首蛇身形象极为相似"，认为"此乃巴人龙蛇图腾崇拜遗存在驱傩祭仪中的反映"[2]。当地研究者认为"巴"的含义是龙、蛇，古代巴人以龙蛇为图腾，"按《山海经》所记，伏羲是巴人的祖先，巴人是伏羲的第五代苗裔。伏羲既然与女娲是兄妹，或者是两个同为龙蛇图腾的氏族部落首领，女娲自然也是巴人的祖先。正因为如此，巴人才将伏羲、女娲构想为人首蛇身作为龙蛇图腾的遗迹并以图像的形式让其留存在社会生活之中"[3]。

按照巴渝学人的表述，"由兄妹婚繁衍人类传说而幻化成人首蛇身的伏羲、女娲，被巴人当作始祖神而加以崇拜。以后，逐步衍化成傩

---

① 向楚主编：《巴县志选注》，重庆出版社，1989年，第298—299页。
② 段明、胡天成编著：《巴渝民俗戏剧研究》，贵州人民出版社，2006年，第31页。
③ 胡天成主编：《民间祭礼与仪式戏剧》，贵州民族出版社，1999年，第9页。

坛祭祀中的傩公傩母，而受到人们以香烟酒醴的奉祀"①。在其看来，上述代表傩公、傩母的木偶式道具或法器，从造型上便透露出这种文化信息。黔、渝接壤，地气相通，文化上多有勾连。贵州岑巩仡佬族供奉的傩公、傩母，又称"傩杆""傩竹"或"傩头棍"，就是竹竿顶部装傩头，"上端有对称的小孔，以竹篾穿过，将神衣之两袖穿其上，配以木手，便成为完整的傩公傩母仙体"②。如笔者所见，这种木偶头式的傩母、傩公像在铜仁城北贵州傩文化博物馆中收藏了不少，其年代有清中前期的，也有民国时期的；从造型看，通常傩公为红脸鼓眼形象（或有胡须，或无），傩母或称傩婆则慈眉善眼、容貌端庄。敬奉傩公、傩母多见于傩坛，如在重庆上游的泸州地区，"合江出土的汉代石棺上'伏羲女娲'石刻，其传说中的女娲伏羲也正是四川傩俗和傩戏中崇祀的傩神'傩公傩娘'的原型。人们认为傩公傩娘是人类繁衍昌盛的象征，于是顶礼膜拜、虔诚供奉"③。值得注意的是，在巴渝民间急救延生仪式中，法师替人看病驱邪主要是靠"圣姥灵娘"护持。法师迎来"圣姥灵娘"，向她请药请法水请仙丹请符咒（如法师所唱："法水一碗绿洋洋，灵丹妙药里头藏。伏望仙娘吐一口，一颗仙丹水中藏；伏望仙娘吐二口，二颗仙丹水中藏。伏望仙娘吐三口，三颗仙丹水中藏。染灾信人喝下去，驱邪除病造还阳。"），但在此过程中，红脸傩公被搁置在一边。"本来，重庆这个地方举行急救延生祭祀仪式要供奉圣公和圣姥，即傩公、傩母。但后来举行急救延生祭仪，就只供傩母，不供傩公。"何以如此？据民间艺人说，傩公好饮贪杯，常常在事主家祭祀时喝得满脸通红，醉酒后办起事来马马虎虎，实在是有损教门声誉，一来二去，"就不要他参加急救

---

① 胡天成主编：《民间祭礼与仪式戏剧》，贵州民族出版社，1999年，第17页。
② 庹修明等：《贵州省岑巩县平庄乡仡佬族傩坛过职仪式调查报告》，台湾施合郑民俗文化基金会，1994年，第49页。重庆民间打延生中使用的傩神道具，仅有头部及衣裳，两手也省略了，更见写意化。
③ 第五批四川省省级非物质文化遗产代表性项目申报书《泸州傩戏》，泸州市文化体育新闻出版广电局制作（内部资料），2018年3月。

延生祭仪了。在退病这坛仪式里，也就只好把他闲置一旁"[①]。傩公"贪杯误事"之说是怎么产生的无从知晓，反正，急救延生傩艺主要是依靠"圣姥灵娘"的神力，这在民间是不成文的默契，行此法事者心知肚明。在让傩公靠边站的同时，众法师还会唱道（词中"仙娘"即指主事傩坛、打救患者的"圣姥灵娘"也就是女娲娘娘）：

> 弟子手无诀脚无罡，全靠仙娘作主张。
>
> 反手提把金交椅，爷爷稳坐钓鱼台。
>
> 爷爷原来不管事，仙娘才是钻房入舍人。
>
> 赐娘一乘八人大轿，卧房之中看病人。
>
> 弟郎当堂撒马料，仙娘前行臣后跟。

"爷爷原来不管事""全靠仙娘作主张"，这种民俗戏剧现象值得我们从文化人类学切入做深层解读。圣母女娲身在傩神行列，那么，她是何时登上傩坛的呢？根据学界考究，"伏羲与女娲是两位普遍受到崇敬的神祇。大约在隋唐时期，便以木偶形式（或头部，或连胸）被供奉于傩坛。既是一对配偶始祖神，又被赋予傩人的始祖分身，即巫傩之始祖（至少在汉代就有'傩人'称呼）。至今中南、西南地区汉、土家、苗、布依、仫佬等族傩坛上的伏羲、女娲多称为东山圣公、西山圣母，并作为洪水神话中亲兄妹结亲、繁衍人类而广泛流传"[②]。在重庆地区，彭水苗族土家族自治县有木蜡庄傩戏，俗称"跳大牙巴"，人物角色有伏羲、女娲、山王、真武祖师等30多个，剧目有《抛傩》，亦称《伏羲兄妹制人烟》，讲述大洪水后伏羲、女娲结合繁衍人类的故事，表演中"伏羲身穿白色法衣，头戴白色法帽，手执两个白色小旗"，至于"女娲是男

---

① 胡天成主编：《民间祭礼与仪式戏剧》，贵州民族出版社，1999年，第300—301页。类似说法在相邻的黔地民间傩坛亦有见，当属同一文化地带上的民俗事象。

② 曲六乙：《"三块瓦"集》，中国戏剧出版社，2001年，第230页。

扮女装"，头上插花，"身穿花衣，腰上围着花裙，手持牌带"①，他俩在金龟道人撮合下成婚。见于唐末李冗《独异志》载录的伏羲、女娲兄妹婚神话由来古老，如袁珂指出，"证以如今西南苗、瑶等兄弟民族中流传的关于伏羲、女娲逃避洪水、创造人类的故事，竟大体吻合，知道李冗的记载是根据当时的民间传说，并非向壁虚构"②。伏羲、女娲之名在先秦典籍中已言及，到了汉代，他俩又被广泛绘入帛画中或雕刻在墓葬的砖石上③，其人首蛇身造型为大家熟悉。这时，其关系要么是兄妹，如《路史·后纪二》注引《风俗通》："女娲，伏羲之妹。"要么是君臣，如《淮南子·览冥训》高诱注："女娲，阴帝，佐虙戏（伏羲）治者也。"六朝以后，"女娲本是伏羲妇"的观念愈见明确，形成如《独异志》等书所载"昔宇宙初开之时"女娲兄妹"议以为夫妻"的成套故事，并在不断传播中由民间口碑演化出种种版本④。敦煌遗书有《天地开辟以来帝王纪》，其年代据考证为六朝时期，其中有伏羲、女娲兄妹遵照上天意志成婚的故事，这关于兄妹婚神话的记载就更早了。

以上巴渝民间请"圣姥灵娘"仪式，有两点值得注意：首先，着眼性别研究，女娲抟土造人神话表明，她是华夏神话史上先于诸神又高于诸神的"大母神"。就神话意象言，"女娲形象应该比伏羲形成得早"且"与伏羲没有什么关系"，在神话学家看来，"最古只有所谓女始祖形象"⑤。尊奉"大母神"是人类抹不去的记忆，一首印第安人的古老歌谣

---

① 杜娜、周冠宇：《木蜡庄傩戏的人物造型研究》，《当代戏剧》，2015年第4期。
② 袁珂：《古神话选释》，北京联合出版公司，2017年，第27页。
③ 据研究，伏羲娶女娲在楚帛书中有记载，论者认为此"将伏羲女娲对偶神话最早记录本的上限提前到了先秦时代"（见吕威：《楚地帛书敦煌残卷与佛教伪经中的伏羲女娲故事》，《文学遗产》，1996年第4期）。
④ 女娲故事和伏羲故事当各有其发生路径及叙事系统，随着岁月流淌，斗转星移，人们出自某种社会需要逐渐将两者黏合，遂有种种对偶婚故事衍生。大洪水式宇宙灾难后兄妹成婚再繁衍人类的故事在中国西部少数民族神话中亦屡见，但未必都跟伏羲、女娲有关。在巴蜀地区，如易易傈僳族神话《点葫芦》、筠连苗族神话《洪水潮天》、茂县羌族神话《兄妹成亲》，其中成婚繁衍人类的兄妹皆难以指认为伏羲、女娲。
⑤ ［俄］李福清：《古典小说与传说》，中华书局，2003年，第175—176、181页。

唱道："大母神"养育人类也创造万物，"她是所有人种和一切部族的母亲。她是雷电之母、河流之母、树木之母和一切物种之母。她是诗歌和舞蹈之母。……她是谷物和万物之母……她是我们唯一的母亲"①。在上述二神共祭的仪式实践中，明言"爷爷原来不管事"而"全靠仙娘作主张"，排除男神（傩公）与对独尊女神（傩母）构成一体之两面，似乎意味着对"大母神"之原始崇拜的还原，这不免使人联想到金芭塔斯通过石器时代考古对"女神文明"的回溯和温德尔通过基督教历史检讨对"母亲之神"的寻找。仍就戏论戏举例，中华戏曲文学史上不乏"寻母"之作，作为某种具普遍性的人类文化心理情结的折射，这类搬演在古今舞台上的散发着原型气息的故事未必不可视为父系主流社会中后人对失落的女权（母权）的"一种怀念和追忆"②。与剧本表述略有不同，巴渝民间的"圣姥灵娘"崇拜是以仪式行为来实践此的。其次，着眼神话氛围，尽管世人谈及地域差异有"川西尚文"而"川东尚武"之说，其实在"尚武"的川东地区也不乏突出赞美女性、颂扬女神的民间文艺作品，如1985年采录于大足县、1988年采录于巴县的《女娲造人》，具体叙事有别，但都讲述茫茫远古天下无人而女娲独自照着己之模样造人，彰显的是女神独体生殖的神话意象；又如1988年在巴县搜集的《巴子石》讲大禹请女娲先补好天后他才好治水、1987年在巫山县搜集的《神女娘娘的传说》讲女娲的女儿下凡疏通九河，皆张扬的是女神补天治水的盖世神功。诸如此类作品，与巴渝民间傩仪格外崇奉"圣姥灵娘"形成呼应，共同致敬着本土信仰中先于诸神又高于诸神的"大女神"。

---

① ［德］埃利希·诺伊曼著，李以洪译：《大母神——原型分析》，东方出版社，1998年，第83页。

② 李祥林：《性别文化学视野中的东方戏曲》，天马图书有限公司，2001年，第263页。

## 第二节 "圣姥灵娘"救死扶生

江西是中华傩文化大省，该省南丰民间有傩神庙，傩艺发达。《中国戏曲志·江西卷》介绍南丰傩戏云："汉代傩祭发展到唐代，在宫廷傩以外，又产生一种民间傩，最初盛行西北的陕甘一带，晚唐以后，由四川移民将它引入江西南丰。据金砂村《余氏族谱·傩神辨记》：'我唐古远祖瑶公，为衡州太守，从四川峨眉山迁来，得之清源妙道真君也，习其教，历千弗变然。'南丰县的古傩《傩公傩婆》《钟馗》，都是这种民间傩节目。"根据田野调查，在"以抚州地区南丰县为中心的民间傩，多以手持钺斧的《开山》为首出，以示开创宇宙人间；继有《纸钱》（即女娲氏）抟土造人；《傩公傩婆》得子，表现人间的欢乐；接下是《雷公》《关公》《双伯郎》驱邪和《钟馗》捉鬼保平安，展现一幅天地初创，人类繁衍，祈福禳灾保太平的情景"[1]。《纸钱》是南丰石邮傩独有节目，单人表演，其仪式性舞步古老，塑造了纸钱神天生异禀、神力超强的形象，当地人因神像呈褐色又叫"跳澄赤"。有研究者认为戏中纸钱神为女娲，其肩挑表演的一根红绳两端所系红布包里的黄表纸代表黄土，演述的故事是女娲补天[2]。又，湖北有鄂西傩戏（傩愿戏），见于恩施土家族苗族自治州，其演出有高傩、低傩之分，前者神案上供"东山老人公公"和"南山圣母娘娘"，而"鄂西傩戏源流有湖南说、四川说和本地说并存"[3]。一般说来，傩发源于中原，"方相氏"行傩见于《周礼》记载；傩坛奉伏羲、女娲，亦见于秦、蜀、滇、渝等地端公戏。一条长江，连接着四川与江西。按照以上说法，在中国傩自北向南流传中，赣地傩与

---

[1] 中国戏曲志编辑委员会、《中国戏曲志·江西卷》编辑委员会编：《中国戏曲志·江西卷》，中国ISBN中心，1998年，第129—130页。
[2] 余大喜、刘之凡：《江西省南丰县三溪乡石邮村的跳傩》，财团法人施合郑民俗文化基金会，1996年，第123页。所谓"澄赤"，乃是南丰方言，指褐色。
[3] 庹修明：《土家族傩戏傩文化述论》，《土家学刊》，1998年第1期。

川傩有瓜葛。四川是有名的移民省份，常言道"江西填湖广，湖广填四川"，以上地方志说四川移民入赣地并带去了相关民艺，这话题待进而研究。

作为"化万物"的"古之神圣女"（《说文》），女娲是抟土造人之先祖，也是炼石补天把人类从灾难中拯救出来的大英雄，其神话传说顺应着"祈求生命"和"拯救苦难"的民俗心理，满足着庶民需求。"人类之母造福人间五湖同歌颂，华夏始祖恩泽四海光辉照万代"，此乃山西潞城魏家庄娲皇宫对联，赞美女娲是"人类之母"和"华夏始祖"。在中国女娲文化之乡涉县，当代人以女娲神话创作戏剧也唱颂："是奶奶为人间播下吉祥，是奶奶把人间营造成天堂。不能忘不能忘永远不能忘，女娲奶奶是人间共有的太阳！"[1]如"太阳"般照耀人间、播撒幸福的"奶奶"对老百姓是如此亲切。在巴渝民间，"传说很早很早以前，地上没有人"，是天上的女娲来到地上，玩泥巴捏泥人，捏了女的又捏男的，捏一个活一个，从此"地上的人就越来越多了"[2]，大足、巴县等地口头流传的这神话叫《女娲造人》，故事高扬的唯一主题是人类由大神女娲独立创造，与古籍记载的"天地开辟，未有人民，女娲抟黄土作人"（《风俗通》）息息相通。剥开叙事表象深究神话本质，"女娲是象征人类伟大母亲的女神，在华夏神谱中，她是一位先于诸神又高于诸神的始祖神"[3]，她无可置疑地要站在中国神话殿堂的最高位。唯其如此，女娲在民间傩坛上备受崇拜，有种种符号表达。唱灯跳灯在巴蜀地区广泛有见，川北灯戏跟民间庆坛多有瓜葛，其所供坛神，"有的说，坛是一块石，是女娲补天留下的，所以坛神要用石钻成凹形，安上坛枪和土加五

---

① 李亮：《娲皇圣母》，见《李亮文集·戏曲卷》，中国文史出版社，2009年，第239页。
② 中国民间故事集成重庆市卷编纂委员会编，王觉主编：《中国民间故事集成·重庆市卷》上册，科学技术文献出版社重庆分社，1990年，第24页。
③ 李祥林：《女娲神话的女权文化解读》，《民族艺术》，1997年第4期。全文转载于人大复印报刊资料《中国古代、近代文学研究》，1998年第4期。

谷而成"①。重庆民间傩仪有"养牲坛"，仪式中所供坛神也是坛座上设石凿坛礅，对其来历说法多样，其一"说是女娲炼石补天时遗留下的一块石头"②。民间把坛神跟女娲联系起来，暗示女性生殖崇拜的原型内涵。

"云、贵、川、湘、赣等省，普遍以'傩公傩母'为傩神。……但是在西南少数民族，'傩公傩母'却成了人类始祖——伏羲女娲。"③切入民俗事象底层可知，"傩"之本义在于驱邪逐祟以保护人类生活及生

圣母女娲见于祠庙供奉在巴蜀地区不多见，此像塑得端庄大气（蓬溪定香寺，2020年11月拍摄）

命平安，中国神话史上的"人祖"伏羲、女娲之所以被奉为傩坛主神，盖在其作为"生"之象征恰恰具有压邪祛祟保平安的功能。如本书前述篇章所言，汉代墓葬中多见的伏羲、女娲人首蛇身交尾造型，或刻石，或壁画，便有祝愿和祈求"生"的神话寓意。以郫县新胜1号汉墓石棺为例，其头部挡板上刻有伏羲、女娲，二神蛇尾交缠在一起，头面紧贴，右边的伏羲左手举内有三足乌的日轮，左边的女娲右手高举内有蟾蜍的月轮，"二人同样具有祝愿墓主再生和子孙繁衍的意义"；伏羲、女娲这种超现实形象之所以频频出现在古代墓葬中，并常与其他具有祛邪

① 吕子房、肖善生等编著：《川北灯戏》，四川文艺出版社，1986年，第46页。
② 胡天成主编：《民间祭礼与仪式戏剧》，贵州民族出版社，1999年，第182页。
③ 康保成：《傩戏艺术源流》，广东高等教育出版社，2005年，第340页。

辟祟意义的仙灵神兽刻绘在一起，被作为"镇墓辟邪的神灵"[①]，盖在他们正是世俗信仰中"生"的不朽象征。不仅如此，从已发掘的墓葬壁画看，"女娲图像是数量最多、分布最普遍的神灵图像"[②]。至于祖神和戏神在傩坛合一，从生命意识和生殖崇拜看，"傩，本质上是要解决人类自身的生产问题。供奉傩公傩母，自是其本义"[③]。江西南丰傩班剧目《傩公傩婆》，实为"送子仪式舞"，其作为"喜事傩"常出现婚礼上，而且"傩婆还被塑造成少妇形象，使她合乎生育年龄"[④]。在湘西沅陵乡村观看辰州傩戏《寻父送子》，剧中人物对话也有"你是奉了傩母之命，送个娃儿给我光宗耀祖"。作为造人补天之"the Great Mother"（大祖母、大母神）的女娲尤被民间傩坛崇奉，在中华大地上见于多民族。此外，"古者包牺氏之王天下也……近取诸身，远取诸物，于是始作八卦"（《周易·系辞下》），甘肃天水的卦台山相传是伏羲创画八卦之地。然而，口头文学未必循守常规说法，巴蜀地区民间则有"女娲制八卦"之说，而且成套的民歌唱词中不见伏羲之名。该说何以产生有待考证，如川南宜宾县（今宜宾市叙州区）石城山一带的打鼓草山歌唱道：

> 先有佛爷后有天，两大童子拜中华。
> 盘古初分无寸土，混沌借土到世间。
> 女娲下凡制八卦，姊妹二人制人烟。
> 神农皇帝制五谷，轩辕黄帝制衣襟。

---

① 刘惠萍：《伏羲神话传说与信仰研究》，陕西师范大学出版总社，2013年，第206、210页。
② 汪小洋：《汉墓壁画中的宗教信仰与图像表现》，上海古籍出版社，2012年，第141页。
③ 周育德：《傩与道教》，载《中华戏曲》第12辑，山西人民出版社，1992年。
④ 曾志巩：《江西南丰傩文化》，中国戏剧出版社，2005年，第517页。

　　唐朝先贤制花鼓，前人遗留到如今。[①]

　　前述傩坛事象，与此有默契之处。重庆民间的太平延生和急救延生，前者系事主许下的良好愿望实现而酬神谢恩所举行的仪式，后者是事主突发病痛而祈求神明驱邪退病所举行的仪式。以圆木制作头型而支以竹竿的"圣姥灵娘"也就是傩母女娲神像，据田野调查，在当地主要是"用于急救延生之接驾和上纂两坛仪式"。也就是说，在民间急救延生科仪中，傩母女娲是绝不可少的主神，甚至是唯一的主神（如上所述，傩公是被搁置在外的），如仪式场上法师所唱："弟子手无诀脚无罡，全靠仙娘作主张。""信人登门求弟子，弟子今日请傩娘。傩娘立在法坛上，犹如擎天柱一根。"急救延生的科仪有上、下坛之分，上坛"接驾"，是迎请上、中、下三界神灵以及坛门祖师，尤其是傩母"圣姥灵娘"以及保护她的小山人马；下坛"上纂"，则是将"圣姥灵娘"的雕像立起，打卦求问染灾信人的吉凶。当然，顺应事主需求，仪式施行和道具运用在民间实践中也不乏灵活性，随具体场景有所变通是自然的。木雕傩母神像多用于急救延生，有时也会出现在属于太平延生的接寿延生中。据介绍，接寿延生从开坛到送神铺展为21个步骤，其中有"迎请华山圣母灵娘及其所带兵马"（七）、"先立傩娘祈卦判寿，再送傩娘及其兵马回到华山"（十七）等[②]。又根据田野报告，某次民间艺人杨枝芳等为事主郭某打接寿延生，便有向傩娘卜问吉凶寿年的表演[③]。该接寿延生仪式

---

① 郑启友编著：《石城山民歌》，四川大学出版社，2016年，第116页，标点符号有所调整。除此以外，就我所知，古蔺县民间花灯队伍来到主家，耍灯领头者在锣鼓伴奏下手持牌灯进门，要烧香蜡纸钱举行祭拜神灵仪式，其张口会唱："一进门来参福神，神圣空中得知闻。……上参玉皇张大帝，下参地府十阎君。中间参拜释迦佛，再来参拜观世音。女娲炼石把天补，四方八卦定乾坤。神农皇帝治五谷，轩辕黄帝制衣襟。伏羲又把人伦治，才安香火到如今。"（《参神》）将女娲、伏羲各自功业分而述之，也透露出这种意识。

② 胡天成：《德江冲寿傩与重庆接寿延生》，见曲六乙、陈达新主编：《傩苑——中国梵净山傩文化研讨会论文集》，中国戏剧出版社，2004年，第255页。

③ 段明、胡天成编著：《巴渝民俗戏剧研究》，贵州人民出版社，2006年，第119—124页。

含14个程序，其中"迎神下马"和"倒傩送圣"跟卜问吉凶直接有关。"迎神，主要是迎请傩娘（即《巴县志》中所说的'师娘''女娲'）及其带领的小山兵马"，请其登临法坛。于是，法师造法桥迎神明，待傩娘等下马落座后，法师打卦、踏罡步、挽手诀。接着是迎请本坛仪式的主神傩娘入坛，按照打扮动身、进门入坛、亮开神光、游傩安位、屯兵扎营五个步骤进行。手拿神像的法师，一边唱"左脚进门生贵子，右脚进门贵子生"，一边跨入大门。随后，点燃一对蜡烛，给傩母神像的头顶、双眉、双眼、双耳、鼻孔、嘴巴、双手、腹肚、双脚及全身360个骨节开神光。又举着神像按照东、南、西、北、中五方巡游，再将傩母安放在内法桌旁设置的七星台上，并将随傩母来的上中下洞桃源兵、五方五路小山兵和五猖兵安置在法王台前。迎接傩母入法坛后，经过造茅、悬结、下结、回熟、钩愿等坛法事，便进入倒傩送圣程序。倒傩之前，将傩母神像立于法桌前，占卜主家吉凶，此乃"抛傩上纂"（又称"上纂判卦"），其中又含立纂、赐诀、判卦三个步骤。卜问吉凶之后，送傩母及众神返驾回宫，整个仪式结束。下面这段唱词，就是叙述傩娘从梳妆打扮到出门下马的过程：

> 一不急来二不忙，圣姥灵娘巧梳妆。
>
> 对着镜子巧打扮，左梳右挽绣鸳鸯。
>
> 又将水粉来涂脸，又将胭脂擦口唇。
>
> 身上傩衣穿齐整，鸳鸯鞋子蹬满跟。
>
> 一身打扮皆已毕，站将起来出殿门。
>
> 行往半天云里过，凡间锣鼓闹沉沉。
>
> 行往施主门前过，香花蜡烛摆当心。
>
> 千家门前不下马，万户门前不下鞍。
>
> 施主门前下马礅歇马台，腾空一步下马来。

渝、黔毗邻，供奉傩公、傩母见于两地民间，彼此不乏相通之处。就冲寿或接寿仪式中所供神灵看，地处黔东北的"德江冲寿傩为傩公、傩母，而重庆接寿延生一般只供奉傩母。……德江冲寿傩虽然将傩公、傩母都供于傩堂，但在迎銮接驾的游傩时，也只提傩母圣像遨游五方，而将傩公留在傩堂"①，不同中又有相似处。德江古为南蛮之地，历史上曾属楚、巴，当地少数民族以土家族居多，其与巴渝民风有接近是自然的。纵观重庆地区以上仪式戏剧，无论用于"生"之延续（接寿）还是用于"死"之拯救（救命），法师请来傩母娘娘"犹如擎天柱一根"立在法坛上，其象征意义都在于以"生"克"死"，以"生"的强大威力驱除"死"的威胁。急救延生仪式中，法师手举神像随傩母（仙娘）入室看望病人，恳请圣母："小臣开言说一声，仙娘你且听原因。禳灾信人△△△自从那日得下病，陡染恶疾在其身。△座神坛前去问一卦，△座庙内也曾抽过签。神坛问卦卦不准，庙内抽签签不灵……"法师又代主家向傩母问卜，"祈望仙娘施恻隐，采些灵药救信人"②。事主染病受灾，四处求医问卦拜庙都不灵，最后来祈求"圣姥灵娘"救治和保佑；法师替事主消灾祛病，也处处遵循"圣姥灵娘"的指点，依靠的是她的神力。在此仪式表述中，透过迎请傩母拯救灾病事主性命的急救延生，我们窥见的是"大女神"（the Great Goddess）或"大母神"的非凡力量和功绩。正因为"大母神"地位至尊，容不得丝毫亵渎，犹如綦江阳戏《领牲》中二郎神杨戬所唱：殷末纣王时之所以"社稷倾颓"，就因为沉迷酒色的昏君去"女娲庙进香，题诗欺神"，圣母"乃招狐狸噬化妲己入朝，败他江山"③，造成严重后果。

---

①　胡天成：《德江冲寿傩与重庆接寿延生》，见曲六乙、陈达新主编：《傩苑——中国梵净山傩文化研讨会论文集》，中国戏剧出版社，2004年，第259页。

②　胡天成主编：《民间祭礼与仪式戏剧》，贵州民族出版社，1999年，第301页。

③　朱恒夫主编：《中国傩戏剧本集成·川渝阳戏》，上海大学出版社，2016年，第258页。

## 第三节　古老神话及母题跨文化观

"生"之祈愿和"死"之焦虑，是人类挥之不去的情结。在"生/死"叙事中渲染女神救死扶生的非凡力量，既见于本土多民族神话，也见于世界不同地区神话，此乃跨文化母题。羌族神话中天仙女木姐珠以眼泪使"难题考验"中丧身于火的心上人复活，巴比伦神话中植物之神塔穆斯的妻子易士塔用得来的"生命之水"洒在每年死去的丈夫身上使其复生，皆为同类母题之"异形同构"的神话表述。归根结底，"女性掌握着赋予生命的奥秘，她们是新生命诞生的泉源。女性既然能够哺育新的生命，她们想必也有能力使熄灭的生命之火再度复燃，这是初民在其原始思维中不难作出的直观推论。俗话说：'太阳每天都是新的。'按照原始神话的理解，日出日落犹如人之有生有死，太阳之能死而复生就因为它每天都经母亲女神的生育而获得新生命"。纳特（Net）是宇宙主神之一，古埃及新王国时代拉姆西斯六世墓壁画中以奇思妙想展现了这个伟大主题。"纳特是天空女神，主宰着整个宇宙也主宰着神的世界，传说中她每天晚上都把太阳吞入自己的腹内，到了第二天早上又将它生出来。画面上，纳特被描绘成一个裸体少女形象，她躬着身，身体的比例被拉得长长的并处理成舞台框架式……六个代表太阳的棕色圆盘从她嘴的前面经过体内一直到小腹前面渐次排列，标志着太阳经母体天天复生的循环，复活的主题于此得到极其形象、生动的展现。"[①]源于女性之"生"并作为对死亡的抗拒和克制，甚至反映在华夏民间丧葬习俗中，通过丧葬中人们对蚌壳、钱币之类物品的仪式性运用体现出来，而此类物品在"原始意象"（primordiai image）上恰恰由于跟养育生命的雌性产

---

[①]　李祥林：《生命复活与女性崇拜——一个文学母题的跨文化解读》，《东方丛刊》，2002年第4期。

门相似而在庶民信仰中具有"生命祈盼"的民俗内涵①。前述川北灯戏的坛磴（坛神）在造型上亦跟代表女神生殖力的器官不无瓜葛，表达着相同的象征寓意。

现实生活里，哲学思想中，中外神话史上，非凡、伟大的生殖力决定了女性乃至大女神是天地间"生"之首要代表。谈到埃及神话中的纳特，布奇《埃及诸神》即称她象征着"生命永恒女性原则"②。金芭塔斯在解读"女神宗教"、回溯"女神文明"时也指出：女神形象可以"按照她给予和维持生命、死亡以及再生这三个方面的功能来分类。虽然男性力量在动植物界同样起着推动再生并激发生命的作用，但弥漫于生命的存在之中的是女性力量"③。巴渝民间傩仪独尊"圣姥灵娘"，何尝不是这种以"生命永恒"为"女性原则"的原型体现呢！唯此，在中国，汉字文献对"姓"的古老解释是"从女、生"（《说文》）；希腊神话讲述"大地盖娅首先生了乌兰诺斯"（赫西俄德《神谱》），后者是天父；以"道"为哲学核心的老子，再三将"道"这宇宙本体喻为"天下母""天地母"（《道德经》）；古有"三易"，早于《周易》的商易《归藏》，也是以"坤"居首而不是以"乾"开篇（《路史·黄帝纪》："谓土为祥，乃重'坤'以为首，所谓《归藏易》也"），又称《坤乾》。"女生为姓"，正因为世系从母系方面认定，按郑樵《通志·氏族略·氏族序》所言，直到三代以后，"姓之字多从女，如姬、姜、嬴、姒"等，这绝非偶然。"祖妣"二字，通常指男女祖先，也用于指已故的老祖母，王子今指出："关于女性祖先'妣'，除了通常'祖妣'的说法而外，也有'妣祖'称谓。也就是说，女性祖先被置于男性祖先之前。'妣祖'之说

---

① 李祥林：《亡灵奠祭中的生命祈盼——"烧纸钱"民俗别解》，《民族艺术》，2005年第2期。

② ［德］埃利希·诺伊曼著，李以洪译：《大母神——原型分析》，东方出版社，1998年，第225页。

③ ［美］马丽加·金芭塔斯著，叶舒宪等译：《活着的女神》，广西师范大学出版社，2008年，第3页。

由来尚早，如《诗·小雅·斯干》：'似续妣祖，筑室百堵。'这样的说法在汉代文献中仍然可以看到。……《汉书·郊祀志下》记载王莽宣布的礼祀制度，说到'祀天神，祭墬祇，祀四望，祭山川，享先妣先祖'。按照颜师古的解释，这是《周礼·春官》规定的'大司乐'的职能，先妣，是指周人始祖姜嫄；先祖，是指周部族的早期领袖先王先公。《周礼·春官·大司乐》中'享先妣'在'享先祖'之先。……传说周人世系最早始于姜嫄踩了巨人的脚印于是怀孕而生后稷，以此来解释'享先妣'先于'享先祖'现象的说法，当然是可以成立的。"①周之先祖是姜嫄所生，母亲生育的伟大功绩决定了周人祭祖必须先祭姜嫄，她是族人心目中繁衍种族的"大祖母"②。从神话母题分析，该故事终归属于人类生殖崇拜史上独尊女性的"处女生殖"神话。

"傩娘立在法坛上，犹如擎天柱一根。"巴渝民间仪式撇开傩公奉请傩母，蕴含着原始崇拜信息。回溯悠悠古史，尊奉母系的社会制度出现，除了跟妇女在原始采集经济中的重要地位有关，更多是生殖崇拜意义上选择的结果，这是人类"两个生产"（恩格斯语）所决定的。在那文明初开时期，"世系一般均以女性为本位：凡是这种地方，氏族是由一个假定的女性祖先和她的子女及其女性后代组成的，一直由女系流传下去"③。追溯人类生殖崇拜原型演变史，可知"单性独体生殖"远远早于"双性对偶生殖"，而"单性独体生殖"又包括"女性独体生殖"和"男性独体生殖"两种类型，其中"女性独体生殖"才是人类历史上最

---

① 王子今：《古史性别研究丛稿》，社会科学文献出版社，2004年，第131页。汉语中这"妣祖"与"阴阳"正形成对应，从词序上便体现出先女后男的古老的性别意识，请参阅李祥林：《"阴阳"词序的文化辨析》，《民族艺术》，2002年第2期。

② "《诗经·大雅·生民》记载后稷无父，母亲姓姜，显然当时尚处于'只知其母，不知其父'的母系社会阶段。而后稷不从母姓姜，而姓姬，成为周姬民族的祖先，从此其后代从父姓姬，过渡到父系社会阶段"（曹兆兰：《金文与殷周女性文化》，北京大学出版社，2004年，第127页）。

③ ［美］摩尔根著，杨东莼等译：《古代社会》上册，商务印书馆，1986年，第62页。

古老的生殖观念<sup>①</sup>，难怪神话叙事中生命的奥秘总是掌握在女神手里。有论者说，"傩崇拜信仰在本质上是一种生育神崇拜信仰"，苗族傩神崇拜亦经历了从"奶傩巴棍"（女始祖神）到"奶傩巴傩"（配偶型始祖）的演变，而苗区傩戏中迄今仍存"以傩婆为主，傩公为辅"的现象<sup>②</sup>。由于"民知有母，不知有父"是太古社会的普遍事实，被先民尊奉的始祖神也总是以女性面目出现，作为生殖崇拜对象的唯有女性或母亲。女娲独自"抟土造人"的古老神话、河北河南民间尊奉女娲为"人祖奶奶"或"人祖姑娘"的传统习俗，均透露出这方面信息。当年，笔者在涉县中皇山娲媓宫做田野调查，当地村民每每给我聊起"奶奶"的功绩，讲述四方百姓来求子嗣求平安的故事；尽管扩建后的景区山脚有"伏羲广场"，但那是今天作为旅游景区项目才添加建造的，当地民间传统尊奉的原本只有"奶奶"，山上俗称"奶奶顶"的庙里主神也是女娲，没有伏羲的位置。2013年秋季走访淮阳人祖庙，看见女娲观门前有牌子写着"补天育人无二氏，祭地寻根第一观"，强调育人寻根的第一主体是大神女娲，并云："请神像，求平安，请到玉皇观；求婚姻美满，合家欢，请到天仙观；求姻缘，拴娃娃，请到女娲观……"女娲坐像前，也堆满了男女童偶，既供求子女性"拴娃娃"，也有得子妇女还愿所献。

归根结底，将圣母女娲请上傩坛，意在大大增强法术之神力，从终极层面彰显仪式的神圣性。泸州纳溪民间傩戏班子有"天心坛"，其仪式剧目中有《补天》，演此剧意在借女娲补天神话来"象征着抗拒最大的灾难"<sup>③</sup>，其表演是特技化的，如掌坛师赤手抓起熔化的铁水补好有孔的铁锅，女娲炼石补天意象通过神话想象力在此得到了令人惊叹的发挥。原来，民间傩班请出女娲是为了抗击"最大的灾难"，大女神的神

① 李祥林：《女娲神话的女权文化解读》，《民族艺术》，1997年第4期。
② 吴国瑜：《傩的解析》，中国戏剧出版社，2011年，第100、190—193、49页。
③ 第五批四川省省级非物质文化遗产代表性项目申报书《泸州傩戏》，泸州市文化体育新闻出版广电局制作，2018年3月。

力被视为至高无上。此外，从性别研究"深描"巫傩文化，"女性力量"对之的渗透实有悠久传统。介于人、神之间的法师，通过秘传不宣的法术或仪式与神灵沟通，从而拥有祈吉、祛邪之法力。关于"巫"，《说文》释曰"女能事无形，以舞降神者也，像人两袖舞形"。究其由来，"神话传说认为巫师来源于妇女"而"巫师可能产生于母系氏族社会中期"；因此，"在各民族的巫师中，普遍流行女巫"。尽管随着巫傩行业发展，有了女称"巫"而男称"觋"之分以及后来"巫"也作为男女都可使用的共称，但源自远古的女性文化对此烙印仍深，如"有些民族虽然有男巫，但在举行宗教活动时往往要男扮女装。如瑶族、黎族男性巫师在跳神时必穿女巫师的服装。东北地区的汉族男巫，在请神时也要穿女巫的裙子……这些男扮女装之举，可能是对更为古老的女巫的崇敬"。寻根溯源，"因为在母系氏族社会时期，妇女不仅是生产、生活、生育的主力，也是血缘纽带的体现者，并且管理氏族事务，担任氏族首领，最初的巫师由女氏族长兼任是合乎情理的……所以母系氏族社会是女巫的时代"①。贵州德江傩堂戏老艺人唱述服装道具来源时有"三桥王母制裙子，大法先师制法衣"②，亦在神话表述中强调了端公之"裙"的非凡意义。在巴蜀地区，行法事的端公在法冠、神带、长衫之外要身着法裙以及裙式牌带③，也体现出同样意味。由于神话思维渗透，具有巫术气息的女性象征出现在宗教仪式中也是跨文化母题。宗教学家斯特伦谈到马赛男孩的成年礼时，就指出让其"穿上女人的衣裳，脸用白粉涂抹，并在头上装饰以鸵鸟毛"是不可少的环节④。这实际上是通过成人礼中的性别叠加，在阴阳共体象征中使之实现从幼年向成年转型并获得能力增

---

① 宋兆麟：《巫与巫术》，四川民族出版社，1989年，第31—32页。
② 庹修明：《巫傩文化与仪式戏剧研究》，贵州民族出版社，2009年，第121页。
③ 相关图示见严福昌主编：《四川傩戏志》之"陈设造型"，四川文艺出版社，2004年，第318页。
④ ［美］斯特伦著，金泽、何其敏译：《人与神——宗教生活的理解》，上海人民出版社，1991年，第87页。

升①。在巴渝民间傩仪中，大神女娲被请上祛祟镇邪保平安的法坛乃至被奉为至尊无二的"圣姥灵娘"，与巫傩文化与生俱来的这种尚女传统有精神契合。

---

① 关于"阴阳共体"，请参阅李祥林:《女花脸·阴阳共体·文化原型》,《东方丛刊》,
2001年第2期。

# 第十二章

# 女娲神话在尔玛地区

2015年11月，以"中国多民族文学的建构与当代文学史的重构"为主题的第五届中国新锐批评家高端论坛在西南民族大学举办。会上，笔者就"有选择的认同和认同的建构性"发言，以女娲神话在羌族地区的传播为例论述了文化认同问题。下面，就从羌族的神话传说、仪式歌谣、民间美术、民俗实践等入手，就其中的接受和选择、建构与认同加以考察。

## 第一节 释比法冠上的女娲

"羌"是来自汉地文献的族群他称，"尔玛"（羌语记音）是羌人的自称。族源古老的羌族有语言无文字，当今中国唯一的羌族聚居区在四川，人口30多万，主要分布于汶川、茂县、理县、北川以及松潘、平武等县。蜀地学者任乃强著有《羌族源流探索》，1984年由重庆出版社出版。书中述及"华族与羌族的关系"时，曾提出"中华古史传说的'三皇、五帝'中，所谓伏羲氏，女娲氏，其实就是指的是羌族人"的观点[①]。从行文看，这属于他作为研究者的一家之言，主要建立在对古代文献的阅读上（未进而详细论证），并非有来自田野支撑的实证。那么，在尔玛人聚居的川西北岷江及涪江上游，女娲神话传说是否留下了印迹呢？

2017年5月，笔者随巴蜀网朋友去了北川羌族自治县，行走在青片、马槽、桃龙等乡镇的大山中。在青片河流域，年逾花甲的五龙寨羌民杨华贵（他是我们的向导）在介绍某城隍庙遗址时谈到菩萨造像，随口道出一句"女娲圣母是个神，外是黄土内是金"，这话提醒我们此地过去或有女娲塑像。1986年7月，在马槽羌族乡坪地村，有调查者从76岁不识字的羌族农民赵张氏口中采录到一则《妇女为啥要缠脚》，故事收入《中国民间文学集成·北川县资料集·羌族篇》，内容如下："古时候有个皇帝，有一回到庙子里去烧香，看到塑的观音菩萨跟到活人一样，就动了邪心，抱到观音菩萨到处摸。观音菩萨气得不得了，就派狐狸精变了个比自己还漂亮的女娃子去缠皇帝。皇帝是个一看到漂亮的女娃子连命都不要的人，跟到就封狐狸精做他的大老婆。"这个狐狸精变的美女，"就是一双脚变不过来，生怕皇帝看出来，就用布缠了又缠，穿了点点小的一双尖尖鞋，走路一点一点的。皇帝左看右看，就说女的把脚缠小点走路硬是好看，就喊天底下的女的从小都要缠脚。女人家缠脚的习惯就是这样来的"[②]。熟悉小说《封神演义》的读者，一眼就能看出此乃封神故事的翻版，故事中的观音原本是女娲，那个无名姓的皇帝即荒淫残暴的殷纣王，他去烧香的庙子就是女娲庙。1986年在川东奉节县乡下搜集的《缠脚的传说》云："纣王无道，不理朝政，在女娲庙焚香题词。惹

---

① 任乃强著，任新建编：《川大史学·任乃强卷》，四川大学出版社，2006年，第638—639页。这种观点在羌地学人著述中有共鸣，如杨光成著《桃坪史话》（《西羌文化》编辑部2007年10月编印）称"伏羲、女娲、炎帝均出自西羌族团"，后来《平武羌族》（2004年）等书中对女娲故事的讲述或受了该观点影响。

② 本书编辑委员会编：《中国民间文学集成·北川县资料集》，1987年10月印（内部资料），第199页。

伤了女娲娘娘的肝火，当时就招三妖到场，令下凡败纣王的江山"，千年毛狗精化身美女妲己入宫，但"唯独一双脚变得难看，便灵机一动，用布把脚缠得紧紧的，尖尖的。她这一进朝，貌似天仙，两只小脚格外好看。人人便跟到皇帝娘娘学起了缠脚"①。出自马槽乡羌民之口的尖尖脚来历故事，尽管发生了变异，主角换了人，但故事的基型还在，主要情节也保留下来。

女娲之名在北川县搜集的口头文学作品中明确有见，如擂鼓镇流传的《耍龙灯的来历》开篇即云："古时候，有一回伏羲和女娲喝醉了酒……"说到这里，有个问题需要谈谈。2009年《羌族口头遗产集成·神话传说卷》收入两则跟女娲直接有关的羌族神话传说，《神仙造人》和《千佛山和佛祖庙》分别采录于1987年7月和1986年5月，二者均见《中国民间文学集成·北川县资料集》（1987年）之"故事·羌族篇"，前者见"神话"而后者见"传说"。纵观全书，《中国民间文学集成·北川县资料集》之"故事·汉族篇"亦收录一则《女娲补天》，神话讲述者是小坝羌族藏族乡白花村64岁不识字羌民王兴海，曰："盘古后头，出了一个共工。这个人能上天能入地，要走哪里去，头往地下一钻，钻个洞就走，上天把天顶个洞就去。他每天到处乱跑，把天上、地下钻得到处都是洞。天上的洞多了，水就漏到地上，把地上的人淹死了好多好多。女娲神看人都要淹死完了，就连忙炼婉石做成矾，把这些矾弄到天上去，用自己的身子和矾把天上的洞补好，水就再也没有漏下来了。"对比可知，羌民王兴海讲的《女娲补天》跟墩上乡岭岗村68岁羌民苟玉明讲的《千佛山和佛祖庙》颇有相近（天上有洞漏水，女娲补天把身子也用上了；从中国西部横贯南北的藏羌彝文化走廊看，女娲补天

---

① 本书编辑委员会编：《中国民间故事集成·四川省万县地区卷》中册，1988年12月印（内部资料），第321—322页。

把自己的身体也用上了的叙事在甘肃天水采录的女娲神话版本中也有①）乃至关联之处（后者仅言天上有洞漏水，前者指出天上漏洞是共工所致），当时编书者将这两个女娲故事作了羌、汉分界，大概是因为1923年出生的王兴海"解放前，靠帮人为生，在汉区也有一段生活经历"（见书中王氏小传），而循此编纂体例，2008年"5·12"汶川地震后出版的《羌族口头遗产集成·神话传说卷》也没有将王兴海讲的《女娲补天》收入。其实，研究川西北羌族史可知，北川尽管昔为羌人聚居地而今为羌族自治县，但由于种种原因，明清以来其地其民即高度汉化。既然如此，考察女娲神话在此地带上的流传，若是硬要在羌、汉之间做严格乃至苛刻的划界，是有相当难度的，况且该《女娲补天》原本也是从一个羌族老人口头采录的，即使不认为这属于纯粹的羌族神话传说，至少也是汉族神话传说在羌族民间传播后多多少少"在地化"的产物。此外，不能不指出，讲述这个《女娲补天》故事的王兴海，也是被划归"羌族神话"的《神仙造人》的讲述者。同一位羌民讲述的两个女娲故事，一个被划归"羌"而另一个被划归"汉"②，未免让人费解。撇开这种由编书者裁决的人为划分，通过羌民口头的活态讲述，我们所见只有女娲神话在川西北尔玛民间传播的客观事实。

从民间美术看，大神女娲之像亦出现在羌族释比头戴的法冠上。研究羌族文化，不可不知晓释比。"释比熟知本民族社会历史与神话传说、

---

① 中国民间文学集成甘肃卷编委会编：《中国民间故事集成·甘肃卷》，中国ISBN中心，2007年，第6—7页。

② 小坝乡白花村羌民王兴海从小就受口传文学的熏陶，20世纪80年代后期做民间文学三套集成时，不识字的他给采录者讲、唱了民间文学作品62篇（首）。在《中国民间文学集成·北川县资料集》中，由羌民王兴海讲述的有神话《盘古王开天地》《女娲补天》《九州的来历》《伏羲兄妹造人烟》《冰雹是怎样来的》《牛魔王种草》，有传说《杨角哀与佐伯涛》《桃园三结义》《神仙洞》《干鱼坝》《走马岭》《老虎、豹子和猫的来历》《端午雄黄酒》，有故事《聪明的幺媳妇》《吴良心》《马桑树儿长不高》，笑话《瓜娃子》《瓜女婿》，等等。2008年汶川地震后，这些口头文学作品有的收入《羌族口头遗产集成》，有的则没有收入，书籍编纂时采用的判定标准也未免有人为之嫌。

女娲神像也出现在羌族释比的法冠上（右一）

主持春祈秋报的重大祭祀仪式、进行驱鬼治病除邪镇祟的活动，实际上是羌文化极重要的掌握者以及传承者，在羌民社会中占有不可取代的地位并享有崇高威望。"去川西北羌族聚居区做田野调查，屡"听羌锋老释比王治升、县文化馆老馆长汪友伦（皆羌族）谈起释比文化，他们称此为羌民族的'核心文化'"①。羌族释比在祭神还愿等仪式中，头戴的法帽有猴皮帽也有五花冠（或称"五佛冠"）。2016年底，有关方面送来请笔者审阅并撰序的书稿《传承者说——羌族文化传承人口述史》中，有走访茂县沟口乡释比肖永庆的篇章②，后者在介绍释比法冠时说上面分别画着女娲、太上老君、真武祖师等。接受采访时，肖老释比先讲述了羌年的来历，说"从盘古开天地以后，伏羲姊妹置了人烟"，接着讲神农皇帝为解决人类的粮食问题上天宫找来五谷种植，又说老君菩萨打錾子錾磨子以便磨麦子、青稞，"青稞麦子收了，就开始祭盘古王了、伏

① 李祥林：《人类学比较视野中的羌族释比》，《宗教学研究》，2019年第2期。
② 见本书编写组编著：《传承者说——羌族文化传承人口述史》第一章，四川大学出版社，2017年。

羲姊妹了、神农皇帝了，祖宗先王炎帝，这下子就祭祖了，开始报答牛王菩萨了"。不难看出，这位出生于释比世家的肖老释比对三皇五帝之类开天辟地、创生人烟的神话传说是了解的。接下来，他向来访者介绍羌族释比文化，讲到释比法器时说："这个是法冠，释比的帽子，法冠上画的：一个是女娲，一个是太阳，一个是太上老君，一个是北山真武祖师，一个是三清道祖。胸前挂的是朝珠，这些都是辟邪的嘛。"书中附有俗称"五花帽"的照片，绘有神灵的五片冠叶铺开，第五片是头有发髻的女性神灵，也就是老人说的"女娲"。这种释比法冠由七块牛皮组成，有五块牛皮形状一样（另外两块作装饰），上部呈三角形而下部为梯形。五块牛皮上各绘一位神灵画像，正中为元始天尊，左右依次为太上老君、真武祖师和女娲娘娘等。2014年，农历十月初一，在岷江西岸中国羌城（茂县）举行羌年庆典，祭祖仪式由肖永庆主持，他所戴法冠左侧第一幅便是头上挽着发髻的女神（女娲）像。这法冠是笔者熟悉的，他的徒弟刘正傲（也是肖老释比侄女的儿子）头上也戴着同样的法冠。以上表明，不仅女娲神话见于川西北羌族口头文学，连女娲娘娘的形象也绘制在羌族释比的法帽上，这恐怕让许多人都会感到意外。

道教在岷江上游羌族中有不小影响，"五花帽"上的神灵在茂县沟口、渭门释比中说法多样，或言"太阳神、月亮神、比武祖师、开山祖师、真武祖师"，或言"炎帝、女娲、神农、老君、原始天尊"[①]，肖老释比的说法与此又有异同。追溯历史，四川自古号称"移民大省"，来自外省的移民也进入羌族聚居地区，并带来异质性文化元素。比如平武县，当地有羌族，受外来文化影响，亦有端公戏见于尔玛村寨，如县志所言："羌民中有半农半巫端公，职事为驱鬼禳灾'跳神'，或为羌民办丧事。"杀白鸡祭神时，戴猴头羊角帽的端公也挂上脸壳子，跳起羊皮鼓舞，口中念念有词，"因无文字记载，端公所念经文系世代口传心授，

---

① 赵曦：《神圣与亲和——中国羌族释比文化调查研究》，民族出版社，2010年，第331页。

虽能念出，却不知其意"①。如本书前章所述，这些羌族身份的端公的仪式唱词中，也有叙事唱史的"三皇五帝年辰远，女娲治水洪不传"之类。有著者写道："我们在清漪江流域一带的白草羌人中调查，以及现存墓碑记载来看，现羌族聚居地内一部分羌族，称其父系祖先为清代湖广填四川时从内地迁入的汉族；一部分羌族人称他们的祖先是湖北麻城县人；一部分羌人称他们的祖先是陕西人；还有一部分羌族人则认为他们的祖先是广西人。这种移民定居的结果，就使羌汉逐渐融合在一起，从而形成了'你中有我，我中有你'的状况。"②外来移民迁入川西北羌族聚居地，既见于涪江上游，也见于岷江上游。这种移民文化背景无疑为女娲神话在尔玛民间传播提供了有利条件。此外，有历史学家谈到羌文化特征时指出："贵妇人，党母族，盖去女系时代未久也。"③羌族自有特色的本民族女神崇拜体系即滋生在此土壤上④，如此传统也多多少少为女娲神话在尔玛民间传播提供了可能。由此来看女娲神话在川西北羌族中有多样化投影和地域化呈现，便容易理解。

## 第二节　在地化的尔玛神话

汶川、理县、茂县和北川，是川西北羌族聚居区的四个核心县份。2007年10月，有走访者从茂县三龙乡桌子坝羌民口头采录了一首羌语民歌，汉文记音如下："哦不得呢哎斯勒哎阿勒卓，哦兹得呢呀什不呀哦哦呢角呀，哦呀哟嗯呀索则呀哦哦勒学呀。"搜集者将此歌归类为"历史歌"并收入《羌山采风录》，介绍歌词大意为："有了天，才有地；在大

---

① 《平武县志》编纂委员会编：《平武县志（1991—2005）》，电子科技大学出版社，2019年，第926页。
② 向远木：《平武羌族》，中国文联出版社，2004年，第136页。
③ 吕思勉：《中华民族源流史》，九州出版社，2009年，第267页。
④ 李祥林：《羌族民间文学中的女神崇拜与族群意识》，《文化遗产》，2012年第1期。

洪水之后，才有了人类。女娲造出了男和女，男结婚，女嫁人……"①原三龙乡位于茂县西部，距县城30多公里，地处高山区，是羌族聚居乡，辖勒依、黄草坪、纳呼、富布、卓吾等6个村委会。桌子坝属原三龙乡黄草坪村，接受采访的羌民姓杨，1921年出生，是年逾八旬的老人。据介绍，此乃村民在婚礼上唱的古歌。以上歌词大意翻译，是来自歌唱者本人还是来自搜集者代言，抑或是来自通晓羌、汉语的第三者帮助，因书中未注明，不得而知；所录歌词是仅此一小段还是有更多内容，著者未叙说；歌词中所述女娲故事是祖辈传下来的还是融入了现代元素，该书亦无考论。查询乡镇历史，茂县三龙乡是20世纪50年代初由三齐乡与龙坪乡合并而来，三齐乡原属理番县（今理县），是1950年也就是新中国成立后划归茂县的。在岷江支流杂谷脑河畔的理县，尔玛人的口头文学中有关于女娲的篇章。按照当地羌族习俗，农历正月初八或初九到十五之间，村寨民众要去深山大庙如铁灵寺、白空寺、子林山等处拜香祭神（羌语称为"讷达阿泊切"），一般是为了给父母或其他家人消灾解厄而许愿、了愿。此外，每三年全村寨共同杀羊还小愿，六年则还牦牛大愿。正月举行拜香仪式，是下午在家里起香，众香友聚集一堂，深夜到达寺庙交香。有拜香童子，由年轻男子担任，手捧插着香烛的小凳，头戴有三个小结的红布，身穿白色短衣。同去灵山的香友，通常二三十人不等。人们手捧香烛、纸钱、刀头、馍馍、清油、酒等，走出家门，前往寺庙。一路上，敲锣打鼓，吼唱不息，引香人唱一句，众人齐声应和，场面可观。所拜神灵，可谓儒、释、道三教俱全，体现出川西北羌区民间神灵信仰的杂糅性。整个祭祀拜香过程分三阶段，先从家神拜起，出门后再拜各路神灵，最后入庙祭神。第二阶段行路过程中所拜神灵便有女娲，且听唱词《拜女娲》：

---

① 万光治主编：《羌山采风录》，人民音乐出版社，2011年，第108页。

　　　　玉皇差你把凡下，手拿法宝到朝堂。

　　　　七十二变神通大，腾身又不怕刀枪；

　　　　收了孽龙平风浪，永止西蜀有成名。①

　　以上记录的这段唱词里，"止"疑有误，应该或为"治"，或为"正"（镇）。关于尔玛民间这种风俗，又见于其他作者笔下，据其所言，此文是他结合了自己早年记忆的"如实记述"，其中祭女娲之"永止西蜀"为"永正西蜀"，祭土主之"普贤能给万人缘"为"普贤能结万人缘"②。从乡民们祭拜神灵的顺序看，拜女娲之前是拜川主："朝拜川主二郎神，永镇蜀川有功劳；仙姑娘娘生下你，外公就是玉皇尊。"拜女娲之后，紧接着是拜土主："六里九枯皆保佑，三番四土你常安。风调雨顺民安乐，五谷丰登庆太平。文殊能做千家好，普贤能给万人缘。"在此与女娲并列的川主和土主，均系地方保护神。羌族民众心目中这个女娲，是奉玉皇大帝之旨来到凡间的，她手执法宝，神通广大，刀枪不入，收伏孽龙治理水患，甚至具有孙悟空般七十二变的本领。不仅如此，这位与川主、土主并列的女娲，还被尔玛人"在地化"视为镇守蜀川、保佑地方平安的大神。如此这般对女娲神迹的描述，明显不同于汉族地区常见的女娲故事，具有文化人类学所讲的"地方性知识"特征，体现出当地人对之的某种文化赋予甚至重构，是女娲神话在传入地羌族化的版本。以当年做民间文学三套集成时的调查资料为基础，"5·12"汶川地震后成书的《羌族口头遗产集成·神话传说卷》收录了两则直接有关女娲的神话，一是《神仙造人》（流传于北川县小坝乡白花村），称远古时期大水之后，人类灭绝，女娲、伏羲、梨山老母等神灵一道用泥巴造人，男神造男而女神造女，各有其分工；一是《千佛山和佛祖庙》

①　王科贤：《羌族拜香词》，载何江林主编：《留住我们的记忆——理县藏羌民族民间文化集》，中共理县县委、理县人民政府编（内部资料），2011年1月。
②　陈光武：《拜香》，《西羌文化》，2004年第1期。

（流传于北川县墩上乡岭岗村），讲西天生就不全，到处都是烂洞，天水顺到洞往地下流，于是女娲神炼五彩石补天，后来去西天取经的唐僧向佛祖奏其功并为之建庙，从此有了每年农历四月初二的千佛山庙会[①]。在此读者看到，传入羌地的女娲神话经过人文地理环境的"在地性"（localization）陶冶，融入多种文化元素，形成了羌族民间自有的叙事特点。两则故事均由年逾花甲而且不识字的乡下羌民口述，属于典型的"口头传统"（oral traditions）。且看1987年7月搜集、羌民王兴海讲述并载入《中国民间文学三套集成·四川绵阳市卷》的神仙造人神话：

> 女娲、伏羲、轩辕、梨山老母和红云老母看世上的人都遭大水淹死完了，就打伙在一起用泥巴造人。伏羲和轩辕做男人，女娲、梨山老母和红云老母做女人。伏羲和轩辕一人做了五十个男人，一共就是一百个男人。梨山老母和红云老母、女娲做女人时，还给女人做了些花衣裳，一人做了三十个，三三就是九十个，做好以后，就给泥巴人吹了口气，泥巴人就活了。后来男人总比女人多，女人又爱穿花衣裳了。

关于人类起源的神话，北川羌族中有多种讲述。如青片乡一带羌族传说，盘古王开天辟地后，地上没有人烟，是一根杉树变成姐姐，一根柏树变成弟弟，姐弟俩长大后结为夫妻，从此开始了人类的繁衍；小坝乡一带有的村寨羌民则说，太古时期，天上有九个太阳把大地烤焦了，只有姐弟俩躲在一株神树上才没被晒死，弟弟用神树的枝丫夺（川话：戳）下了八个太阳，随后姐弟通过滚石磨、熏烟烟、隔山种竹等难题考验，结成夫妻，生下肉坨坨，将其砍碎之后，从此有了人类。流传在尔

---

[①]　二则神话分别采录于1987年和1986年，原本均见本书编辑委员会编：《中国民间文学集成·北川县资料集》，1987年10月印（内部资料）。

玛村寨的这些口头作品中，也有伏羲、女娲造人的神话。据《北川羌族史略》介绍，都坝、太洪、贯岭羌族乡流传着《洪水朝天》，云：

> 远古时候有一只猴子，沿着马桑树爬到天上，到处翻腾，把天神装水的金盆打翻了，结果造成人间的洪水泛滥。唯有伏羲和女娲姐弟俩钻进一个大黄桶才得以生存下来。后来，姐弟俩经过滚石磨、烧烟烟、种竹子的考验后结为夫妻。成亲时怕羞，便用一块红布把头遮住。从此，伏羲姐弟俩繁衍了人类。[①]

千佛山位于茂县、北川、安县交界处，面积约220平方公里，海拔3000余米，上有相传始建于唐代的佛祖庙，山门所存清光绪年间的石刻对联云："圣名显应唐宋创修昭千古，佛国威严清造石宝垂万载。"2008年"5·12"汶川地震前，笔者曾去千佛山，当时山上有县里携手绵阳市共同打造的仿古街，景色、气候都很好，还建有表演藏羌歌舞的演艺大厅，可惜这些设施在地震发生时均被泥石流摧毁了。关于此山此庙，羌族民间有奇妙的神话传说（除了女娲神话，还有药王孙思邈在此山收羌女为徒的传说）；地处川西北岷江、涪江上游的尔玛人，身居自然灾害频发的环境中，对"大水"的体验和记忆深刻，每每投影在口头文学中，并且跟千佛山联系起来。若论女娲神话在羌族聚居区在地化的例子，《千佛山和佛祖庙》更见典型，其中女娲补天不但拯救了人世，也拯救了佛祖所在的西天。这个在地性神话讴歌了女娲补天治水的牺牲精神，还解释了当地千佛山庙会的来历。故事曰：

---

① 王清贵编著：《北川羌族史略》，北川县政协文史资料委员会1991年10月编印（内部资料），第174—175页。1987年5月采录于北川县墩上羌族乡、由76岁羌民苟玉书讲述的《兄妹射日制人烟》，也是兄妹经过难题考验后结婚繁衍人类，但导致世上人类灭绝的前提是十个太阳而不是大洪水。

　　很早以前，西天到处都烂的是洞，天上的水就顺到洞往地下流。女娲神搞慌了，就炼些五彩石来补。天那么高，女娲神又咋个补得到呢？女娲神就弄些石头和泥巴来垒一座山，爬到山上去用自己的身子和五彩石把洞挨到挨到一下补到了，水再也没往地上流了。

　　后来，唐僧去西天取经的时候，就给西天佛祖说，全靠女娲神垒山补天，才救了西天和地上的人。佛祖听了以后，就喊唐僧在女娲神垒的山上去修一座庙子，每年农历四月初二这天，西天佛祖就喊天底下的佛爷和菩萨都到庙子头去拜女娲神。人们就把这座山叫"千佛山"，把庙子叫"佛祖庙"。直到这阵，农历四月初二千佛山庙会这天，都还有好多好多的人上山去烧香。

　　女娲神话在多民族中国有较广传播。纵观中国西部民族迁徙走廊，女娲神话也是川西北羌族的口头遗产的组成部分之一，其中同样有尔玛人的族群意识和历史心性的投影。在前述新锐批评家高端论坛上，笔者以女娲神话在羌区流传为例论述相关问题时，"指出从中国多民族文学看文化认同，需要注意四个层面，首先是认同的发生，它常常在有选择性中进行。其次，正因为有选择，认同往往伴随着建构的发生。再次，无论选择还是建构，都是认同主体的传统积淀和现实诉求所造就的。最后，这种伴随着选择和建构的认同从某种角度看具有一定普遍性，这是我们从中国多民族文学研究文化认同时应多加关注的地方"①。着眼文化认同，笼统言之，女娲传说犹如大禹传说等之于尔玛人，可谓是华夏认同的体现之一；细致审视，当地民间对之的信仰和认同实为有选择性，而从当代羌区对之的文化表述中也不难看出某种建构性特征。归根结底，这种选择性和建构性受制于地域环境和族群诉求，其作为"地方性

---

① 何江花：《中国多民族文学的建构与当代文学史的重构——第五届中国新锐批评家高端论坛学术综述》，《海南师范大学学报》社会科学版，2016年第2期。

知识"，也是我们立足多民族中国语境研究女娲神话时不应忽视的个案之一。

## 第三节　女娲故事的当代讲述

2021年秋，羌族作家王明军从汶川送来他的《禹迹岷山》书稿请笔者作序，其中有他以章回体小说形式创作的《大禹治水故事》，从"开天辟地　女娲黄泥造人烟"开篇，到"禹治九州　万邦归顺建夏国"结尾，中间包括"临危受命　鲧大战怪兽妖孽""梦游月宫　禹知鲧事誓治水""紫坪导水　禹开山斧战夔牛""大禹提亲　木姐送礼到涂山""化猪拱山　东别沱江治西海"等章节，如此叙事融汇历史、地域、族群等诸多元素，颇有意味。又，在岷江上游地区，以保存碉楼群著称的茂县黑虎有赶"娘娘会"的民俗，日子在农历三月三。壬辰（龙）年三月三（公历2012年3月24日），川大文学人类学研究生蔡丽萍等前往黑虎乡小河坝村鹰嘴河组做田野调查，目睹了村民赶娘娘会的情况。赶会地点在川主庙，该庙"文革"时被捣毁，今仅存废墟，所祭神灵以石块砌台上挂着红布的简易木龛为标志，其中有娘娘神的牌位。赶娘娘会去川主庙并不奇怪，过去岷江支流杂谷脑河畔理县桃坪的川主庙，除了正殿主祀二郎神（李冰之子），侧殿供奉的是送子娘娘及观音[1]。黑虎三月三这天，赶会的主要是妇女，村民说娘娘会供奉的是三霄娘娘、眼光娘娘等。甲午年（2014）农历十月初一，笔者去茂县参加羌年庆典。前一天，随当地朋友去了高山上的黑虎羌寨，在川主庙遗址尚存的山坡上，遇见两位老年羌族妇女在给神灵上香烧纸钱，问哪个神龛是供娘娘的，答曰左边第二个。说到娘娘，她们提到了观音，未言及女娲。据

---

[1]　卢丁、工藤元男主编：《羌族社会历史文化研究——中国西部南北游牧文化走廊调查报告之一》，四川人民出版社，2000年，第260页。

蔡丽萍讲，该羌寨仅有杨太明老人说是女娲娘娘，进而询问之，他向来访者出示了自己抄写在笔记本上的两页文字。一页为《拜女娲神》（加括号注明"叫娘娘神"），曰："玉皇差你把房下，手拿法宝到朝堂，七十二变神通大，腾身又不怕刀枪，收了孽龙平风浪，永正西蜀有威名。"这跟前述理县羌族民间祭祀唱词《拜女娲》相同，其中"房"为"凡"之音讹，当是根据他人之口述记录的。另一页为《女娲神娘》，依然突出的是女娲"救世英雄"的神迹，此页文字如下：

> 女娲神娘娘，上古女神，他为了相救，创造为百性，拾大山，无稽的岩，炼成高十二丈，见方二十四丈的五彩石，分三万六千五百零一块，用五彩石补好天空屈（缺）口，又杀一只大龟，斩下头（大）龟的头脚，耸立四方把天空掌（撑）起来，用绿草烧灰，诸（堵）住滔天洪水，杀死各种怪兽。
>
> 女娲神平息了这场灾难，挽救了人类，女娲神娘是中国各民族的著名的美神，也是羌民族的最高崇拜的美神灵之一。

撇开手抄本中错别字不论，故事行文之书面化与口头性结合的痕迹明显，尤其是"中国各民族"这提法很有现代色彩。访谈对象杨太明老人当时68岁，他当过会计，初中文化，曾在北川打工，是尔玛协会黑虎乡的负责人。作为该协会在黑虎乡的负责人，杨大爷就其年龄段言乃属于寨子里为数不多的上学念书较多的文化人，他是一位自觉的羌族文化守护者和宣传者。杨大爷出示的笔记本成色尚新，可见他对此女娲神话的记录不是很久，其中还烙印着他从各方面汲取的文化信息。比较可知，杨大爷笔录的女娲神话，既谈到治理洪水，又述及以石补天，还有断鳌足立四极、以草木灰止洪水，其叙事基本上是古籍《淮南子·览冥训》所载内容的翻版（古籍说女娲"积芦灰以止淫水"，杨大爷的记录中"用绿草烧灰"之"绿"在四川方言中读"lu"，与"芦"同音），只

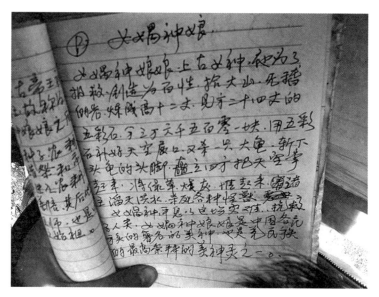

羌族老人记录的女娲神娘故事（茂县黑虎乡，2012年3月蔡丽萍拍摄）

不过带上了口语化痕迹。看来，对其笔下不乏当代色彩的女娲神话不必刻意追问其来源[1]，而根据民俗学"以表演为中心"的理论，从川西北羌寨中这位尔玛协会成员自觉笔录、叙说和展示女娲神话的行为本身，我们可以感受到当代尔玛人对中华传统文化体系的积极认同。

平武县少数民族文化特色有二：一是白马文化，属藏族，地处偏北的夺补河流域；一是尔玛文化，属羌族，地处偏南的清漪江流域。2012年，有平武羌族朋友送来由他作序、当地作者编撰的《平武羌族》，该书首章讲述羌族史从"传说时代的古羌人"说起，先讲西王母，再讲伏羲和女娲[2]。书中写道："相传，伏羲是西方华胥氏之子……后来，伏羲

---

[1] 2012年10月29日，笔者在四川大学研究生院给研究生上民俗学课时，蔡丽萍说她在笔者提醒下，再次见到杨大爷时曾追问其抄录的女娲故事来自何处，杨大爷仅仅说他是从很远的地方得来的，仍未告诉出处。

[2] 向远木：《平武羌族》第一章"羌族的族源及其早期历史"，中国文联出版社，2004年。作序者陈显辉，羌族。本段引文均见此章，不再一一注明页码。

与人首蛇身的妹妹女娲结婚，成了中华各民族的'人文初祖'。羌民族则认为，当洪水泛滥之后，天底下只剩下伏羲、女娲两兄妹了，于是只好兄妹结婚，生下了人类。因此，伏羲、女娲作为创世神、始祖神和生育大神，而一直受到羌族人民的崇拜。"接着又说："羌族人还特别崇拜女娲，称女娲是中华民族伟大的母亲。说她不但慈祥地创造了人类，而且又勇敢地照顾人们免受天灾。说她神通广大化生万物，每天能创造出七十样东西。《太平御览》说：女娲在造人之前，于正月初一创造出鸡……初七这一天，女娲用黄土和水创造了人类，为了让人类永远传下去，她又创造了嫁娶之礼，自己充当媒人，让人们懂得造人的方法，凭自己的办法、凭自己的力量传宗接代。"在此意念下，《平武羌族》称"西王母又名黑虎女神"，属于牦牛羌黑虎支系，"而华夏文化的根，是氐羌龙虎文化，它的源头就在岷山脉西边尽头，白龙江源的黑虎女神洞中"，她是"中华总先妣"。按照该书讲述，"一切有史可证的中华著名先妣，均出自牦牛羌黑虎支系的西王母部"，女娲氏亦属"西王母的女姓支系"之一，其后来又成为苗蛮集团的总先妣……该书著者生于1951年，是接受新中国教育长大的，工作在平武县，曾供职于文化、外事等部门。显而易见，以上内容很难直接归入羌地古已有之的口述传统。因为，诸如"中华各民族的'人文初祖'""中华民族伟大的母亲"之类说法明明白白地传递着近世以来"国族"认同下的观念，表达的是当下羌地言说者（尤其是知识阶层）对女娲神话的讲述，带有今天中国社会"语境化"的烙印。该书关于古羌历史的描述，著者明言"是根据一些文献资料和神话传说所描述的"。也就是说，《平武羌族》中对女娲神话的娓娓讲述，实际上混融着书面文本与口头传说的信息，多多少少体现出编撰者身为当代知识分子对这些信息的"组合"与"重构"。结合现实看，这种"组合"与"重构"也不好说是全然凭空产生的，其顺应着今天地方上努力彰显"我族"的族群诉求。纵观该书，以上结合西王母、女娲等关于尔玛人"我族"历史的讲述，与其说是理据严谨的学术考证，毋宁说是不无想象的"集体记忆"。这种"集体记忆"之于川西北羌族并非空穴来风，其植根于族群生活与族群心理，可谓是"立足现在而对过去的一种重构"①，有并非不明显的为当下社会服务的色彩。尽管《平武羌族》的编撰者本人并非羌族，但该书亦可谓是当地尔玛人心声的代言。羌族作序者即称这是"一部全面反映平武羌族的书"，是编撰者以"实事求是的态度"写就的。透过书中对女娲神话及羌族历史的叙述可见，当地人与其说是在陈述往古故事，不如说是在表达当代情怀；与其说是挖掘固有传统，不如说是在建构现实符号。这种立足现实的建构，也是服务当下的展演，呼应着目前川西北羌区强化族群认同、张扬地方文化的需要。

纵观神州大地，女娲神话流传久远、分布广泛。据《女娲溯源》介绍，目前所见"女娲神话的主要传承者，几乎可以毫无疑问地说，是中国广大领域上的汉民族"，在"所搜集到的247个明确有'女娲'出现的神话中，有235个是汉民族中传播的，占总数的95%以上。它们的分布地点遍及华北、中南、华东、西南、西北、东北等各个地区，除迄今尚未见到内蒙古、西藏、云南、海南等省、自治区以及北京、天津二市的相关记录外，女娲神话在汉民族中的传播几乎遍布于全国各省区。而在少数民族中，女娲极少出现，现在搜集到的明确与她相关的神话共有12则。其中苗族3则、藏族2则、瑶族1则、水族1则、毛南族1则、土家族2则、仡佬族1则、蒙古族1则"②。书中分别制作了"汉民族女娲神话数量分布表"和"少数民族女娲神话分布表"，后者关于四川地区仅仅列出川南苗族中流传的女娲神话3则，如"女娲阻止天狗吃月""伏羲女娲的子孙蝴蝶人因捣蛋，被天爷灭绝"等，未涉及羌族以及其他少

---

① ［法］莫里斯·哈布瓦赫著，毕然、郭金华译：《论集体记忆》，上海人民出版社，2002年，第59页。
② 杨利慧：《女娲溯源——女娲信仰起源地的再推测》，北京师范大学出版社，1999年，第18页。

数民族神话。该书针对相关文物古迹还制作了"女娲信仰分布表一"和"女娲人首蛇身像的分布——女娲信仰分布表二",前者以地区划分,在西南地区列出二例,即峨眉的女娲洞遗迹和忠县的补天石化作石宝寨传说;后者按朝代(自汉至明)及地区划分,列举了重庆沙坪坝石棺、郫县(今郫都区)犀浦东汉墓、彭县(今彭州市)画像砖墓、崇庆(今崇州市)画像砖墓、新津画像石、金堂姚渡画像砖墓、成都天回山崖墓石棺、简阳鬼头山东汉崖墓石棺、宜宾公子山崖墓石棺、泸州大驿坝石棺、渠县沈君阙等。总的说来,该书中不见有文字涉及尔玛人口头文学中女娲神话传说。然而,如本章所述,从过去到现在,古老的女娲神话在川西北羌族聚居区不但有传播,而且有在地化案例。尔玛人有关女娲神话的地方性讲述,同样是整个中华女娲神话体系中不可缺少的部分。况且,在多民族大杂居小聚居的地带上,出自北川汉民之口的故事也有"有一回伏羲和女娲喝醉了酒"(《耍龙灯的来历》)之类叙事,女娲神话在当地尔玛人口头文学中烙下印迹并不奇怪。

# 第十三章

# 女娲神话及族际传播

地处中国西部民族迁徙大走廊上的四川，除了汉族之外，有14个世居少数民族，这里有中国第二大涉藏区域、最大的彝族聚居区和唯一的羌族聚居区。说罢女娲神话在川西北羌族中的传播，再来看看巴蜀其他民族地区。川南一线有苗族聚居的县份，如古蔺、叙永、兴文、珙县、筠连、盐边乃至东面的重庆秀山等，1986年出版的《四川省苗族傈僳族傣族白族满族社会历史调查》汇集有相关资料。近年来该区域非物质文化遗产的抢救和保护得到上上下下关心，我们也屡屡前往该地带调研。下面，就先来看看川南地区苗族口头文学及相关习俗。

## 第一节　川南苗寨花山节见闻

2019年春节，我们去了兴文县，参加当地苗族的花山节（踩花山，苗语读音称"欧岛"）。正月初八（2月12日），来到距县城不远的古宋镇久庆村四组。寨子位于山坡上，入口搭建的红色牌坊上写着"九姓苗寨2019花山节"①，身着民族服饰的村民们端着米酒，迎接客人们到来。斜坡上一条弯道通向寨子里，路旁立有石碑写着"寻根路"，应是近年举行活动迎接海外同胞时留下的。活动从上午8点半开始，地点在村里的"九姓苗寨寻根园"，一个不大的广场，正前方有祭祖堂。广场两侧有若干石碑，碑上刻着"认亲场""思源""新春苗家乐"以及"世界苗族迁徙图"等，有2014年由县发展改革局、民族宗教局所立建筑碑，上面写着工程名称"海外苗族寻根地理标志（第一期）"，与之并立的石碑上有美国加州大学教授杨扣撰文，云："海外苗族寻根地理标志，是帮助我们海外苗族实现寻根梦的地方，尽管现在规模还很小，却具有非常重要的历史意义，它对整个中国来说是第一个，也是唯一的一个。"场地上，挂着葫芦和叶子烟的花树以及牛头、猪头猪尾、香烛纸钱等各种祭品已准备好。这次花山节活动有立花树、祭花树，有古歌吟唱、情歌对唱以及煮药豆、芦笙制作，有翻爬六张桌子的高台舞狮，有喷火、吞竹签、下火海等特技展示，中午是苗家风情的长桌宴，下午有文艺演出，还有篝火联欢活动，内容丰富。祭祖堂上，正中供奉的是"九黎首领·苗族始祖"蚩尤的坐像，其左侧站立的是蒙叶、蒙博、苗父（蒙古嘎）、告绿波，其右侧站立的是伏羲·勒珑朵、伏羲·吐女彩、叶叟、杨娄孟齐。其中，伏羲·勒珑朵之苗语注音为"NDRENX NZHUAK"，名字下方括号内注云"华夏始祖，苗族男祖先"；伏羲·吐女彩（TUD EYUL），名字下方括号内注云"华夏始祖，苗族女祖先"。二者造像均为上身披坎肩或树叶、下身着皮裙的原始打扮，伏羲·勒珑朵手捧太极

---

① 兴文县位于宜宾市东南，云贵川交界苗族聚居带中部，四川盆地与云贵高原的过渡地带，是四川省苗族人口最多的县，也是以苗族为主体的少数民族地区政策待遇县。兴文境内有苗族5万余人，设有麒麟、大坝、仙峰等4个苗族乡。九姓苗寨由土地岩、斑竹菁、落卜鼓等6个分寨组成，有苗族2500多人。据苗族古歌，花山节起源于苗族先民蒙博（妻）和蒙耶（夫）求子如愿的故事，遂形成了花山节。民国《古宋县志》记载："每年元旦日，男女必结伴登山，直上高峰，唱歌吹笙，四面眺望，谓之踩山，尽欢而散。"后发展为川南苗族最盛大的传统节日。2011年，兴文县申报的苗族花山节被列入四川省非物质文化遗产代表作名录。

供奉着蚩尤以及伏羲夫妇等的苗寨祭祖堂（兴文县久庆村，2019年春节拍摄）

八卦，伏羲·吐女彩手捧圆形石磨。尤其是这位长发披肩的女祖的造型，与笔者走访甘肃秦安女娲祠、河北涉县娲媓宫所见女娲塑像有着一致性。在此苗寨祭祖堂上，伏羲夫妇也是作为苗家人的先祖来供奉的。八卦代表着人文开创，石磨意味着滚磨成亲，"苗族祖先""华夏始祖"传递出今天当地苗族对中华民族共同体的认同意识。

"川苗属聚居于中国西部的四川、贵州、云南三者毗邻地区的一个民族群落。"[1]根据田野调查，四川苗族风俗有名为"烧灵"的丧葬仪式，其中有"解簸箕"，苗语读音为"阿汪"，此俗见于川南古蔺、叙永以及川西南盐边的苗族。据川南苗家传说，过去人死后用席子裹尸，下葬时用簸箕盖顶再覆土。数年后，祖先给后人托梦，述其9年不解席而过不了19座寒宫，8年不解席而过不了88座城，野牛吃了其头发，子孙也不管，还有何用？于是有后人带领苗家捉住野牛，打牛祭祖，翻坟解簸箕和席子，重新装殓尸骨。"祖灵不安，当翻骨则启棺而盖易之"，见于民国年

---

① 李绍明、周蜀蓉选编：《葛维汉民族学考古学论著》，巴蜀书社，2004年，第150页。

间所修《古宋县志初稿》的这番记载，实际上涉及苗家的"二次葬"习俗。为什么要"解簸箕"呢？这"簸箕"有何来由呢？根据盐边红宝乡苗族的创世神话，"当地的白苗（又称鸦雀苗）、青苗（又称花花苗）相传，远古洪水泛滥，几乎绝了人烟，世间剩下伏羲兄妹。为了人类繁衍，哥哥提议二人结婚，妹妹不同意，认为亲兄妹不能结为夫妻。哥哥不肯放弃主张，妹妹推托不过，只好提出条件。即兄妹各拿一扇簸箕，自相对的山头滚下，如果滚下合在一起，方可结为夫妻。因天意所定，两个簸箕准确地合在一起，最终二人结合传下后代"。由于神话如此，"以后苗族对死去的老人行烧灵的仪式中，留下解簸箕之说"。在苗家信仰中，"死去的祖先之所以背着簸箕，则取自与伏羲兄妹滚过簸箕才结婚的神话"[1]。这簸箕又称作筛子，由于"伏羲兄妹结婚前曾滚过簸箕。从此，传说人死后就背着一个'簸箕'——筛子。死者本人解不下来，只有后人才能解得下来"，而"烧灵的目的就是让守着尸体的灵魂离开筛子，让灵魂超生，不来干扰活着的人"[2]。毫无疑问，有如汉族地区伏羲女娲兄妹婚神话中的"滚石磨"，苗家人讲述的"滚簸箕"也是一个在地化的神话意象。关于该习俗的起源，此处明确连接到大洪水后伏羲兄妹婚繁衍人类的故事。在盐边红宝乡，伏羲兄妹制人烟神话在白苗和青苗中均有流传，但故事同中有异。1982年6月，四川大学历史系教师童恩正带领团队赴该乡调查民间，从青苗老人杨文富口中听见的故事则如此[3]：

　　古时候，洪水泛滥，洪水朝天，几乎绝了人烟，只剩下了伏羲

---

① 郎维伟：《四川苗族社会与文化》，四川民族出版社，1997年，第161—162页。关于"解簸箕"习俗的由来还有其他说法，此为较流行之说。

② 四川省编辑组编：《四川省苗族傈僳族傣族白族满族社会历史调查》，四川省社会科学院出版社，1986年，第193页。

③ 同上，第179—180页。简明起见，此处所引故事在文字上有所删减。民国时期，美国民族学者葛维汉走访川南苗族，也曾搜集数则洪水故事，其中一则讲姐弟在大洪水后经过滚石、穿针等考验后结成夫妻繁衍人类，弟弟叫"咪罗各"（mi log），姐姐叫"土里"（t'u nji）。

兄妹，他们跳进一个葫芦里，任其在洪水中漂流，许久之后，才上了岸，这时他们发现周围早已没了人烟。为了使人类繁衍下去，哥哥提议二人结婚，妹妹不同意……

然而，哥哥为了拯救人类，绝不肯放弃他们兄妹结婚的主张。妹妹无可奈何，便说："我们每人拿一扇磨盘，各自到一个山头上去，然后将磨盘从山上滚下来，如果这两扇磨盘准确地合在一起，那我们就结婚。"

上天有意，两扇磨盘准确地合在一起了。哥哥高兴万分，提议结婚，而妹妹却仍不愿意，她对哥哥说："你拿一根线，我拿一枚针，仍然各自站在一个山头上，你甩出手中的线，我扔出手中的针，若是细线穿进了小小的针眼儿，我才同意结婚。"

上天有意，同样这一次又应验了。根据先前的诺言，妹妹和哥哥结婚了。

经过洪水朝天以后的荒凉世界，终于有了人烟。伏羲兄妹的婚姻，给他们带来了三个儿子，大哥即为苗族，二哥为汉族，老三是彝族。

该神话传说中，又融入了多民族同根生的故事。前面说到苗族丧葬风俗，苗家给老人办葬仪尤其隆重，根据家庭经济能力办七、五、三天不等，要请做道场的东巴唱仪式歌。从民俗文学看，这丧葬仪式歌长达几十段，有相当丰富的内容，会唱到造人的伏羲兄妹、射日的英雄后羿以及火神、门神、床神、牛王神、扫把神、正梁菩萨、堂屋菩萨等诸多神灵，会唱到"人蛇相换""公鸡唤日""登天的梯""蟾蜍丈量天地""老虎丈量天地""雄鹰丈量天地"等种种神话意象，如："很久呀，很久以前，有九个太阳八个月亮，天都晒得发烫，地也晒得裂缝。有个了不起的英雄呀，名字叫师羿……神力无比的英雄呀，拉满了弓，搭上了箭，射灭了八个骄阳呀，打熄了七个傲月。"（歌词中"师"乃苗语译音，意同汉语"后"，师羿即后羿）前述杨姓老人所唱的近三十段苗族葬仪歌中，便屡屡唱到伏羲兄妹[①]：

很久呀，很久以前，
漫天的黄水哟，
淹死了所有的人，
聪明的伏羲兄妹呀，
结成了夫妻，
延续了人烟。

伏羲兄妹哟，
给大地带来了生机，
勃勃的生命呀，
又在四方生长。

伏羲兄妹呀，
繁衍了人烟，
治理了天地。

上面所引第三段歌词，是在整个丧葬仪式歌中反复吟唱的，也就是有意重复、强化的唱句。在丧葬仪式歌中反复吟唱繁衍人烟的伏羲兄妹，并一再告诫亡灵见了伏羲兄妹等神灵后要讲述人间的事情以及先祖的伟大业绩，"你要这样说呀，才能见到先走的公公、婆婆"，如此叙事程式饶有意味。由此想到汉代画像砖石，如墓葬石刻图像中多置人首蛇

---

① 四川省编辑组编：《四川省苗族傈僳族傣族白族满族社会历史调查》，四川省社会科学院出版社，1986年，第185—188页。

躯两尾相交的伏羲、女娲像，苗家葬俗中送别老人的丧葬词屡唱伏羲兄妹"繁衍人烟，治理天地"（以及诸如此类事例①），从深层次的生殖崇拜寓意看，是否有某种异曲同工之妙呢？这个问题，感兴趣者可以在神话比较视野中继续探讨。歌谣也罢，民俗也罢，反正洪水神话及伏羲兄妹婚后生养人类故事在四川苗族地区不但有传播，而且经过在地化编码形成种种文本，这是无疑的。那么，在四川苗族地区的伏羲兄妹婚神话中，妹妹究竟是不是女娲呢？对此问题，想必会有是与不是的多种解答，正如学界的争议。不过，来自田野调查的资料表明，在川南地区苗族神话中还真有"洪水潮天后，伏羲女娲造了人烟"之口碑，且看下文。

## 第二节　造人神话及蝴蝶意象

伏羲女娲是否是苗族崇拜的先祖，学界见仁见智，有各种说法。鸦雀苗洪水神话中有"Bu-i"与"Ku-eh"兄妹婚的故事，1940年马长寿在《民族学研究集刊》发表《苗瑶之起源神话》一文，从音韵学角度对此进行说文解字式考证，他指出："余按'Bu-i'确为中国典籍中之'包羲'，而'Ku-eh'则为女娲。"就前者言，中国古籍里包羲又作"庖牺""包羲""伏羲""宓戏"等形音，字音上"Bo"与"Bu"音同而"Po""Fo"亦皆通"Bu"，庖牺之"Po"可变为伏羲或宓牺之"Fo"，包羲之"Bo"亦可变为庖羲之"Po"，中国内地常有将上列三音颠错而

① 譬如，葫芦在民俗中是生殖崇拜象征且多与伏羲、女娲传说有关，云南楚雄大姚县华乡"自称'罗罗'的彝巫李家材，在为自己准备好的生基石墓上刻画手捧葫芦的人类始祖伏羲、女娲两兄妹的图像。彝巫如此看重葫芦，以至于生前就把葫芦刻在未来的坟墓上，这充分表达出彝巫对死后魂归'壶天'的强烈愿望"；又如，在有的彝族地区的丧礼中要供奉三层葫芦（三台葫芦），究其由来，据出自南华彝巫普兆元之口的洪水神话，远古时期天下发洪水，天神指点葫芦伏羲、女娲兄妹进入葫芦避水，葫芦分三层，伏羲、女娲在葫芦的上层，中层是牲畜，下层装着五谷粮食，待洪水退后，兄妹走出葫芦，世上才有了人畜粮种，从此形成供三层葫芦之俗（参见普珍：《中华创世葫芦》，云南人民出版社，1993年，第127—129页）。

用者，当为人类发音之生理构造使然。至于"羲"与"义"或"i"之关系，"吾国古籍常羲娥皇故事，按娥皇在《大戴礼》中一作'倪皇'，在《山海经》中一作'羲和'，盖中国古音'娥''倪''羲'同读'我'音。又今人神话中之'常娥'在《大荒西经》中作'常羲'，在古史中言帝喾四妃之女曰'常仪'，生帝挚。由斯帝可证'娥''羲''仪'，在古为同音，同读'我'。'我'音与'i'同。斯以知'Bu-i'即包羲、庖羲，亦即伏羲、宓戏也"。至于女娲，"故事中之'Ku-eh'疑即中国典籍中'女娲'。女娲亦作'女娇'。'Ku'与'娲'及'娇'皆同音。《山海经》云，女娲亦名女娃，亦称'精卫'。精卫与'Ku-eh'亦音近"。考究了伏羲、女娲与苗族洪水神话中兄妹的关系，马长寿又追问伏羲、女娲的"族籍"，他怀疑二者"非中原人"。据他考证，最初说伏羲者首见于《庄子》，而庄周是楚人，"疑伏羲盖楚之古帝王，故维楚人先言之"，又《楚辞·大招》以伏羲与楚国并举，"伏羲为楚曲之创造者，其为楚人又明甚矣"；女娲首见于《楚辞·天问》，"而《天问》之作者屈原，亦为楚人。则包羲与女娲之为楚籍，似无问题矣。处于苗蛮为邻，且楚疆之民，除少数汉族外，大部为苗蛮土著。包羲女娲吾意即楚中苗族创世之祖"。接着，他引述陆次云《峒溪纤志》记载苗人腊祭"设女娲伏羲位"、贝青乔《苗俗记》云苗妇有子结花楼祀圣母女娲，"则女娲伏羲为苗族创世之祖，又得一佐证矣"。不仅如此，马长寿进而推测："自中原与楚苗交通后，汉苗文化交流，于是楚苗之古帝王及主神，不特通行于苗族，汉族亦从而假借之。"他为此感叹，"时代匡远，于是中原人士不复知伏羲女娲为楚苗之始祖矣"。着眼族群互动与文化交流，他从考察伏羲女娲神话入手，得出的更大结论是："欲明晰中原与西南古代之交错之迹者，当自研究西南神话始。"①

---

① 马长寿：《苗瑶之起源神话》，收入马昌仪编：《中国神话学文论选萃》，中国广播电视出版社，1994年。关于伏羲女娲与苗族的关系，学界讨论甚多，此处不列举，读者自可搜索文章及著作。

女娲、伏羲究竟是不是"楚苗之始祖",此处不讨论,上述学者言论供读者参阅。有必要指出的是,在四川地区苗族神话传说中,女娲和伏羲作为洪水后造人的始祖是被明确提及的。流传在筠连苗族中的《蝴蝶人为什么会灭绝》开篇即讲"洪水潮天后,伏羲女娲造了人烟"并说蝴蝶人是女娲给儿孙们安上了翅膀,这是一个苗族化的女娲神话。该神话流传在宜宾市所辖的筠连县以及川、滇、黔边界,是20世纪80年代从苗族故事家熊凤祥口中采录的。熊凤祥,女,1887年出生于古蔺苗山青杠坪,其童年是在云贵川交界的苗家山寨度过的,人生经历多磨难,后来随女儿、女婿定居在筠连。她与民间故事结下不解之缘,除了奇特的人生经历,首先得益于她那从事端公、阴阳职业并善讲故事的父亲。20世纪80年代做民间文学三套集成时,有关部门从熊凤祥那里录下220多则故事,当时她年事已高,但从她口中娓娓道来的《盘古王造天地》《蝴蝶人为什么会灭绝》《盘老大偷天火》《盘老大斗克郎鬼》《陶老幺和端公女》《陶幺妹与石榴公子》《艾之神王的故事》《白兔精与龙朝云》《老虎姑娘》《麦子的来历》《李冰父子除孽龙》《屋脊上的姜子牙》《凤凰与啄木鸟》《猫儿为什么不愿做官》等给人印象深刻。《中国民间文学三套集成·四川宜宾地区卷·苗族民间故事分册》(1989年)篇末附录"故事家小传"中,以2000字左右篇幅对这位百岁苗族女故事家的生平叙述较详。2018年元月,筠连县颁发第四届"筠州文艺奖",其中获奖作品有《盘老大盗天火》,该书即是这位苗族女故事家的民间故事选集,书中苗族部分收有《伏羲和天狗》《杜宇王的传说》《药王菩萨的传说》等。下面,就来看看这则蝴蝶人的神话①:

　　洪水潮天后,伏羲、女娲造了人烟,人类又开始繁殖起来了。

---

① 四川大学中文系赴筠采风队、筠连县民间文学集成办公室联合编印:《筠连苗族民间故事专卷》(内部资料),1988年8月,第16页。采录这则神话时,熊凤祥已是98岁高龄。

一天，女娲娘娘下凡间去看儿孙，见一些雀儿在老林里飞来飞去，硬是好看。就想：我何不替我的一些儿孙装上翅膀，让他们也好随时来看我呢。女娲娘娘就做了些翅膀，用来安在一些儿孙的肩膀上。吹了一口仙气，翅膀就在这些儿孙肩膀上长稳了。

女娲娘娘走后，长翅膀的儿孙就得意起来。他们一天到晚到处乱飞，饿了就飞去摘树上的果子吃，渴了就飞下河去喝水。没翅膀的人见有翅膀的人贪玩好耍，死懒不做活路，心里很不安逸，就说："你们算啥子人，是蝴蝶。"长翅膀的人说："哼，不是人？我们有手有脚，会说会吃，咋不是人？说我们是蝴蝶就是蝴蝶，我们蝴蝶人比你们高明几倍哩！"没翅膀的人见说不赢他们也就算了。

有一天，蝴蝶人在凡间耍厌了，便邀约起去看伏羲皇帝和女娲娘娘。伏羲、女娲见儿孙们来了，自然很欢喜，忙办起酒席，请他们好好地吃了一顿。蝴蝶人吃了个酒醉饭饱之后就回去了。走到半路，他们看见有一株红熟了的桃子树，就不客气地吃起来，还一人摘了几个回到凡间。

蝴蝶是苗族独特的文化符号和审美意象。贵州黔东南流传的苗族古歌中，关于苗族祖先起源的传说故事不少，其中常见作品有《枫木歌》《蝴蝶歌》《妹榜妹留》和《十二个蛋》等。美丽的蝴蝶形象在苗族服饰、挑花、剪纸、蜡染、织锦、银饰、绘画等中有广泛体现。免去烦琐论述，不妨借用一段网络文字，"苗族人对蝴蝶花纹的喜爱，缘于古代的图腾崇拜。苗族的先民古代本来居住在江淮一带，那里江湖密布，河道纵横，而且枫木遍生，彩蝶飞舞。在这种环境下，出于那种原始的心理，先民们对繁盛的枫木和彩蝶产生了求同认亲和崇拜的意识。他们对枫木和蝴蝶进行了极具功利性的美化，并强调自身与它们有着血缘关系。苗族的先民认为，枫木变成了蝴蝶，蝴蝶又生出了人类的祖先姜央，然后才有苗族，所以，蝴蝶也是苗族先民心目中的母亲。据传说，

川南苗族蜡染中的蝴蝶意象（珙县，2022年6月拍摄）

蝴蝶妈妈生了12个颜色各异的蛋，并把它们交给宇（鹡）鸟来孵，一连过了12年"，其中一只里孵出的小生命发出呼喊，"那个发出呼喊的小生命，据说就是人类的始祖姜央。至今，苗族人民对蝴蝶仍有深深的崇敬之意，在苗族的服饰中，蝴蝶双飞的美丽花纹极为常见，而在苗族的蜡染等工艺品中，蝴蝶形象也是常见的素材"①。按照苗家神话的叙事逻辑，蝴蝶妈妈生育了姜央，后者是人类（苗家）的始祖，那么，"蝴蝶人"在某种程度上亦可谓是苗家的代称。筠连苗族神话中，"蝴蝶人"则是女娲娘娘的"儿孙"，是女娲娘娘给儿孙们"装上翅膀"的。换句话说，在这个洪水后再生人类的苗族神话中，"蝴蝶妈妈"被置换为女娲娘娘，或者说，女娲娘娘被置换为"蝴蝶妈妈"。如此叙事，这番转换，体现出多元文化融合的痕迹，应是大杂居（多民族）环境中小聚居（苗族）

① 网文《苗族的蝴蝶花纹》，https://baike.baidu.com/item/%E8%8B%97%E6%97%8F%E7%9A%84%E8%9D%B4%E8%9D%B6%E8%8A%B1%E7%BA%B9/14753048?fr=aladdin。

族群文化交流的产物。尽管该神话后面讲蝴蝶人在天上惹事而受到天皇老爷惩罚被割掉翅膀，但将蝴蝶意象与女娲神话拼接起来，也体现出口头文学、民间叙事的活泼的创造精神。

"属苗瑶语族的苗族也是四川的古老居民。"①在杨丽慧编制的《少数民族女娲神话分布表》中，四川一栏列出三则神话，均是苗族的。除了上述《蝴蝶人为什么会灭绝》，其余二则是："女娲阻止天狗吃月""伏羲与阿麦（注云女娲）兄妹婚"②。说到自然天象神话，常见的有《天狗吃月》。"日食"和"月食"本是非人力所为且无关人间祸福的自然现象，但自古以来，在天文学政治化传统影响下，人们视之为不吉之征兆，并生发出种种离奇的传说故事及民俗事象，如后者就被认为是天狗把月亮吃了，民间常见的是人们敲锣击鼓放鞭炮等撵走天狗，救出月亮，被除不祥。《周礼·秋官》有"救日之弓与救月之矢"，《尚书正义》有"救日以枉矢，救月以恒矢"的记载，说的是发生日、月食时以箭射之，为的是从怪物口中救出日、月。上海画报出版社1999年出版的《西方人笔下的中国风情画》，亦收有晚清西洋人绘制的《射天狗图》。华夏民间木板年画中常见的"张仙射天狗"题材，是本土天狗神话的延伸，又跟民间祈子佑子习俗挂起钩来。口头文学方面，1986年在筠连县搜集的《天狗吃月》③，据言出自苗族百岁老人熊凤祥之口。这位老人与前述苗族故事家同名，但收录此的《中国民间故事集成·四川卷》（1998年）注其性别为"男"，苗族，农民。同名同姓，同是苗族，又同在筠连县，但一男一女，这入书的记录有无差错？经向当年参与志书编纂的省民协友人询问，得知"是一个人"，当以集成之四川卷后所附"小传资料"

---

① 李绍明：《四川各民族历史与现状的民族学研究》，见巴蜀文化丛书编委会编：《巴蜀文化论集》，四川民族出版社，1999年，第129页。
② 杨丽慧：《女娲溯源——女娲信仰起源地的再推测》，北京师范大学出版社，1999年，第21页。
③ 中国民间文学集成四川卷编委会编：《中国民间故事集成·四川卷》第36—37页，中国ISBN中心，1998年版。

为准。2022年6月笔者去筠连，得知熊凤祥讲述的故事多由其外孙刘宇仁记录，后者根据前者所讲整理了民间故事集《盘老大偷天火》。此外，《中国民间故事集成·四川卷》将这位百岁苗族老人讲述的《天狗吃月》放在"汉族"部分，并云："讲述者为苗族，但他生活在民族杂居区，能讲不少汉族故事，且'天狗吃月'的习俗显系汉族的，故将这篇作品编排在此。"而在《四川神话选》（1992年）中，对此神话的民族归属则标示为"苗族"，并注明讲述者熊凤祥是"女"。综合诸家之说，此处将该故事归为苗族，视为女娲神话的苗家版本。筠连神话《天狗吃月》讲天老爷养了条顽皮的天狗，这畜生常常把月亮吞进吐出，图个好耍，却害苦了人间百姓，因为黑夜不见了光亮，人们都害了眼病。这时，救难女神出现了，女娲娘娘托梦给人们，要大家协助她去打天狗。故事云：

> 女娲娘娘来到天上，见天狗正在吃月亮，她冲上去骑在狗身上，卡住狗颈子，命令它吐出月亮。正在这时，下界的老百姓见月亮没了，就拿起铜锣、盆子、锅盖，纷纷跑出屋子，边敲边喊："天狗吃月了，快打快打呀！""打死它，打死它，我们要月亮！"天狗又痛又惊，一下吐出了月亮。女娲娘娘道："畜生，你还敢不敢吃月亮？"天狗吓得打抖说："娘娘，我不敢了。"女娲娘娘又问："再吃，咋个办？"天狗道："娘娘饶命，我再也不敢了，如果再吃你把我卡死嘛。"女娲娘娘饶了天狗。①

"伏羲和阿麦"的故事流传在滇、川交界的金沙江畔，是当年民族学家杨成志（1902—1991）搜集的一则青苗兄妹婚神话，记录文中讲"妹叫阿麦［ai.ma］即现在的女娲娘娘"②。杨丽慧引此后写道，"可能是

---

① 侯光、何祥录选编：《四川神话选》，四川民族出版社，2009年，第53—54页。
② 杨成志：《杨成志民俗学译述与研究》，高等教育出版社，1989年，第194页。

记录者附会上去的，这里也权且作为一个有效例证"。意思是说，四川、云南交界处青苗中流传的这个神话是否真的跟女娲有关，是个存疑的问题。

## 第三节　来自其他民族的信息

2014年9月，继去山西洪洞赵城镇侯村考察女娲陵墓之后，笔者去了甘肃秦安有"女娲故里"之称的陇城镇。相传女娲生于成纪，据辞书介绍，古成纪即今天秦安县陇城镇一带。陇城镇位于该县东部，清水河中游，大陇山西侧，距离县城45公里，相传当地立祠祭祀女娲的历史可溯及秦汉时期。明嘉靖胡缵宗修《秦安志》记载，女娲祠"建于汉以前"；院内碑刻有近年《女娲祠门重建碑记》，云"女娲祠自汉以来"。历史上，陇城这座祭祀女娲的庙宇数经毁坏和重建。十年"文革"时期，在"破四旧"浪潮中，该庙再度被拆毁。1989年和2000年，当地民众先后于原址重建庙宇，规模可观。2005年，陇城女娲祠被公布为县级文物保护单位。2011年，继涉县之后，该地女娲祭典亦被列入国家级非物质文化遗产代表作名录。陇城是古略阳郡治所在，迄今尚存略阳村的地名，古略阳剧场就在女娲祠对面。秦安今为天水市所辖，2006年4月12日，"天水市公祭人文始祖女娲大典"在秦安县隆重举行，公祭典礼地点就在陇城镇略阳剧场、女娲祠以及女娲洞。这是该市首次公祭女娲，有各界代表及群众千余人参加。陇城镇"娲皇故里"距离大地湾遗址不远，在女娲祠内一放置以大地湾、陇城镇风谷（相传女娲出生之地）为主的地形沙盘的房间内，我们看见前方墙上有印着西藏布达拉宫的大幅壁挂，这是西藏民众来此参加女娲祭典时敬献的。壁挂左右有红幅写着"天水公祭人文始祖女娲大典"，署名为"西藏车某某、李某某、丁某某、张某某、乔某某、孙某某、刘某某等敬献"，共有近20人。看来，这大概是在西藏地区工作的甘肃人回家乡祭拜女娲时敬献的。尽管如此，由此壁挂还是不免想到女娲神话传说在藏族聚居区的传播。

研究女娲神话，除了古籍记载和实物图像，又须关注民族志资料。1979年云南大学中文系编《云南民族文学资料集》第13集，收入《女娲娘娘补天》，该神话是在迪庆藏族自治州搜集的。谷德明编《中国少数民族神话选》在藏族部分收入之，袁珂编《中国神话大词典》亦然。钟敬文以此为例，撰文论述了民族志（Ethnography）资料在神话研究中的重要作用。他欣喜地称这采自民间口头的资料"没有被历史化、被哲学化，没有被弄成油头粉面的模样"，称赞"它依然保存着原始思维、想象和艺术的刚健、朴素的风貌"而给我们的研究射进了亮光，认为"兄弟民族这方面的民族志资料，不仅能提供一般性质的比较资料，往往还能提供一种跟我们文献上某些古典神话有'血缘相关'的更为宝贵的资料"①，值得珍视。这个女娲神话于1962年采录于藏族老人口头，其跟汉文古籍记载并为世人熟知的女娲神话相比，不乏有特色的"异文"，如钟文引述女娲补天补地："……女娲用五彩石炼了补天。因为是五彩石补的天，又光滑，又好看，有五种颜色。女娲将天补好以后，就把剩下的五彩石用来填地。填地是由北边向南边开始的。填到南边后，因为五彩石没有了，南边就没有填。因此形成了现在北边高、南边低，水也不断向南流。"谈到在西南少数民族地区搜集的这则口传故事，《中国女神》作者亦指出，"是女娲神话的迪庆州'地方化'。这里是横断山脉地区，大山脉'北—南'走向，大江由北向南流，所以与古籍所记中原、江南现代采录的本子中'天倾西北水流东'都不同，而是'北边高、南边低，水也不断向南流'了"②。也就是说，该神话有其地域性特色，是不可多得的个案。不可否认，女娲神话在中华大地长期流传而形成种种"在地性"异文，以各有特色的"地方性知识"不断丰富着中国神话

---

① 钟敬文：《论民族志在古典神话研究上的作用——以〈女娲娘娘补天〉新资料为例证》，见田兵、陈立浩编：《中国少数民族神话论文集》，广西民族出版社，1984年。
② 过伟：《中国女神》，广西教育出版社，2000年，第50页。

体系，从而弥补了书面材料有限的缺憾。此外，从当地人借助女娲神话补天意象的传统符码来对家乡的人、事、物进行"在地性"阐释的行为中，我们又得以窥见来自远古的女娲神话对口头的活态的民间文学那经久不衰的原型渗透力。

关于从藏族老人口中采录的这则神话，杨丽慧有过辨析："至今我们所看到的那则从云南迪庆藏族自治州汤美村采录的《女娲娘娘补天》，学者大多疑心它是从汉族中传入的。有学者认为：它可能是随唐代文成公主率领的文化队伍，传播到藏族地区去的，而不是藏族原有的神话。这不是没有可能的。不过，据后来去考察这一神话传承情形的同志报告说：汤美村是一个往来集散的地方，藏族、汉族及其他民族杂居在一起，原来的讲述者已去世，周围其他的藏族老人大都不知道这个神话故事。这样看来，这个神话或者就是现代才从汉民族中传入个别藏族人中的，或者是个别藏民从书面上看来、再加以创编，也未可知。"①真相究竟如何，无从得知，但不管怎么说，该神话出现在迪庆是汉藏间文化传播的结果。又，王宪昭在梳理中国少数民族神话里的女神造人母题时写道："女神造人在多数民族神话中都有涉及，此类母题的特点是把女神作为创造人类的唯一主体，并且造人过程是女神靠自己力量以及必要的材料独自完成。……藏族的《女娲娘娘》中说，远古时，女娲捏的泥巴变成人。"又云："藏族的《女娲娘娘补天》中说，女娲捏泥巴娃娃，泥巴娃娃后来变成人。藏族还有则异文也说，远古时，女娲捏的泥巴变成人，女娲让他们匹配成对，繁衍后代。"②并且注明所引神话的出处是马祥龙搜集整理的《女娲娘娘》（载《民间文学》1985年第4期）。关于女娲神话在涉藏地区以及在地化，杨丽慧《女娲的神话与信仰》亦有介绍：

---

①　杨丽慧：《女娲溯源——女娲信仰起源地的再推测》，北京师范大学出版社，1999年，第115页。

②　王宪昭：《中国少数民族人类起源神话研究》，中国社会科学出版社，2012年，第58、85—86页。

"例如女娲的神话，流传到了青海河湟地区的藏民那里，就不仅在细节上、风格上带上了当地特有的高原特色，而且在内容上也完全与藏族人民原有的'猕猴创世'神话相融合（贾生财搜集、整理，赵宗福提供）。可见女娲神话的传承不是机械的，它在这里，已经被藏族人民根据自己原有的文化传统加以变异了，即被'民族化'了。"总之，"在女娲神话的变异过程中，是存在着'民族化'现象的"①。

四川与滇、甘、青相邻。民族学家李绍明在谈到川西北藏族与中原的联系时指出，四川藏族聚居区与西藏、青海、甘肃、云南等地的藏族聚居区一样，都是祖国领土不可分割的部分。元代中央政府开始对西藏行使行政管辖权。川、甘、青、滇四省藏族聚居区形成是在秦汉时期②。在多民族四川，汉族是古华夏族与巴蜀先民交融的后裔，康巴、安多、嘉绒藏族跟青藏高原的古羌与吐蕃东迁后长期融合有关，羌族是从河湟南下之古羌的后裔，"凉山地区的彝族、纳西族、傈僳族等，也是沿横断山南下的氐羌族团和江汉地区西迁的越濮族团的融合体"，还有"川东南苗族、土家族也是越濮部族西迁的后裔，与当地若干土著居民融合而成"③。长时期多民族共居、交汇、互嵌、融合，为女娲神话的族际传播提供了土壤。据《嘉绒藏族信仰文化》一书介绍，小金河畔岳扎坝的本教寺院墨尔多寺，正殿为一底三层建筑，底层大殿正中供主神墨尔多，第三层供奉莲花生、玉皇大帝、女娲圣母等像；大金川河右岸丹巴县巴旺乡的格鲁派寺院松安寺，大殿供奉释迦牟尼、宗喀巴、千手观音等，寺内长达百米的壁画上绘有"四大金刚、轮回图、唐东杰波、米拉日巴、墨尔多山神、女娲等"④，凡此种种，体现出族群互动中多种信仰

---

① 杨丽慧：《女娲的神话与信仰》，中国社会科学出版社，1987年，第118页。
② 李绍明：《李绍明民族学文选》，成都出版社，1995年，第598页。
③ 中国民间文学集成四川卷编委会编：《中国民间故事集成·四川卷》前言，中国ISBN中心，1998年。
④ 魏强：《嘉绒藏族信仰文化》，中央民族大学出版社，2014年，第107、109页。

的融汇。藏族文化若按区域划分，有卫藏、康巴、安多、嘉绒之说。其中，嘉绒藏族尤为四川所特有。嘉绒藏族分布在阿坝州金川、小金、马尔康、理县、黑水、红原及汶川部分地区，甘孜州丹巴、康定部分地区和雅安市、凉山州部分地区，讲嘉绒语，并以农业生产为主。据汉文史料记载，古代生息、活动于今阿坝藏族羌族自治州境东南部河谷一带，有称为"嘉良夷（嘉梁）""白狗羌""哥邻人""戈基人"等族群，散居山川，与"羌、氐、夷"多有关联，实为该地区的土著先民。嘉绒人有自己的语言，其文化亦自有特色，本教信仰在嘉绒地区尤其源远流长。以墨尔多神山为中心的神山信仰及转山仪式，是嘉绒地区有别于他方的民俗传统。较之卫藏，嘉绒更靠近内地汉区且跟汉文化多有交往（如金川一带便是藏、回、汉多民族杂居地），生产生活习俗也在族群互动和文化交流中呈现丰富色彩。因此，女娲神话及信仰对嘉绒地区有影响乃是自然，尽管不普遍。

重庆沙坪坝出土的汉代石棺（三峡博物馆，2021年6月拍摄）

让我们把目光从川西移回川东。川、鄂、湘、黔交界地带是土家族、苗族等杂居区。女娲娘娘在土家族口头文学中有见，如卵玉是土家族尊奉的女始祖，神话中她用箭把天地射开后见世上无人，甚感孤寂和伤心，是女娲娘娘指点她捡食河中顺水漂下的桃子及桃花，怀孕三年多，生下八儿一女，从此有了人类。按照土家族风俗，女子出嫁前夜要以蛋滚脸面，生子满40天要剃其头发如桃形，盖与此神话传说相关①。又据调查，当地苗族巫师按照苗语称呼有两种，一是"巴代雄"，一是"巴代札"。前者做法事时请神念经咒全用苗语，主持的仪式有椎牛、吃猪、祭雷、接龙、招魂、吃血、丧葬等，主要法器有冠袍、教袍、竹析（乐器）、阴阳竹篙、五色布巾、大中小锣、大中小鼓、大小钹、包包锣等，其活动"纯属苗族原生形态的宗教文化"；后者做法事时请神撵经咒全用汉语，主持的仪式有还傩愿、架天桥、踏香、谢土、祭四官神、财神、灶神等，主要法器有冠帽、教袍、牛角号、伏羲女娲神偶、面具、竹笤、小鼓、小锣、中小钹、师刀、绺巾等，其宗教祭祀活动为"巴代雄"宗教活动的补充，基本上仍属苗族原生形态宗教文化。但因受佛道教某些影响，作法时基本上使用汉语，故称"巴代札"，意为客巫师②。借用当地土家族的说法，与"客老师"相对的前者可谓是"土老师"（有无经书、是否说土话乃判别二者的依据之一，土老师作法时"打土话"），但无论土、客，都涉及的是苗族民间巫傩文化。这里，明确描述"仍属苗族原生形态宗教文化"的"巴代札"在法事活动中要请出"伏羲女娲神偶"。也就是说，伏羲女娲信仰见于苗家巫俗，二者是其所请之神灵。这个例子，不免使人想到当年芮逸夫关于湘西苗族民间神灵信仰的考察，想到苗民石启贵、吴良佐抄录的《傩神起源歌》和《傩公傩母歌》，想到《峒溪纤志》中"苗人腊祭曰'报草'，祭用巫，设女娲伏

---

① 杨昌鑫：《土家族风俗志》，中央民族学院出版社，1989年，第10—11页。
② 李绍明主编：《川东酉水土家》，成都出版社，1993年，第233—234页。

羲位"①以及《苗俗记》中"妇有子……延师巫，结合花楼，祀圣母。圣母者，女娲氏也"等记载，其中若干问题看来有必要再作研究。此外，黔江土家族口头文学中有罗神爷爷和罗神娘娘在洪水中借葫芦逃生后繁衍人类，生下客家、土家和苗族（《猴子为么子上不了天》），这个涉及兄弟祖先母题的故事与伏羲、女娲神话及傩神崇拜有无瓜葛，亦可探考。总之，女娲信仰既出现在口头文学也体现在行为实践，从后者看民间仪式活动，女娲神话及信仰在此苗族、土家族杂居地带存在是客观事实。又，女娲神话在凉山彝族地区也有传播。1986年在攀枝花仁和区大龙潭乡77岁不识字的彝族汤姓农民口中采录的《结婚的规矩》②，先讲述"众仙家"之一女娲劝告厌烦人类的老天爷不要以降灾难诛灭的手段减少地上的人，后讲述大洪水后伏羲兄妹因躲入葫芦得以活命，"仙家女娲"让二人结婚繁衍人烟重建世界，并说："如今这世上的人只有你们俩了，你们不结婚，人烟就要灭绝，你们也会饿死在这淤泥中的。"在此版本中，再生人类的主角发生了置换，女娲并非伏羲之妹而是指点伏羲兄妹结合繁衍人烟的神仙，俨然牵线的媒人。

　　从古到今，人口移动对女娲神话传播有助推作用。《女娲溯源》写道："笔者在新疆阜康县采录的一则女娲补天神话、一则兄妹洪水神话（兄妹名亚当、夏娲），讲述人分别是五六十年代从四川、河南来新疆'支边'的，这些神话是他们小时候在家乡听说的——这里，我们再一次看到人口迁徙对女娲神话与信仰由较中心地带向边远地区传播的巨大作用。"③此

---

① 芮逸夫引此认为"报草"恐系"报赛"之误，见其文《苗族的洪水故事与伏羲女娲的传说》，1938年载《人类学集刊》，收入马昌仪编：《中国神话学论文选萃》，中国广播电视出版社，1994年。

② 四川省攀枝花市民间文学集成办公室编：《中国民间文学集成·攀枝花市故事集》，四川民族出版社，1990年，第277页。

③ 杨丽慧：《女娲溯源——女娲信仰起源地的再推测》，北京师范大学出版社，1999年，第116页。这个故事在同一著者的《女娲的神话与信仰》中谈到基督教对女娲神话的影响时亦例举，指出"神话的讲述者是河南人，这则神话就是他在家乡时听来的"（《女娲的神话与信仰》，中国社会科学出版社，1997年，第114页）。

处，"夏娲"之名的书写很有意思，似在提醒读者这是来自两种文化背景的故事的拼合。编入《四川神话选》的神话《人类起源》，1988年5月搜集于犍为县罗城镇，讲述者是一位回族工人，姓苏，74岁，初中文化。故事曰："在很久很久以前，地上没得人类。天上的天仙用各种地方不同颜色的泥巴，堆了一个人，这个人名叫阿诞。就在这个时候，从开天圣人的肋腔里出来一个女人，名字叫哈娃。天仙对阿诞、哈娃说：'天堂里各种仙果都能吃，就是不能吃"麦果"。'他两个呢，反起干，偏偏把麦果偷来吃了。"①由于偷吃了禁果，阿诞的喉包隆起显露出男性特征②，哈娃有了月经显露出女性特征，二人被天神逐出天宫，来到凡间。"阿诞向哈娃提出：'地上无人烟，我俩结婚，繁衍人烟吧！'哈娃不肯。最后哈娃在阿诞再三要求下，才同意各人抱块圆石头到东山和南山顶上滚下，要是合在一起就结婚。结果，两块圆石头，从东山、南山滚下，正好合在一起，哈娃和阿诞就结婚了，人类从此开始繁衍下来。由于阿诞是各色泥巴堆成的，所以各色皮肤的人都有了。"一个有趣的地方神话，融合着泥土造人、偷吃禁果、女人从肋骨而来、人祖滚石成亲等母题性情节，使我们想起西方《圣经》里的亚当、夏娃，也使我们想到中国神话里的伏羲、女娲，更使我们体会到不同文化在跨地域和跨族群传播中的巨大辐射力，同时也使我们品味到口头文学在复合型故事编码中所彰显出的自由创造力。"夏"（夏娃）＋"娲"（女娲），可谓奇妙的组合。

① 侯光、何祥录编选：《四川神话选》，四川民族出版社，1992年，第177页。这个神话在《中国民间故事集成·四川卷》亦见，题为《阿诞和哈娃》，其中用泥巴造阿诞的天仙写作"真主"，被逐出的天宫写作"月宫"。
② 有趣的是，在川南苗族中搜集的神话《亚当吃仙桃》中，亚当和夏娃的名字依然，但圣经中蛇引诱夏娃吃智慧树上果子的故事被转换成了亚当不听夏娃劝诫在猴子引诱下吃了仙桃而长出了喉结，故事完全在地化了。该故事由70岁的熊姓苗族老人讲述，收入四川大学中文系赴筠采风队、筠连县民间文学集成办公室联合编印《筠连苗族民间故事专卷》（内部资料），1988年8月印。

# 第十四章

# "人日"传说与熏天风俗

"人日"在正月初七,《荆楚岁时记》:"正月七日为人日。"清同治《重修成都县志》载:"(正月)七日,谓之'人日'。是日晴,主人民安乐。"① 杜甫有诗咏"人日",成都杜甫草堂有清代四川学政何绍基所撰对联:"锦水春风公占却,草堂人日我归来。"如今列入四川省非物质文化遗产名录的有"人日游草堂"习俗,该俗缘起于高适与杜甫人日诗歌唱和之事②。此俗盛况,如民国《华阳县志》岁时民俗篇所言:"(正月)七日,通称'人日'。都人士女多于是日游工部草堂,车马如织。"③ 当然,此乃成都市民的老传统。就巴蜀地区而言,"人日"活动也多种多样,

---

① 丁世良、赵放主编:《中国地方志民俗资料汇编·西南卷》,书目文献出版社,1991年,第1页。
② "'人日'是我国传统的民俗活动之一,于每年正月初七举行。其历史悠久,自汉代以来,全国各地都有在这一天举行各种庆祝活动的习俗。唐代,此俗非常盛行。……当年杜甫寓居草堂时,曾与高适在'人日'这天以诗唱和,传为诗坛佳话,其影响深远,并成为清咸丰以来成都'人日'游草堂风俗兴起的起源。'草堂人日'最初主要是由成都文人雅士倡导发起,成都民众附和响应、广泛参与的一项民俗文化活动。每年'人日'这天成都民众扶老携幼游览草堂,凭吊诗圣,吟唱杜诗,赏梅祈福。"(第三批四川省非物质文化遗产名录申报书《草堂人日活动》,成都杜甫草堂博物馆制作,2010年7月)
③ 丁世良、赵放主编:《中国地方志民俗资料汇编·西南卷》,书目文献出版社,1991年,第14页。

而说起"人日"风俗的起源，最终还是会想到古老的女娲神话。

## 第一节　多民族视野中的"人日"

"人日"在巴蜀地区，从口头传说到行为实践均有生动体现，而且体现出多民族共享特征。究其由来，民间信仰心理使然，"因为自古（正月）初七是人的生日，所以说女娲第七天造人"①。在四川巴中一带，见于乡下农民口头的神话是这样讲述的：

> 相传女娲娘娘造万物，先造六畜后造人。
>
> 开始，天是一团混沌，地是一堆泥巴。女娲娘娘掺水盘泥巴玩，边玩边说："天泡地泡，哪个要不要？"第一天，女娲娘娘把泥巴摔来摔去，摔出一只鸡，说："一只船，两头翘，只屙屎，不屙尿。"鸡一叫，天门开了，日月星辰齐出来。第二天，女娲娘娘把泥巴摔来摔去，摔出一只狗，并说："瓜子脸，尖下巴，走路印梅花。"狗一跑，地门开了，有了东南西北。第三天，女娲娘娘又拿泥巴摔出一只猪，并说："走路扭呀扭，嘴巴吹笛笃。猪为家中宝，无豕不成家。"……这样，六畜都造齐了。
>
> 为了管理六畜，女娲第七天又造人。叫人作主，叫鸡司晨、狗守门、牛耕田、羊上山、猪进圈。因为人是第七天造成的，所以农历每年正月初七叫做人日。②

"人是万物之灵长"，以上神话似乎也向我们提示着这点。有关"人日"的神话传说自古见于文献记载，如《中国神话大词典》"人日"条

---

① ［俄］李福清：《古典小说与传说》，中华书局，2003年，第179页。
② 侯光、何祥录编选：《四川神话选》，四川民族出版社，1992年，第67—68页。

云:"节日名。……《北史·魏收传》引董勋答问礼俗曰:'正月一日为鸡,二日为狗,三日为羊,四日为猪,五日为牛,六日为马,七日为人。'此'人日'一名之所由来。《太平御览》卷三〇引《谈薮》注云:'一说,天地初开,以一日作鸡,七日作人。'则关系原始开辟之神话,类《旧约·创世纪》所说矣。此'作鸡''作人'之神,盖女娲也。"①所谓"作",指制作、创作、创造,神话叙事中"人日"乃是大神女娲造人的日子。在此创世型神话中,正月上旬的七天里,"化育万物"(《说文》)的女娲在创造了鸡、狗、羊、猪、牛、马后,特意创造了人,意在让人来管理世间诸物,以之为"六畜之主,谓之主人",因此"人特聪颖灵巧,号为万物之灵"②。巴楚山水相依,"荆巴关系十分密切"而"楚蜀神话也证明他们有紧密的文化联系"③。巴蜀风俗与荆楚相近,这天又有唱竹枝风俗,据《月令粹编》卷四引《玉烛宝典》:"蜀中乡市,士女以人日击小鼓,唱《竹枝歌》,作鸡子卜。"占卜什么呢?卜岁时丰歉、人事苦乐。清咸丰《云阳县志》记载岁时民俗,"'人日',以是日之阴晴卜人事之苦乐"④。蜀地亦有"人日"这天"诗书子弟多于郊外闲眺"之俗⑤,见道光《金堂县志》,这跟成都市民出西郊游草堂形成呼应。在绵竹,据民国县志记载,"人日,鱼龙、狮子,百戏俱出"⑥,喜庆热闹非常。在眉山,"'人日'前后宴客,名'节酒'",此俗亦见于江津、梁平等地⑦。在川北广元,"'人日',俗称'人过年',又要大吃大喝一番"⑧,也就是亲朋友邻聚会庆祝。在三峡地区,云阳、奉节等地民

---

① 袁珂编:《中国神话大词典》,四川辞书出版社,1998年,第9页。
② 同上,第643页。
③ 萧兵:《楚辞文化》,中国社会科学出版社,1990年,第218—219页。
④ 丁世良、赵放主编:《中国地方志民俗资料汇编·西南卷》,书目文献出版社,1991年,第280页。
⑤ 同上,第17页。该条又言:"是日宜晴,人则不病。"
⑥ 同上,第124页。
⑦ 同上,第182、224、296页。
⑧ 何学元:《品味广元的"年文化"》,《广元日报》,2010年2月2日。

间有"人日踏碛"的游乐活动,清光绪《奉节县志》载"'人日',夔人重诸葛公,旧于是日结伴出游八阵图,谓之'踏碛'"①,宋汪元亮诗《忠武侯庙》"夔门春水拍天流,人日倾城踏碛游"即写此热闹景象,"据说'人日踏碛'可为全年招祥纳瑞,消灾祛难"②。在岷江上游地区,茂县牛尾羌寨有正月初七过"哟咪节"的习俗,笔者多次去该寨子参加村民们举行的仪式性活动。"牛尾寨76岁尤姓老人告诉我们,当地羌语'哟咪'就是跳甲(铠甲舞),正月初七是人过年的日子,跳甲祭神、祈福求吉是牛尾寨的老传统"③,村民跳甲时所唱民歌亦云:"正月初七是什么节?正月初七是人节,铠甲歌舞一个也不可缺。"④牛尾羌寨跳铠甲的规模有大、中、小之分,按当地传统,"大型铠甲舞只能在农历正月初七举行"⑤。届时,寨子里年满13岁的男儿都要参加,手举刀枪列队前往神树林,唱起多声部民歌,跳起雄壮的铠甲舞,那场面令人难忘。同类习俗,在相邻的松潘镇坪的羌族中也存在。

---

① 丁世良、赵放主编:《中国地方志民俗资料汇编·西南卷》,书目文献出版社,1991年,第279页。

② 苏更生:《夔州踏碛节》,《重庆晚报》,2018年3月5日。据该文描述,"夔州人日踏碛,在正月初七日(人日),千家万户倾巢而出,男女老少穿红着绿,成群结队倾城出游,登上八阵图碛坝,鸣鼓奏乐,凭吊观光,高唱竹枝歌,载歌载舞尽情欢乐",但三峡库区蓄水后,碛坝被淹没,此俗不再。如今,为了发展旅游,当地政府又在恢复之。前述清光绪《奉节县志》记载夔人这天去八阵图"踏碛"后紧接着说"妇人拾小石之可穿者系于钗头,以为一岁之瑞",联系到女娲于初七造人的神话,此俗是否又有祈子的意味在其中呢?

③ 李祥林:《羌寨正月里的节日》,《文史知识》,2017年第2期。尽管尚未见到牛尾羌寨此习俗与大神女娲有关的明确说法,但如本书前章所述,女娲神话在川西北羌族聚居区是有流传的。

④ 尤德林:《牛尾羌》,白山出版社,2015年,第79页。尤德林是牛尾村人,羌族,羌语名字叫日玛祖特,生于1953年,是茂县太平乡的退休教师。该书由热衷于搜集整理牛尾村羌族传统文化的他所著,2017年4月笔者去茂县时得其赠书,他在该书后记中写道:这本书的"所有内容都是由羌语翻译过来,也许不能恰当地表达内心的感受。我也无法站在学者的高度来考察民族历史的变迁,但我只想记录,想完成承载了我父辈们的一份心愿,同时也完成我作为一个地地道道的牛尾羌人的使命"。

⑤ 茂县民间文化集成收集整理出版编辑部编:《茂县民间文化集成·较场片区卷》,中央民族大学出版社,2015年,第427页。

"七者，天地四时，人之始也。"（《汉书·律历志》）正月初七的确是个神奇的日子。在攀西地区盐边县永兴镇新民村，当地仡佬族有正月初七"送年节"的习俗。届时，族里的"庇牟"（汉语称东巴或和尚）指派年轻人上山采集七种野花枝，打上掌盘，背上背篓，在村里挨家挨户收集族人捐出的钱物及供品。然后，"庇牟"带领全体族人将事先酿造的"咂杆酒"、肉和祭品送到村后"神树"下。祭祀神坛用七色花枝搭建起来，树上挂着羊头和红绸带，支起数口大铁锅煮起"百家肉"。仡佬人组成载歌载舞的"送年节"队伍，在七色花搭成的神坛下祭祀太阳、月亮菩萨，祭祀神树，祭祀祖先，辞旧迎新，祈求神灵保佑族人安康，保佑来年风调雨顺、六畜兴旺、五谷丰登。永兴镇是茶马道上的驿站之一，古称喇撒田，建集镇始于明嘉靖年间。仡佬族聚居的新民村古称"巴鄂"，又叫"八爱"。当地仡佬族自称"耶偀"，其祖居住在贵州。相传，"明洪武年间因战乱有八个兄弟流徙到喇撒田河谷居住，因有八个老者同时爱上这个地方，故取名为'八爱'，至今有650多年历史。长期的历史社会影响，及传统文化的熏陶，仡佬族形成了祖先崇拜和自然崇拜，他们'奉树为神'，祈求'树神'保佑族人来年风调雨顺、人畜平安，并把每年正月初七定为族人大聚会的日子，在这一天举行辞旧迎新的'送年节'，以此表达族人顺应自然的决心"①。盐边仡佬族这习俗，2011年被列入第三批四川省非物质文化遗产名录。据该非遗项目省级代表性传承人熊献青（生于1945年，仡佬族奶名叫"格拉如"，八爱村农民）讲，正月初七是"收尾结果""总结一年"的日子，人们在初七热热闹闹地送了年，到了初八"该出门的就出门，该下田的就下田"。仡佬人也讲"头鸡、二狗、三猪、四羊、五牛、六马、七人"，也讲"人就定在正月初七过年"。在当地老人的记忆中，"耶偀起祖居住在雅州，明洪武年间因战乱有八个兄弟流徙到喇撒田居住……至今有700年

---

①　马茂林、梁波:《攀枝花也有"狂欢节"》,《攀枝花日报》,2018年2月24日02版。

历史"①，从雅州到盐边翻山越岭走了好几个月，但先祖居地具体在雅州何处待探考。又，德昌傈僳族过阔时节，要在正月初七早晨以炖猪脚、酒米粑献祭已故长辈、举行送长辈回阴家（冥府）的仪式，并在屋内屋外撒青松毛以祈福瑞祈好收成，也很看重这个日子。在四川汉族地区，向来有"正月忌头，腊月忌尾"的说法，由于正月为岁首而头七日尤为重要，民间有"初七不用刑之忌"②，图的无非是人事吉利。川西北羌族以正月初七为"人节""人过年的日子"，攀西地区仡佬族以正月初七为聚集族人、祈神祭祖的"送年节"，归根结底，这些地处"川边"的少数民族节会的实质均在于以人事为重，从国家民族认同情感看，其跟汉区内地神话中女娲"（正月）七日作（造）人"传说有内在默契，但彼此之间是如何发生联系的，这问题留待感兴趣者去考证。

"人日"神话及相关习俗在华夏神州广泛流传，有种种仪式性实践。比如，每逢"人日"，民间有剪彩、戴胜、登高等活动，古代诗人笔下屡见吟咏。杜甫作《人日二首》，一为五言："元日到人日，未有不阴时。冰雪莺难至，春寒花较迟。云随白水落，风振紫山悲。蓬鬓稀疏久，无劳比素丝。"一为七言："此日此时人共得，一谈一笑俗相看。尊前柏叶休随酒，胜里金花巧耐寒。佩剑冲星聊暂拔，匣琴流水自须弹。早春重引江湖兴，直道无忧行路难。"两首诗均作于唐大历年间，前说天气特

---

① 第三批四川省非物质文化遗产名录项目申报书《仡佬族送年节》，盐边县文化馆制作，2010年8月。此外，1988年2月在盐边县永兴乡采录的《笛子的传说》（讲述者杨明德），开篇即云："传说我们耶罗人原先是聚居在雅州地区的，后来在明朝洪武年间，朝廷派我们分几路撑打白苗的叛乱。我们这一路从盐源来，我们的迁徙路线是雅州到建昌至盐源，经黄草坝，多藤桥河雅砻江，过小高山又过大坪子到永兴巴岩这个地方。"（《中国民间文学集成·攀枝花市故事卷》第291页，四川民族出版社1990年版）正说的是仡佬人从雅安到西昌、盐源等最后落脚在盐边的族群迁徙故事，只是该故事在搜集时被归类为"彝族"。
② 四川省文学艺术界联合会编著：《四川民间文化大典》，四川辞书出版社，2020年，第169—170页。正月里，"一日不杀鸡，二日不杀狗……六日不杀马，七日不行刑"见于《荆楚岁时记》。巴蜀地区保留着古俗，如民国二十八年《巴县志·风俗》"岁时"条载"（正月）七日不用刑"，戒杀生，"亦避忌之义也"。

征，后言相关习俗，并借以咏怀抒情。关于二诗，前人或引东方朔《占书》或引《荆楚岁时记》等就相关风俗加以注释，如仇注后者云："《荆楚岁时记》：人日剪彩为人，或镂金箔为人，以贴屏风，亦戴之头鬓。贾充《李夫人典戒》：人日造华胜相遗，像瑞图金胜之形，又像西王母戴胜也。"又引古书注释前诗中"白水"和"紫山"的地理位置："《山海经》：白水至蜀而东南注江，入江州城下，江州县属巴郡。""《后汉·地志》：紫岩山，绵水之所出。"①雅安古称雅州，苏轼诗有《雅安人日次旧韵二首》，其二曰："屏间带日金人活，头上迎风彩胜翻。蓬鬓扶疏吾老矣，岂能旧貌改新元。"这金人即指以金箔剪彩为人之饰物。饮食风俗方面，人日节有配套的食物，《荆楚岁时记》载"七日为人日，以七种菜为羹"即是，2016年成都"人日游草堂"活动还原了"七菜羹"食俗，"人们在人日这天烹饪七菜羹，希望借七种蔬菜为一家带来好兆头"②，将美好的民间祈愿寄托其中。又，宋代郑望在《膳夫录》中记录"汴中饮食"有"上元：油䭔；人日：六上菜"，汴中指汴梁即河南开封，油䭔是饼类，"六上菜"未知其详。或以为，"六上菜"疑为"六一菜"之讹，就是"人日菜，六加一为七，正月初七为人日"③，可供参考。饮食对应节日，往往被赋予特定含义，如华夏民间就有"人日"食煎饼以祈晴之风俗，见载于《荆楚岁时记》。对此食俗，该书载录因版本不同

① ［清］仇兆鳌：《杜诗详注》第四册，中华书局，1979年，第1856—1857页。
② 曾洁：《著名巴蜀文化研究学者、民俗专家袁庭栋：初七人日民俗大不同 成都流行拜杜甫》，《华西都市报》，2021年2月19日。
③ 《吴氏中馈录·本心斋疏食谱（外四种）》，中国商业出版社，1987年，第57页。列名二书之外有四篇，其一是郑望的《膳夫录》，选自《古今图书集成》，由唐艮注释。郑望，或作郑望之（1078—1161），字顾道，徐州彭城人，崇宁进士，钦宗时任工部侍郎，高宗时任礼部侍郎，这是他留下的饮食杂著。《古今图书集成·经济汇编·食货典》第二百五十九卷收入唐代韦巨源《食谱》，其中有"六一菜"，小字注云"人日"，该菜前有"附张手美家"的文字说明，云："阊阖门外通衢有食肆，人呼为张手美家。水产陆贩随需而供，每节则专卖一物，遍京辐辏号曰浇店。偶记其名，播告四方，事口腹者。"看来，该食店按节供食、一节一物，正是顺应节日风俗，就像今天我们熟悉的端午卖粽子、中秋售月饼一样。

而有"熏火""熏天"等异文，后人理解也有差别，下面试作辨析。

## 第二节 "人日"食饼及祈晴风俗

"北人此日食煎饼，于庭中作之，云熏火，未知所出"①，这是今人常见版本《荆楚岁时记》中对"人日"风俗的记述。据《文献通考》介绍，《荆楚岁时记》有四卷，今存一卷，其著者宗懔，字元懔，南阳人氏。关于宗氏，《梁书》有传并云其"有文集二十卷"，但生卒年月难以确考，或定为南朝梁人，或定为北朝周人，《四部备要》则定为晋人。民俗是《荆楚岁时记》的主题，该书在中国民俗史上价值甚高，书中记录的民俗事象多为后世称引，是不可多得的资料。"荆楚"之意，虽因时代不同而有所变易，但主要针对的是长江中游地区。"人日"风俗与女娲神话有直接关联，女娲信仰在此地带上流传广泛也影响甚深，对民俗多有留意的史学家顾颉刚就指出："在汉代以先，至少在楚国一带地方，是奉女娲为开辟天地的人物的。"②值得注意的是，清嘉庆九年刻本《湖北通志》载录正月"人日"食俗时，尽管引用的是《荆楚岁时记》，但"熏火"作"熏天"，曰："七日为'人日'，以七种菜为羹。食煎饼，于庭中作之，曰'熏天'。"③讲述同一民俗事象，一言"熏火"，一言"熏天"，这是怎么回事呢？从后世看，这"熏火"也多为人们所从，如《实用中国风俗辞典》"天穿节"条云："汉族民间节日。流行于全国多数

---

① ［南朝梁］宗懔原著，谭麟译注：《荆楚岁时记译注》，湖北人民出版社，1985年，第26页。关于该书，后人校勘本多，据译注者言，此处所据底本乃《四部备要·史部》（上海中华书局据《汉魏丛书》本校刊）。

② 顾颉刚：《顾颉刚古史论文集》第三册，中华书局，1996年，第131页。

③ 丁世良、赵放主编：《中国地方志民俗资料汇编·中南卷》，书目文献出版社，1991年，第317页。"熏天"亦见于今人笔下引书，如："隋人《述征记》说：'北人以人日食煎饼于庭中，俗云熏天。'这话本出自南梁宗懔《荆楚岁时记》的记述：'北人此日食煎饼，于庭中作之，云熏天，未知所出。'此日指正月七日人日这天。"（参见王仁湘：《凡世与神界——中国早期信仰的考古学观察》，上海古籍出版社，2018年，第101页）

地区。……南朝宗懔《荆楚岁时记》：'北人此日食煎饼，于庭中作之，云熏火，未知所出。'到清代仍然流行。"不过，同书同条又写道："有些地方则煎咸甜糍糕，置于庭中，言'熏天'。在福建叫'煎餪补天'。"①同一风俗，或言"熏火"，或言"熏天"，其中有疑案。

"人日"食煎饼风俗颇古老，但是，岁月推移，连南北朝时期该书作者也不明所以了。然而，证诸民间，类似食俗在中华大地上并未绝迹，只是后世多将其与女娲补天神话挂起钩来，时间上亦略有出入。在山西，清康熙版《解州志》记述当地正月习俗，引及《荆楚岁时记》等书并言及元旦、初五、元宵等，但对初七"人日"无载，仅云："二十日，置煎饼屋上，曰'补天'。"值得注意的是，该志注释此俗时又特别指出："《还征记》：'人日，作煎饼于中庭，谓之"熏天"'。今于正月二十日，稍异。"②正月二十日食煎饼"补天穿"由来亦古，据类书《渊鉴类函》卷一三《岁时部》"补天穿"条记载："《拾遗记》云：江东俗称正月二十日为天穿日，以红缕系煎饼饵置屋上，曰补天穿。相传女娲氏以是日补天故也。"《拾遗记》著者是十六国时期前秦人，宋代江西人李觏《正月二十日俗号天穿日，以煎饼置屋上谓之补天，感而为诗》亦曰："娲皇没后几多年，夏伏冬愆任自然。只有人间闲妇女，一枚煎饼补天穿。"清俞正燮《癸巳存稿》卷十一"天穿节"条引明杨慎《词品》云："宋以前正月二十三日为天穿日，言女娲氏以是日补天，俗以煎饼置屋上，名曰'补天穿'。"古往今来，与女娲补天神话相连的此节日习俗代代相传，而其时间也有正月二十、二十三、二十五等几种说法，尤其以正月二十居多，反正是不离正月间。从时令看，"天穿日"前后的确

① 潘倩菲主编：《实用中国风俗辞典》，上海辞书出版社，2013年，第43页。"餪"是一种圆形煎饼，用面粉拌米粉等做成，有咸、甜等不同风味，属于福建汉族民间端午节食品。"如端午节下雨，俗传女娲炼石补天不周，致有雨漏，人们就用红线系餪，一起来'煎餪补天'。"（同前书，第159页）

② 丁世良、赵放主编：《中国地方志民俗资料汇编·华北卷》，书目文献出版社，1989年，第689页。

多雨水，有论者指出："考'天穿'日即二十四节气中的'雨水'日，一般在每年阳历二月十九日，阴历正月十九至二十三日左右，是日'天一生水'，多半有雨，故谓之'天穿'。这是古代科学不发达对气象的一种解释。"[1]即是说，"天穿日"跟二十四节气中"雨水"日期一致，在民间信仰与民俗生活中，人们将其与"补天漏"的女娲神话联系起来，不无缘故。

走访合江汉代画像石棺博物馆（2019年11月拍摄）

"人日"食煎饼之俗，后世仍见。宋庞元英《文昌杂录》卷三言及唐岁时节物时，曰"人日则有煎饼"。有宋一代，南北族群互动、文化交流频繁，北方的辽朝受中原礼俗影响颇多，《辽史·礼志六·嘉仪下》介绍其"国俗"，亦有"人日……其占，晴为祥，阴为灾。俗煎饼食于庭中，谓之'熏天'"的记载。有论者引此后推测："在庭院中煎饼而食，叫做'熏天'，应当是熏走不好的运气吧。在古人的眼里，煎饼的功力有如此之大。"[2]中华民俗史上，这被大众信仰心理所充盈的煎饼明显地神话意象化了，这种在正月初七人日"熏天"之俗在后世尚有存留。《雅安日报》记者撰文谈到有人呼吁利用"天穿节"进而打造当地女娲文化品牌时写道："据记载，为了纪念女娲补天，在古代，正月二十这一天，人们会在庭院中支锅生火，煎出面饼或糯米饼，叫做'熏

---

[1]　叶春生：《广州岁时节令通考》，《岭南文史》，1984年第2期。

[2]　王仁湘：《凡世与神界——中国早期信仰的考古学观察》，上海古籍出版社，2018年，第100页。

天'",并称该风俗"在宋代以后就逐渐消失"而"只在客家聚居地和台湾还有此风俗的'影子'"①。就食料言,除了"煎饼"也有"食糕",前者多见于产小麦的北方,后者多见于产水稻的南方。如珠海风俗,"农历正月初七俗称为'人日',乡村人家习惯蒸萝卜糕拜神。此外,民间都认为这天的天气跟今后的生活有很大联系,如天晴则一年安全兴盛;天阴则多灾多难。……一些地方则在庭院中煎烙食饼,使天不阴,叫做'熏天'。1949年后,此俗已废"②。又,"煎堆"是广东汉族春节传统食品,李调元《粤东笔记》卷十六"茶素"条中有载:"煎堆者,以糯粉为大小圆入油煎之,以祀先及馈亲友也。"或以为广州人视正月初七为"天穿日"而人们要煎咸甜糯糕奉神以"补天穿"(清水《旧历新年广州人的风俗》,载《歌谣》第二卷第37期),叶春生认为这"确是一种误解",他指出:"广州人此日以煎糕祈神,是为了'熏天',以防天穿,而非天穿日补天漏之意。"③的确,"防天穿"和"补天漏"(补天穿)是有区别的(尽管"防"与"补"的神话意义都在于视天穿也就是天漏为不祥),况且二者时间并不相同,《广东通志》卷九十二《风俗》对"天穿日"的时间即言之甚明:"(正月)十九日,挂蒜于门以辟恶,广州谓为天穿日,作馎饦祷神,曰'补天穿'。"此外,以肥沃的黑土地著称的东北亦产稻米,"人日"食年糕之俗亦见于此地区,如民国二十三年铅印本《奉天通志》所载岁时民俗,正月"初七日为'人日',辽阳俗食年糕,言能益寿";民国二十二年铅印本《铁岭县志》也记载正月"初七日,曰'人日',亦曰'灵辰'。各家食粘糕,曰益寿延年",并且说

---

① 周琦:《天穿节:雅安该怎样传承?》,《雅安日报》,2011年2月23日02版。据报道,呼吁者是外地来雅安投资的一位企业家,他在给市领导的建议信中说"雅安人要做的首先是将天穿节率先保护和传承起来,将其变成雅安特有的一种文化",也就是"将古老的文化与新时代的文化品牌进行整合,利用这个节日挖掘打造女娲文化",从而提升品牌,吸引游客。
② 叶春生:《珠海民俗》,珠海出版社,2010年,第57页。
③ 叶春生:《广州岁时节令通考》,《岭南文史》,1984年第2期。

正月初旬"按日以天气阴晴及风向占人物之休咎"①。

"人日"占卜天气阴晴，实质在于辟阴就阳测算人事吉凶，宋人对此屡言之。《事物纪原》卷一引东方朔《占书》记述正月初一以来各日占卜，即云其日"晴明温和，为蕃息安泰之候；阴寒惨烈，为疾病衰耗"；黄朝英《靖康缃素杂记》卷四"人日"条引《西清诗话》也说"其日晴，所主之物育，阴则灾"；洪迈《容斋三笔》卷十六"岁后八日"条亦引此"晴'育'阴'灾'"说并议及杜诗"元日到人日，未有不阴时"。清代至民国的湖北地方志书对此亦多指说，如："人日，俱以果食为羹荐祖先，又以是日阴晴占人休咎"（《应城县志》）、"人日，以七种菜和米粉食之，曰七宝羹。又以是日阴晴占人休咎"（《德安府志》）、"人日，以果食为羹荐祖先，群视是日阴晴以占疾病"（《安陆县志》）、初一至初八"此十日宜晴霁，不宜阴雨"（《麻城县志前编》）、"初七人日，为灵辰，忌春阴"（《枝江县志》）、"七日为人日，以七种菜为羹，视是日阴晴以占疾病。谷日，以阴晴占丰歉。前此，如初鸡、二犬之说，亦以阴晴验之"（《随州志》）②，等等。人日晴则示祥瑞利物育，清富察敦崇《燕京岁时记》"人日"条亦云："初七日谓之人日。是日天气清明者则人生繁衍。"在长江上游巴蜀地区，"人日"宜晴益人之说多见于地方志书，如清乾隆《雅州府志》记载"七日为人"，曰"宜晴"；民国《万源县志》亦云，"七日，古谓之'人日'。相传是日宜晴，主人民安"；清光绪《增修灌县志》载曰，"七日，谓之'人日'。是日晴，主人民安乐"③。灌县即今都江堰市，此乃连接内地（川西坝子）和边地（藏羌聚居区）的重要节点。从水利工程之渠首（灌口）沿岷江上行便

① 丁世良、赵放主编：《中国地方志民俗资料汇编·东北卷》，书目文献出版社，1989年，第23、112页。

② 丁世良、赵放主编：《中国地方志民俗资料汇编·中南卷》，书目文献出版社，1991年，第345、347、349、359、418、460页。

③ 丁世良、赵放主编：《中国地方志民俗资料汇编·西南卷》，书目文献出版社，1991年，第349、321、57页。

进入汶川、茂县等羌族聚居区域，前述牛尾羌寨的民众在正月初七跳甲庆贺"人节"，从文化交流和民俗传播看，当不无缘故。在长江下游吴越地区，《清嘉录》卷一"正月"记载："俗以七日为人日，八日为谷日，九日为天日，十日为地日。人视此四日之阴晴，占终岁之灾祥。"案曰："今人因《占书》有七人、八谷之说，遂以九天、十地附会之。"该祈晴避阴习俗甚至扩展到整个正月上旬，胡朴安《中华全国风俗志·湖北》"黄陂岁时纪"载：正月初一起，"老农每日必视天气之阴晴，曰一鸡、二犬、三猪、四羊、五牛、六马、七人、八谷、九麻、十豆，何日天阴无太阳落山，即损害何物"。这番以天气晴阴判断人事农事是否瑞吉的表述更直接。

纵观东方文化圈，中国的"人日"风俗对邻国也有影响，如日本的"白马节会"。据刘晓峰研究，"从根本上说，白马节会既是日本对于中国古代岁时文化精神的吸纳，又是中国古代岁时文化精神在异国风土上发生变异的一个重要实例。白马节会每年正月初七举行，仪式的主要内容是从左右马寮牵出白马，请天皇以下群卿观览，故称'白马节会'。因为基本上是要活动一整天的朝廷大典，所以记载宫廷行事的重要著作……对于白马节会的仪程都有详细克明之记载"[1]。马之颜色在日本风俗史上有过由"青"转"白"的演变，但正月初七"观马"之俗不变。为何观马？盖在马表征阳气，有驱邪祈吉之意义，也就是日文古籍所言"马者主阳"（《年中行事秘抄》引《帝王世纪》）、"览青马，助阳气"（《文德天皇实录》）、"是日见白马，即年中邪气远去不来"（《年中行事秘抄》引《十节记》），等等。尽管具体民俗事象有别，但"七"是阳数，日本观马助阳气祛邪祟与中国"人日"祈晴辟阴求人安于内在精神上无疑相通。况且，马之意象在中土易学里本是"乾"之象征（《易传·系辞上》"乾为马"）。由此想到上述牛尾寨羌民"人节"的跳铠甲，

① 刘晓峰：《中国古代"人日"习俗对日本的影响》，《节日研究》，2010年第1辑。

该习俗的重要特征即在"穿上铠甲衣，背起火药枪/举起你的刀和叉/没有刀枪棍棒石块也好使/来来来，十三岁以上的男儿们/大家都来跳铠甲舞"，唱起"出征歌、兵器歌、胜利归来歌"①，从该民俗艺术的深层看，由全寨男儿执刀举枪尽情吼起来唱起来跳起来，这种男子之舞、阳刚之舞所表露、张扬的不也是同样的气质么？

## 第三节 "熏火""熏天""熏虫"辨

与"人日"食饼相关的"熏火"或"熏天"风俗，旨在祷阳祈晴。《荆楚岁时记》中"熏火"二字，或以为是"熏虫""煎饼"之俗称②。诚然，以煎饼"熏虫"也有民俗依据，如河北农历二月二，石家庄地区"用面汁作煎饼，谓可熏虫"（民国《晋县志》），唐山地区"以米、豆粉为糊，油煎而食，谓之'煎虫'，虫畏油也"（民国《滦县志》）③。明刘侗等《帝京景物略》卷二"春场"条："二月二曰龙抬头，煎元旦祭余饼，熏床炕，曰熏虫儿，谓引龙，虫不出也。"二月二日是"龙抬头"的日子，北地民间食煎饼"熏虫儿"意在"引龙以出"而"使百虫伏藏"④，有其特定意义，正如《中国地方志民俗资料汇编·华北卷》引《宛平县志》所言，其跟女娲神话似无瓜葛。这室内的"熏虫"也不好理解为是在"庭中"。类似记载又见于明代刘若愚《酌中志》："二月初二日……各家用黍面枣糕，以油煎之，或曰面和稀摊为煎饼，名曰熏虫。"

---

① 尤德林：《牛尾羌》，白山出版社，2015年，第78页。

② ［南朝梁］宗懔原著，谭麟译注：《荆楚岁时记译注》，湖北人民出版社，1985年，第29页。

③ 丁世良、赵放主编：《中国地方志民俗资料汇编·华北卷》，书目文献出版社，1989年，第88、269页。

④ 同上，第14页。"熏虫"的本意在于"避虫"，时间在"龙抬头"的日子，有关书籍亦云：此俗"流行于河北等地。夏历二月初二'龙头节'早饭食用。系用米豆之类粮食磨成糊状，以香油烙成的薄饼，是日食用后，民间以为本年庄稼不起虫灾，故名"（见潘倩菲主编：《实用中国风俗辞典》，上海辞书出版社，2013年，第159页）。

关于二月二"熏虫"之俗，王仁湘引《宛署杂记》作"用面摊煎饼，熏床炕令百虫不生"，并说："这倒是很奇特的熏虫之法，熏的是蚂蚁臭虫之类吧。"①又，民间以正月二十为"小填仓"、二十五为"大填仓"，这"填仓节"又称"添仓节""天仓节"，亦是"补天穿"的日子，民间要食煎饼、米糕等，见于黄河、长江流域。"填仓节又叫天穿节。宋代以前，以正月二十三为天穿节，相传这一天为女娲补天日。在远古时期，天崩地裂火山爆发洪水浩荡，猛兽巨鹰横行扑食难民，百姓处于水深火热中。这时被称为人类始祖的女娲氏，采来五色彩石日夜冶炼，炼了七七四十九天后，正是正月廿五这一天，终于把破裂的天空修补好……为了纪念女娲氏，人们就在正月廿五这天吃烙饼、煎饼，并要用红丝线系饼投在房屋顶上，谓之'补天穿'。"②如清乾隆刻本《临潼县志》岁时民俗记载正月："二十日，以薄饼掷屋上，谓之'补天'。"③在江西瑞金，元夕"后五日，名'天穿日'。妇女做米糕、糖食祀天，曰'补天穿'"④。

"火烟上出"，这是《说文》对"熏"的释义。上出之火烟所"熏"，对象为何呢？按照民间习俗，农历二月二煎饼"熏虫"旨在"熏床炕"，自然是在室内。人日烹食煎饼"熏天"，有个关键是在室外露天，也就是《荆楚岁时记》所言"于庭中作之"。根据《荆楚岁时记》所载，既然烹制煎饼是在庭院也就是室外生火，这"熏"的对象当然非"天"莫

---

① 王仁湘：《凡世与神界——中国早期信仰的考古学观察》，上海古籍出版社，2018年，第99页。

② 网文《填仓节》，http://baike.baidu.com/view/145142.htm?fr=aladdin。

③ 丁世良、赵放主编：《中国地方志民俗资料汇编·西北卷》，书目文献出版社，1989年，第49页。清雍正刻本《陕西通志》岁时民俗又载，"池阳以正月二十日为'天穿'，以红缕系饼饵掷之屋上，谓之'补天'"（同前，第6页）。即使在正月里，补天的日子在不同地方也有差异，如清道光重刻本《咸阳县志》岁时民俗记载，当地以二十三日为"补天节"，"忌食米"（同前，第11页）。

④ 丁世良、赵放主编：《中国地方志民俗资料汇编·华东卷》，书目文献出版社，1995年，第1177页。

属。如前所述，跟此食饼之俗有关的"天穿日"前后往往多雨水，也就是阴雨的概率更大，所以民间才会有"人日""天穿日"人们以仪式行为祈求天晴之举。从中华本土固有的阴阳理论看，火属阳，水（雨）属阴，天降雨水多恰恰是因为阴盛，所以才需要以代表阳性的火来克制之，于是便有了《荆楚岁时记》记载的"于庭中"生火作煎饼以"熏天"。归根结底，以人为之"阳"（火）来调制过盛之"阴"（天），旨在寻求阴阳平衡、和顺安康，这是中华传统阴阳和合思想的体现。"以他平他谓之和"（《国语·郑语》），天地万物，和合共生，阴阳协调，不足者补之，过盛者抑之，此乃"和"的基本要义。纵观中华民俗史，诸如此类在"和"的理念下协调阴阳的仪式化行为实践，古往今来，四面八方，可谓例证多多。明白这点，再来看上述习俗，雨水来自天上，火燃于庭院中，以"火"熏"天"祈晴避雨也就顺理成章。"熏天"在此显然比"熏火"所表达的民俗语义更清楚。不仅如此，"熏天"之语在后世地方志书中也沿袭，如清光绪刻本《承德府志》"'人日'，其占晴为祥，阴为灾。俗煎饼，食于庭中，谓之'熏天'"，清光绪刻本《广平府志》"'人日'……俗煎饼食于庭中，谓之'熏天'"[①]，等等。顺便说说，《汉语大词典》收有"人日"条目，释义有二，分别为"旧俗以农历正月七日为人日"和"工日"；书例引有东方朔《占书》、宗懔《荆楚岁时记》等，但引语回避了"熏天""熏火"问题。该词典"熏"字条下分别收录了"熏天"和"熏火"，后者释曰"熏香之火"，前者列出二义即"形容气势极盛"和"形容气味浓重"[②]，均无涉于本文所讨论的民俗问题。此外，《汉语大词典》收有"薰（熏）虫"，释曰"食品名"即"旧时于农历二月初二所制的一种油煎饼"，并引明刘若愚《酌中志》

---

① 丁世良、赵放主编：《中国地方志民俗资料汇编·华北卷》，文献书目出版社，1989年，第222、423页。
② 中国汉语大词典编辑委员会、汉语大词典编纂处编：《汉语大词典》，汉语大词典出版社，1993年，第1035、223页。

和清潘荣陛《帝京岁时纪胜》为例，但有人指出其"释义不妥"，因为"'熏虫'不是'油煎饼'类食物，而是指称一种民俗行为"①。的确，此乃"通过煎饼、投谷焦釜比拟模仿煎虫"而"实现以烟熏火燎威胁诸虫百害的目的"，属于"厌胜之法"②。

在广东地区，清同治《增城县志》载正月十九、二十两日，"名'天机癞（籁）败'，挂蒜以辟恶。又做馎饦祷神，曰'补天穿'"；民国《海丰县志》载，"十九日，俗称'天穿节'，人家各煎糕饼，名'补天穿'，此风自唐已然"；《民国新修大埔县志》载，"自旧历初六起，约至二十，俗称'天穿日'"③。又，阅清光绪版《通州志》，可知当地风俗既有正月二十五"啖饼饵，曰'填仓'"，又有二月二"煎绿豆粉为饼，曰'熏虫儿'，为多蝎、蝇、臭虫也"④，彼此并不混淆，但民间传说跟女娲相联系的，只有前者。从场所看，各家各户正月这天"补天穿"的活动恰恰是在"庭中"。不能不承认，上述《辽史》以"人日"食煎饼为"熏天"，是有道理的。《荆楚岁时记》原本已佚，传本之一中的"熏火"二字古有异文，《太平御览》卷三十引此则作"熏大"。无论"熏火"还是"熏大"，若结合该习俗与女娲信仰的关系来看，我认为更有可能是"熏天"字形之讹。"熏天"一词，见于古人笔下，如晋陆机《演连珠》之四八："臣闻虐暑熏天，不减坚冰之寒；涸阴凝地，无累陵火之热。"从民俗学看，华夏民间百姓在"人日"或"天穿日"做煎饼食煎饼"熏天""补天"的仪式行为，正出自对灾害的防御心理，为的是以热逐寒，以火克水，从而将祈"晴"（繁育、祥瑞）祛"阴"（疾病、灾祸）的心

---

① 杏花书影：《〈汉语大词典〉误释"碗脱""熏虫""高丽"》，http://yyll2.blog.sohu.com/307707581.html，发布时间：2015-01-26 16：04。
② 陈宝良、王熹：《中国风俗通史·明代卷》，上海文艺出版社，2005年，第1021页。
③ 丁世良、赵放主编：《中国地方志民俗资料汇编·中南卷》，书目文献出版社，1991年，第691、785、754页。
④ 丁世良、赵放主编：《中国地方志民俗资料汇编·华北卷》，书目文献出版社，1989年，第26—27页。

理愿望和象征寓意体现出来。"人日"以晴为瑞而有"熏天"之举,"天穿日"的"补天漏"也旨在祈晴,二者作为人们的仪式之举,在时间上虽稍有不同,但祈晴求吉的民俗主题并无二致。既然如此,立足"人日"的神话起源和本土的阴阳学说,笔者认为《荆楚岁时记》中关于此日烹食煎饼习俗的"熏火"或"熏大",还是以"熏天"正之为宜。

"一枚煎饼补天穿",女娲神话千古传。口头文学中与女娲造人补天神话相联系的正月初七"人日",中华民间传统以晴为瑞而世人食煎饼等象征性祈晴求瑞之举,见载于《荆楚岁时记》等书的仪式化民俗行为"熏天",凡此种种,在神州大地上流传四方,影响深远。

# 第十五章

# "漏天"意象及神话识读

在源远流长的口头文学传播史上，古老的神话传说因时间因地域因族群等差异，形成多样化口头文本，具有多样化意象呈现，也带给接受者不尽的解读乐趣。本章着眼蜀地口传故事，结合前人诗歌及古代文献，就自古以来常常被提及的"漏天"神话意象再做阐释。

## 第一节 "西蜀漏天"的龙门阵

巴山蜀水不乏雨水丰沛之地，如本书开篇所言，"雨城"雅安便是典型。今人介绍雅安多雨，多引杜甫诗歌"地近天漏终岁雨"为证，但往往不明究竟。翻开《康熙字典·丑集下·大部》，其中释"天"时指出"又地名"，引文二例："【蜀地志】蜀卭莍山后四野，无晴日，曰漏天。【杜甫诗】地近漏天终岁雨。"此处，"天漏"作"漏天"。明陈士元《俚言解》卷一有"漏天"条，曰："漏天，俗憾久雨不晴谓之天漏。杜诗：'鼓角漏天东'。又，'猛欲诛云师，畴能补天漏'；又，'地近漏天终岁雨',注云:梁益四时多雨,俗称漏天。'"①《辞海》收入"漏天"词条,仅仅释义"谓久雨"②,并引东坡诗句"百尺飞涛泻漏天"为例,无涉地名。《汉语大词典》收"漏天"词条,释义有二,一曰"谓如天泻漏。比喻多雨、久雨或飞泉盛大",一曰"地名。在今四川省雅安县境。其地多雨,故称",后者引例有杜甫《陪章留后侍御宴南楼得风字》③。的确,"漏天"作为地名代称,通常是指四川雅安,多见于古籍记载。

古称雅州的雅安,直隶辖名山、荥经、芦山三县,这里有"大、小漏天"。据《读史方舆纪要》卷七十二"四川七·芦山·飞仙关"条记载:"亦曰飞仙阁,即古漏阁也。《梁益记》:'大、小漏天在雅州西北,山谷高深,沉晦多雨,而黎州常多风,故谓黎风雅雨。'宋宇文普《新路赋》:'惟天下之至险,有严道之漏阁焉,孤峰上绝于青天,湍波下走于长川,断崖横壁立之岸,飞溜溅千尺之泉。'"(黎州指汉源,亦为雅安所辖)除了芦山,又据宋晁说之《晁氏客语》载:"雅州蒙山常阴雨,谓之漏天,产茶极佳,味如建品。纯夫有诗云:'漏天常泄雨,蒙顶半藏云。'为此也。"《太平寰宇记》卷七十七"剑南西道六·雅州·名山县"介绍此地产茶:"蒙山,在县西七十里,北连罗绳山,南接严道县。……《九州记》云:'蒙山者,沐也,言雨露常蒙,因以为名。'山顶受全阳气,其茶香芳。"蒙山即蒙顶山,在雅安市所辖名山县(今名山区),清代《名山竹枝词》有道:"漏天难望蔚蓝明,十日曾无一日晴。"④从地

---

① 有论者从辞书语料学角度指出"天漏"和"漏天"应视为两个词语,认为《俚言解》"以'漏天'立目"而"释义中作'天漏'"且"书证中'漏天''天漏'并出"反映出该书在语料使用方面尚有不足(见曾昭聪、刘玉红:《明清俗语辞书的语料价值与阙失——以〈俚言解〉为例》,载《汉语史研究集刊》第十三辑,巴蜀书社,2010年),但从词义相通角度看,这并不影响一般读者对二者的理解。因此,本文在引例中不刻意区分二者。
② 《辞海》增补本,上海辞书出版社,1983年,第297页。
③ 中国汉语大词典编辑委员会、汉语大词典编纂处编:《汉语大词典》,汉语大词典出版社,1986年,第109页。"百度汉语"收词条"漏天",https://hanyu.baidu.com/zici/s?wd=%E6%BC%8F%E5%A4%A9&query=%E6%BC%8F%E5%A4%A9&srcid=28232&from=kg0&from=kg0,释义即沿用《汉语大词典》。
④ 林孔翼、沙铭璞辑:《四川竹枝词》,四川人民出版社,1989年,第208、226页。

走访雅安，见到1986年的女娲补天雕塑（2014年5月）

区看，"漏天"说也见于川南宜宾地区，如《蜀中广记》卷十五"名胜记·下川南道·叙州府"记载："《寰宇记》云：开边县在州西南六十里，亦僰道地。隋开皇六年于此置县，以开拓边疆为名，在马湖、朱提两江口，大黎山、小黎山在此。县界四时霖霆不绝，俗以为'大漏天''小漏天'。其诸山自嘉州以来每峰相接，高低隐伏，奔走三峡，石状难名，本志即今之开边乡也。"① 川西雅安和川南宜宾，地域、气候相近，前者邻藏、彝，后者多僰、苗，均属多民族杂居而远离省府中心的周边区域。关于川西南多雨"漏天"，除了杜甫诗歌，明代蜀地文人笔下也屡有记述，如李实《蜀语》、杨慎《丹铅续录》等，曰："蜀西南多雨，八、九月为甚，名曰漏天。"（《蜀语》）

---

① ［唐］李吉甫：《元和郡县图志》卷三十一《剑南道上》："开边县，中，东北至（戎）州六十五里。本汉僰道地也。……开皇六年于……野容川置开边县。"大业三年（607）属犍为郡。唐武德元年（618）复属戎州。贞观四年（630）属南通州，八年（634）为贤州治。寻贤州废，县属戎州。上元元年（760）废，永泰二年（766）复置，隶戎州，移治于马湖江、朱提江口（今宜宾安边镇）。北宋乾德三年（965）废入僰道县。

汇聚天全河、周公河等的青衣江从雅安穿城而过。关于"漏天"，雅安地区还有更为"在地化"的版本。沿318国道出雅安城往西，是去天全。据悉，该县年平均降雨量达1735.6毫米，昔有"小漏天"之称，民间传说女娲炼五色石以补天漏之地就在这里。天全县位于二郎山东麓，处在四川盆地西部边缘，以山地为主，平均海拔5000米，与雅安市所辖芦山、宝兴以及甘孜州所辖泸定、康定等接壤，茶马互市以来，"天全入藏区茶路，以碉门（今城厢镇）为中心沿古道分大、小两路西进"[①]，直抵打箭炉（康定）。2014年5月中旬，笔者去了雅安，就当地的女娲神话传说及相关民俗事象做调研。在雅安市区转悠，从四川农业大学附近小街的旧书摊上，觅得一本《见证天全》，其中有当地年近九旬、曾是"茶马古道"上背夫的彭姓老人讲述的故事，云：远古时候，天上有九个太阳。为解民众劳苦，后羿举箭射日。峨眉山上的千年神猴为了求雨，也沿着马桑树攀上天庭。玉帝正欲洗脸，闻讯忙叫仙童把洗脸盆中水端到天边洒去。常言道："天上一滴水，人间万亩田。"可是，神猴不懂这点，嫌玉帝小气，抓起脸盆就扔，结果把天板砸出一个窟窿，顿时天降大雨，洪水泛滥[②]。天漏之处，人称"小漏天"。为了拯救黎民百姓，女娲娘娘"炼石补天"，历经千辛万苦才补住了天漏，从此"小漏天"更名为"天全"……天全地带上有"三关"，分别为紫石关、飞仙关、禁门关，是川西通往少数民族地区的著名关隘，历史上乃兵家必争之地，具有重要的政治军事意义。紫石关位于原紫石乡（该乡还有紫石村），距离县城18公里，国道318线过境，过了此关便要翻越二郎山，这里本是茶马古道上一个驿站，其城楼遗址据称始建于元代。如前所

---

① 《天全县志》编纂委员会编：《天全县志》，四川科学技术出版社，1997年，第221页。
② 同类神话在四川民间流传，有将神猴具体化为孙悟空的，如旺苍端公庆坛剧目《三朝三庆》唱道："十月凡民多落难，悟空降下南天门。玉皇殿前去争斗，碰到朱红水一瓶。摇两摇来揉两揉，一股洪水下天门。太白星官前来报，海水淹上南天门。忙把葫芦送下凡，伏羲姊妹去藏身……"

述，在民间口碑中紫石关得名也跟女娲神话有关，当地人士介绍如下：

> 紫石关又名紫石。相传，古时天漏不止，水患无穷，民不聊生。女娲为解水患而炼五彩石补天。天补好之际，曾有一碎石掉于此地。因石头呈紫色，且石落而雨住，再不漏雨，当地老百姓便把此石看作神石，作为吉祥之物供奉，并将此地取名为"紫石"。[①]

就雅安地区言，每年从4月到10月雨水集中，365天有200多天都被雨雾笼罩，"天漏"是一种自然现象。从地理环境和气候条件看，处在青藏高原和四川盆地交界处的雅安，受高原下沉气流、盆地暖湿气流等交互的影响，加上二郎山、夹金山、大相岭等造成的特殊地势，故而多雨。西蜀之人发挥想象，将这种自然现象跟古老的"女娲补天"传说挂起钩来，为中国女娲神话体系贡献了一个"在地性"个案。"扬子江中水，蒙山顶上茶。"雨雾缭绕的蒙顶山，自古产佳茗，说起来此地也跟女娲神话传说有关。2009年3月去蒙顶山，访香茗寻故事，在山上天盖寺前笔者看见有碑文写道："西汉植茶始祖吴理真结庐处，三国时始建寺庙……明清时曾多次补修。据《四川通志》载：'邑之寺院维此为古。'天盖寺之名源于女娲补天的传说，相传女娲炼五彩石以补苍天，至蒙顶山上空时，元气耗尽，身融大地。留一漏斗，甘露常沥，故有'漏雨蜀天，中心蒙山'之说。在此修庙，意指'漏天之盖'。"女娲补天，殚精竭力仍事业未竟，以致此地天漏不止，这是雅安地区女娲传说有别于他乡之处。2018年8月下旬，笔者去雅安周公河上游的望鱼村，路过周公山温泉景区，也看见附近有路标指示去"女娲池"的方向。诚然，从神话传说之具体文本产生的具体场域也就是历史地理环境看，雅安湿润多雨，"天漏"故事在此地产生及流传的确有其独特的地理、气候等方

---

① 方兴：《见证天全》，中国三峡出版社，2004年，第75页。

面的自然原因①，与此同时，"补天漏"的神话也传递着当地人渴望天晴的美好意愿，由此形成的可谓是该神话的表层语义。然而，如果不仅仅满足于这种表层化解释，着眼地缘政治，立足于"雨城"雅安所处的具有政治和军事意义的特殊位置，进而结合中国历史上西部与中原、地方与王朝的关系来看，该神话意象和传说故事背后还有没有什么别的隐喻呢？

## 第二节　边地"漏天"神话透视

"黎、雅檄外夷人，旧不相通。"（《建炎以来朝野杂记》乙集卷二十）此乃宋代史学家笔下所写，反映出昔日该区域作为王朝视野中边地的历史。着眼历史，从地缘政治看雅安，其处在川西平原向川西山地过渡带，是从平原到高原通往凉山、甘孜乃至西藏少数民族地区的重要门户，是"汉、夷交界"也就是历史上中央王朝辖地与周边民族区域的交界点。《新唐书·南蛮传》即载"雅州西有通吐蕃道三：曰夏阳、曰夔松、曰始阳，皆诸蛮错居"；蒙顶山天盖寺后碑廊，镌刻有今人题咏名山的诸多诗歌，其中吴丈蜀的"地扼青衣百丈关"一语亦点明雅安所处的要害位置。《太平寰宇记》卷七十七"剑南西道六·雅州"条，记载其"领投降吐蕃部落七、羁縻吐蕃四十六州"，正反映出其政治地理位置的重要；至于其州境，"东南至眉州三百四十九里，西南至黎州二百四十里，西北至吐蕃野城县界五百七十六里，东北至邛州二百里，正东微南至嘉州三百二十里，西北至吐蕃偏松城九日程约五百里"。雅安所辖天全昔有"女儿城"，传说明代女将秦良玉曾屯兵于此，或言是南宋当地高姓土司的女儿为保地方平安而随父征讨匪寇时打仗之地②。清代天全文

---

① 今人从科学角度对此有解释，见姜永育：《"雨城"何以"天漏"》，《百科知识》，2014年第5期。

② 方兴：《见证天全》，中国三峡出版社，2004年，第31—33页。

士杨甲秀竹枝词"桃花马上请长缨，女将镇边领戍兵"即言此，诗中又说该地昔有"控西楼"，但已废，不可考①。自古以来，邻近藏彝地区的雅安一带亦是多民族杂居之地，各方势力在此盘根错节，局势复杂。既然如此，历史上对昔称"川边"的该地带的掌控也就难免不是内地政权乃至帝国王朝的大事。清宣统三年（1911），代理川滇边务大臣傅炌林奏请设立西康省即指出："查边境乃古康地，其地在西"，介于川藏之间建立此省，具有"守康境，卫四川，援西藏，一举而三兼备"的重要战略意义②。了解这些情况后，立足文化人类学就雅安当地的女娲神话传说进行知识考古，把过去时代的王朝历史、族群政治、社会文化等因素纳入研究视野，对于"天漏""紫石""天全"等不乏象征性的神话意象及命名加以去表层化解析，我们不难有更多领悟。

关于雅安，前述《蜀中广记》卷十四"名胜记·上川南道·雅州"条载："《史记》：秦始皇二十五年灭楚，徙严王之族以实此地，故曰严道，汉为县，属蜀郡。""汉高六年，分置青衣县。《水经》：青衣水出青衣县西蒙山东，与沫水合。注云：县故有青衣羌国。"又云："《寰宇记》云：和川路在县界西，去吐蕃大渡河五日程，从大渡河西郭至吐蕃松城四日程。羌蛮混杂，连山接野，鸟路沿空，不知里数，即《禹贡》所谓'和夷底绩'也，本志云'东北有和夷坝'是矣。"历史上，此地为青衣羌分布所在，古籍记载"羌蛮混杂"也点明该区域族群及文化特点。青衣江又名平羌江，李白诗"峨眉山月半轮秋，影入平羌江水流"即咏此，青衣江从雅安穿城而过，江上有桥亦名此，关于其得名，《蜀中广记》卷十四"名胜记·上川南道·雅州"载："平羌桥有唐咸通十年上官朴所撰碑，字亦隶体，今在江渎庙。《方舆》云，平羌江源出西徼，绕西北郭，谓武侯平羌夷于此。"关于历史上雅安作为汉夷交界地的重要

① 林孔翼、沙铭璞辑：《四川竹枝词》，四川人民出版社，1989年，第218—220页。
② 四川省民族研究所、本书编写组编：《清末川滇边务档案史料》，中华书局，1989年，第1033—1034页。

性，《读史方舆纪要》卷七十二"四川七·雅州"条云："州襟带西川，咽喉夷落，唐韦皋、李德裕由此以挞伐吐蕃，鞭弭南诏，所谓邛崃、大度之险也。《寰宇记》：'州西和川路去吐蕃松城四日程，羌蛮混杂，连山接野，鸟路沿空，不知里数。'今州之西微迫近番、戎，山高谷深，天险陡绝，灵关、碉门、始阳向称三路，而碉门要害尤为巨防也。"又，隶属雅州的"芦山县"之"卢山"条："百步山，在县北四十里。路接蛮界，仅百步许，险隘难行。"还有"灵山"条："县西北五十里。峰峦竦峻，林木深阻，为蜀西之襟要。……又龙头山，在县西南。绵亘四十里，绕县前后，夭矫如龙。连接番部，实为要害。"再如，《读史方舆纪要》卷六十六"四川一·大渡河"条曰："大渡河出雅州西北生羌界……流经雅州芦山县北，又西南流经黎州所西……自昔设险于此以御蛮夷。"说起雅安，不能不提及西康，前者一度为后者的省会。西康为旧省名，简称康，是延续清朝制度所设22省之一。民国二十八年（1939）设置的西康省，所辖区域是从内地进入西藏的要道，历史上有不同寻常的政治军事意义。1947年，据官方普查数据，西康省人口为1651132人。从地域和族群看，其大部分是以藏、彝为主的民族聚居地，范围包括现在四川的甘孜藏族自治州、凉山彝族自治州、攀枝花市、雅安市以及西藏东部昌都市、林芝市等。西康作为省废止于1955年，所辖区域分别并入四川省和西藏自治区（时称西藏筹备委员会）①。

"襟带西川，咽喉夷落"，西接青藏高原，东连四川盆地，处在二者之间的雅安，其地理位置和地域文化的确非同寻常，"天漏""天全"传

---

① 1914年曾设川边特别行政区，治康定，辖今四川甘孜州及西藏昌都市，1939年并入西康。请参阅"百度百科""川边"（https://baike.baidu.com/item/%E5%B7%9D%E8%BE%B9/7648455?fr=aladdin）、"西康"（http://baike.baidu.com/link?url=ZYINqPr-M_-OtnzW4bmjj79QLbQASClTVfOspxwzuUdLEkKcWBsOS2fOtGXcxxmEWoRQffvl4826HYgQNfpwWwCtU4AHabdBbX54xmQ4Ak3aU5u4iLMJoj6n1Rxj-bZaNe6pvMaPtDxPjiZIUM3DYq）等条目。多年来，"川边"也是学术研究的关注点之一，相关话题如"川边改土归流""清末川边治理""川边地区社会变迁"等，学界不乏研究成果。

说流行在此地带并非无缘无故。考察《史记》《汉书》以来记载的"西南夷"历史，对此地带就不能不特别关注。有巴蜀文化研究者指出，秦汉时期四川地区的少数民族有冉駹、邛、筰、徙等，主要分属氐羌和濮越两大集团，氐羌在川西北而濮越在川西南，从成都出发，岷江上游是氐羌集团的冉駹，往南则是筰人、邛人，"筰人最早也是生活在岷江上游地区，后来则往南迁徙，汉时迁至雅安、汉源一带，武帝时期，继续南迁至盐源、凉山一带。而邛人则生活在以西昌为中心的地区"①。再看《太平寰宇记》卷七十七"剑南西道六·雅州"条，其中除了"领投降吐蕃部落七，羁縻吐蕃四十六州"外，又记载：芦山县"大渡水，从生羌界来，流入浮图水"，灵关镇"四向险峻，控带蛮夷，一夫守之，可以御百"；荥经县和川水"从罗绳岩古蛮州东流来"，邛崃关"约山据险，当云南大路，以扼蕃夷之要害"，等等。天全东连雅安西接泸定，历史上曾建徙国，国都在今之始阳镇，"其建国时间，据《国语》记载当推至公元前16世纪夏桀伐徙之前。当时青衣江流域族居着从黄河上游和渭水河上游迁徙而来的氐羌族夷民，好几百年他们都在此繁衍生息，历经夏、商、周、秦等几个朝代"②。同卷"剑南西道六·黎州"条记载，汉源县"城西临大渡河，河西则生羌蛮界"，而"东南至粟蛮部落二百里"；又据《四川郡县志》卷七，"雅州都督十九州，并生羌、生獠羁縻州"，其"雅州都督府卢山郡"载"卢山"云：《旧唐志》：汉严道县地。隋置卢山镇，又改为卢山县。在县西北六十里章卢山下，有山峡，口开三丈，长二百步，俗呼为卢关。关外即生獠也。"其"黎州洪源县郡"又载："《元和志》汉源下云：飞越山在县西北一百里，山西北两面并接羌戎界。"③这些记载见于该书对"唐代疆域沿革考"的叙述，其中言及

① 王茜：《秦汉时期南丝路就是少数民族聚居地》引段渝语，《华西都市报》，2015年5月23日。
② 方兴：《见证天全》，中国三峡出版社，2004年，第15页。
③ 龚煦春：《四川郡县志》，成都古籍书店，1983年，第298、255、256页。

雅安西去"关外"族群以"生"相称，无非说明其尚未归化之意。

过去历史上，黎、雅作为夷、汉交界的川边要地，曾是中央王朝与边地诸夷长期拉锯所在，也是内地和边地经济互通、文化交流、人际往来的关口要道，古籍中对此屡有记载。《建炎以来朝野杂记》是宋代有名史料类笔记，著者李心传乃四川井研人。翻开该书乙集卷十九、二十《边防》，读读"丙申青羌之变""左须夷人出没""龙州番部寇边"诸条，不难理解此。如，"五部落居黎之西，去州百余里，限以飞越岭，有姓郝、赵、王、刘、杨五族，因以得名，即唐史所谓两面羌也。其居垒石为碉，积糗粮器甲于上。族无豪长，惟老宿之听。往来汉地，熟悉能华言，故比诸蕃尤奸黠"（前书同集卷十九"庚子五部落之变"）；又如，"淳熙甲辰秋八月，吐蕃苟齐青羌为饥荒欲结连奴儿结寇边，钞掠居民牛畜，奴儿结不从，遂从白水两村老稚渡河来碉对汉界白水村安泊，愿欲归汉"（前书同集卷十九"丁未三开乙卯曳失索之变"）；再如，"沈黎自庆元乙卯以后，无边事者且十年。嘉定戊辰十二月乙卯，弥羌畜卜忽自恶水渡河入寇，破州之碉子寨，边事自此再起"（前书同集卷二十"戊辰畜卜之变"）；此外还有，"沙平者，雅州严道县徼外夷也，与碉门寨才隔一水，而寨在州西八十里。沙平凡六族，其地有葫芦里者，本隶荣经县之俟贤乡，岁输税米百二十斛于碉门。而夷人时至碉门互市，蜀之富商大贾皆辐辏焉"（前书同集卷二十"丙寅沙平之变"）。彼时风貌，由此笔记可窥斑见豹。有冲突也有交流，古代中国内地与边地之间这种态势是众所周知的，犹如在雅安上里古镇所见门联："茶马古道交换藏汉友谊，丝绸之路流通南北货币。"从积极方面看，这种你来我往的相激相荡也助推着文化向前发展。

"雅安是边茶的重要产地，要组织力量把边茶搞好，一定要保证藏族地区的茶叶供应。这对于加强民族团结、巩固边防有重要意义。"① 这

---

① 2021年5月30日李祥林抄录于雅安市博物馆。

是1954年贺龙同志视察雅安茶厂时所言。川边治理和边茶供应，为历代政府所重视。清代四川是边茶的主要产地，主要分南、西二路销往边地，从成都府出南门朝西康方向入藏的是南路边茶（经天全、泸定、康定、理塘、昌都），以雅安为生产中心，以打箭炉（今甘孜康定）为集散地①。雅安一带生产的"南路边茶"是销往藏族聚居地区的重要物品，民国三十年《西康综览》即载："康地茶……输入地方为四川，而雅安尤多，俗有'雅茶'之名。"②《康巴风情》一书亦云："茶，是藏族最普遍的饮料。康区藏族饮用的茶叶是我国南路茶叶，即雅安、名山、荥经等地产的茶。"③不仅如此，直到现在，雅安、名山的砖茶仍然行销于整个藏族聚居区④。今之四川茶叶市场上，犹可见冠名"雅安藏茶""康砖"的砖茶；在雅安城区及周边，也有"藏茶城""藏茶村"之类旅游景点。藏族生活区域地处高寒，不产茶叶，因此"视茶如命"的藏民日常饮茶主要依靠盛产茶叶的川滇地区供应，而雅安正是茶马古道重镇之一。《太平寰宇记》卷七十七"剑南西道六·雅州"条即载："蕃部、蛮夷混杂之地，元无市肆，每汉人与蕃人博易，不使见钱，汉用绸、绢、茶、布，蕃部用红椒、盐、马之类。"此乃当地贸易风俗。"路出西关险异常，以茶易马旧时章。"（杨甲秀《徙阳竹枝词》）西关外沙坪，明代以来置有茶马司，专门管理此事。仍以天全为例，该地自唐末以来种茶成业，碉门茶马互市沿设至清朝中期，"天全边茶"的年产量在明洪武时达2.5万担，清乾嘉时期达4.7万担，到民国初年最高达8万担⑤。研究地方史可知，雅安西去，昔日以"康"相称的这片区域的政治、经济、宗教等关

---

① 李祥林：《茶和地名的龙门阵》，载宜宾市博物院编《西南半壁》，2018年第1期，文物出版社，2019年版。

② 丁世良、赵放主编：《中国地方志民俗资料汇编·西南卷》，书目文献出版社，1991年，第400页。

③ 甘孜藏族自治州文化局编：《康巴风情》（内部资料），1999年12月印，第22页。

④ 李绍明：《李绍明民族学文选》，成都出版社，1995年，第601—602页。

⑤ 《天全县志》编纂委员会编：《天全县志》，四川科学技术出版社，1997年，第240页。

系错综复杂，各种势力此消彼长，受到上上下下关注。对此局面的描述，或可借今人评论四川作家阿来的《瞻对》时所言："因工作需要，我也常常涉猎甘孜、阿坝一带近现代历史，感觉这片由雪山、森林、草原、峡谷构成的僻远而多彩之地实在不简单。历史上这里充满了大小土司等地方势力之间的矛盾、地方世俗势力与寺院势力的矛盾、西藏地方与中央政府及四川当局的矛盾……非下大功夫不能理清其中关系。这些矛盾纵横交错，经常导致社会动荡甚至战乱，有清一代牵扯了朝廷大量精力，而朝廷对这一带的治理又影响到大西南政治、军事、经济、文化格局的最终形成。"①

明白这点，再来看雅安这"川西咽喉"，在此昔日"华、夷交界"的"关口"之地，"天漏"传说的产生及流传看来不无缘故，由"补天"而至"天全"的神话也跟历史上蜀地当政者乃至帝国王朝的焦虑以及希冀此地"平定"（青衣江流域昔为"青衣羌国"所在，该江又名"平羌江"，如上所述，其得名便跟汉代以来帝国王朝"平"边地的历史有关；清光绪年间，受命赴任建昌道去平定地方土司叛乱的赵尔丰亦向四川总督锡良上过"平康三策"）的心理有某种相通。"天"之有"漏"，不仅仅是自然天象的描述，也不仅仅是后世才有的说法。

## 第三节 "西蜀漏天"在杜甫诗中

"巴山夜雨""西蜀漏天"，自古有名，屡屡见于古人笔下。从文学史看，入蜀而诗歌大成的杜甫是中原人，来到四川盆地后对蜀地多雨水感受甚深并在笔下屡屡写之，如居成都草堂时作《水槛遣心》之二："蜀天常夜雨，江槛已朝晴。"仇注首句便云："蜀中雅州，常多阴雨，号曰

---

① 朱维群：《我读〈瞻对〉》，见阿来《瞻对》，四川文艺出版社，2015年。

漏天。"①因乱入蜀的老杜忧国忧民之心不改,其在蜀地写雨亦多有寄寓,如《江涨》:"江发蛮夷涨,山添雨雪流。"仇注首句引"洙曰:蜀水之源,皆出夷地",注次句引"鹤曰:蜀山高而阴,经年雪不消,今惟水势之盛,冲之而流也"。表面看来,杜诗是在描写发源于夷地的蜀中河流因雨雪而涨水,但仇注并未停留在此,进而引《杜臆》解释诗义:"时必蜀中有兵乱,感江涨而起兴。"②也就是说,老杜在此发出的感慨不仅仅是针对自然现象的,他内心有更多的忧国忧民情怀。又,杜诗《陪章留后侍御宴南楼》:"朝廷烧栈北,鼓角漏天东。"该诗当是广德元年夏作于梓州,诗中"漏"字有的版本作"满",仇注指出:漏"旧作满,《正异》及《英华》皆作漏",并写道:"《寰宇记》:邛都县漏天,秋夏长雨,僰道有大漏天、小漏天。赵曰:漏天在雅州。鹤曰:广德元年,吐蕃陷陇右诸州,诏焚大散关。是时史朝义已诛,东都无事,鼓角不至于满天,当依旧注作漏天。雅州在蜀西川,而梓州为东川故也。"③今亦有补注者云"按,漏天:谓如天泄漏,比喻多雨、久雨"④,并引诸家文献如宋朱熹《朱子语类》卷一四〇:"又如蜀有漏天,以其西北阴盛常雨,如天之漏也,故杜诗云:'鼓角漏天东',后人不晓其义,遂改'漏'字为'满',似此类极多。"明李实《蜀语》:"蜀西南多雨,八九月为甚,名曰漏天。杜子美诗曰:'鼓角漏天东'。"等等。纵观杜甫诗歌,其写雨将忧国忧民之思寄寓其中并非是入蜀才有的,只不过蜀地向被视为边地而偏偏又多雨水(尤其是气候湿润的西南方),更加强化了他的这种感受罢了。

对于老杜笔下的"漏天",从自然地理角度去理解是表层,再从社

---

① [清]仇兆鳌:《杜诗详注》,中华书局,1979年,第812页。
② 同上,第813页。
③ 同上,第1016页。
④ 樊莹莹:《〈杜诗详注〉订补数则》,《牡丹江师范学院学报》哲学社会科学版,2015年第2期。

杜诗"地近天漏终岁雨"见《康熙字典》所引

会历史切入做解读则是深层，后者很有必要。杜甫诗歌中亦见"补天漏"之语，如《九日寄岑参》"安得诛云师，畴能补天漏"，此诗作于天宝十三年，也就是杜甫入蜀前。《汉语大词典》收"天漏"条，仅释云"谓雨量过多"①，并引此杜诗为例，无涉其深层含义。《杜诗详注》先引《列子》"女娲氏炼五色石补天"和《梁益州记》"雅州西北有大漏天、小漏天"，说明杜诗之用典，然后对整首诗进行诠释："今按《通鉴》：天宝十三载，秋八月，关中大饥，上忧雨伤稼，国忠取禾之善者献之，曰：'雨虽多，不害稼也。'扶风太守房琯言所部水灾，国忠使御史推之。是岁，天下无敢言灾者。高力士侍侧，上曰：'淫雨不已，卿可尽言。'对曰：'自陛下以权假宰相，赏罚无章，阴阳失度，臣何敢言？'诗中苍生稼穑一段，确有所指。云师，恶宰相之失职。天漏，讥人君之阙德。"②在此，前人解杜释典没有拘泥于字面，为我们超越纯自然层面识读"西蜀天漏"传说提供了借鉴，仇注给读者的提示是可贵的。结合古代文献中有关雅安西去地带上"生羌""生獠"的记载，透过老杜诗歌用典的表层看深层，可以说，无论在文人笔下还是在民间口头，这"天漏"都不能仅仅视为自然现象，"补天漏"也不仅仅是神话幻想的简单复述，其在过去中国的王朝历史和帝国叙事语境中还包含更多社会政治寓意。中国文学史上，老杜诗歌有"诗史"之美誉，"宋人以杜子美能以韵语纪时事，谓之'诗史'"（《升庵诗话》卷四）。这"以韵语纪时事"，不仅仅见于老杜写人、纪事的诗，也见于他写景、咏物、说天象的诗，如"《西清诗话》引杜诗云：'元日到人日，未有不阴时。'谓少陵意天宝离乱，人物岁岁惧灾也"③，民国《巴县志·风俗》"岁时"条释

① 汉语大词典编辑委员会、汉语大词典编纂处编：《汉语大词典》，汉语大词典出版社，1993年，第1444—1445页。
② ［清］仇兆鳌：《杜诗详注》，中华书局，1979年，第209—210页。
③ 丁世良、赵放主编：《中国地方志民俗资料汇编·西南卷》，书目文献出版社，1991年，第39页。

文对此便看得清楚。因此，借升庵之语言之，"杜诗之含蓄蕴藉者，盖亦多矣"。

"从古常闻有漏天，此言恐是里人传。山深自合常多雨，不是娲皇补未全。"宋人阮阅作《郴江百咏》，在《漏天》一诗中有此感叹。其实，把"漏天"跟"娲皇"相联系原本就是来自民间口头的文学创造（"里人传"），大可不必就此去钻牛角尖做什么学究式的科学考证。归根结底，思接千载、视通万里的神话不过是"想象的故事"，是讲述者群体心理的产物，由具体生活场域中的族群编码并顺应着族群需要。从文学人类学看，古往今来有关神话的表述中寄寓着多种多样的内涵，也透露出多种多样的诉求，这些诉求和内涵都跟神话"文本"（text）所赖以生成以及存活的"语境"（context）有千丝万缕、错综复杂的关联，这才是作为研究者的我们真正该留意的地方。对于"西蜀漏天"之民间性表述和对于女娲传说之地方化文本的读解，可以着眼现实，也可以着眼历史，二者对于今天的研究者来说都是不可忽视的。总而言之，女娲神话传说在川西雅安地区，无论从表层原因（自然地理环境）还是从深层原因（历史文化寓意）看，对之的识读都不可脱离其"在地性"也就是地方语境。同理，对于杜甫诗歌中"漏天"意象的解读，也离不开种种涉及自然和人文的"地方性知识"。